2 0 2 2
대통령의
성공조건

2022 대통령의 성공조건

손열·강원택 엮음

일러두기
본문에서 필자가 참고한 논문과 문헌은 해당 내용 끝 괄호 안에 저작자와 발표 연도를 표기하여 제시하였고, 본 책의 장별 참고 문헌에 그 서지 사항과 출처를 명기하였다.

책을 펴내며

이 책은 대통령 선거를 앞둔 20대 대통령 후보들에게 제시하는 대통령 성공 처방전이다. 동아시아연구원은 2002년 대선부터 『대통령의 성공조건』 시리즈를 출간해 왔다. 2022년 대선을 앞둔 올해가 다섯 번째이다. 그간 퇴임 후 성공했다는 평가를 받은 대통령이 없었기 때문에 이 프로젝트를 고집스럽게 반복하고 있다.

일반적으로 대통령 후보와 대선 캠프는 당선에 집중하기 때문에 당선 이후 성공조건에 대해 면밀히 준비하기 쉽지 않다. 그러나 당선조건을 넘어 성공조건을 염두에 둔 캠페인 공약과 커뮤니케이션을 추진하지 않으면 집권 후 어려움을 겪게 된다. 설익은 국정 목표와 정책 공약이 제시되면 나중에 제대로 실행할 수 없을 뿐만 아니라 결과적으로 대통령 권력에 심각한 영향을 미치기 때문이다. 더욱이 5년 단임제인 현행 제도하에서 대통령이 실패에서 회복하려면 상당한 어려움을 겪기 마련이다. 유권자 역시 대통령의 실패 가능성을 상기하며 후보자 선택에 임해야 한다. 대통령의 당선조건과 성공조건 사이의 현실적 괴리가 축소될수록 대통령의 실패 가능성이 줄어들고 성공 가능성이 커질 것이다.

    이번 집필진은 특별히 그간 대통령 실패의 원인으로 대통령에게 집중된 권력 구조에 주목하여, 차기 대통령의 성공조건으로 '집중된 권력의 분산과 공유'라는 대주제를 걸고 정책, 자질, 실행 능력 면에서 다양한 처방전을 제시하고 있다.

    이 프로젝트는 수차례 워크숍과 전문가 라운드테이블을 거쳤다. 김종인 전 국민의힘 비대위원장, 임태희 전 대통령 비서실장을 위시한 여러 전문가의 귀중한 조언에 감사드린다. 이 프로젝트의 재정 지원을 맡아준 동아시아연구원 후원회인 '데세오', 수준 높은 편집으로 출판을 이끈 김장환 에디터스랩 대표, 사업 담당자로서 기획부터 출판까지 전 과정을 꼼꼼히 챙겨준 전주현 동아시아연구원 팀장, 그리고 집필진 선생님들께 감사의 뜻을 표한다. 끝으로 강원택 교수는 공동 기획, 편집, 집필로 이 작업을 함께했다. 그의 헌신, 봉사, 우정에 특별히 감사드린다.

2021년 11월
손열

차례

책을 펴내며　　　　　　　　　　　　　　　　　　　　　　　005

서장　대통령의 성공을 위한 세 가지 조건 | 손열　　　　　　011

1부　대통령의 성공조건 I
　　　성공하는 행정부 수반의 조건

　1　청와대 정부를 혁파하라　　　　　　　　　　　　　　017
　　　청와대 비서실을 어떻게 활용할 것인가　　강원택 | 서울대학교

　　　당선을 넘어 성공으로 가는 첫 번째 이정표, 청와대　　017
　　　대통령이 활용할 자원을 제한하는 청와대 정부　　　　019
　　　청와대를 실행 조직이 아니라 참모 조직으로 활용하라　023
　　　대통령의 성공은 행정부의 활용에 달렸다　　　　　　041

　2　권한은 나누고 장기적 안목으로 국정을 운영하라　　　045
　　　성공적인 나라 살림을 위한 대통령의 자세　　박진 | KDI국제정책대학원

　　　국민들의 살림살이를 나아지게 하려면　　　　　　　　045
　　　좋은 정책을 수립하는 과정을 설계하라　　　　　　　046
　　　좋은 정책을 수립할 수 있는 인프라를 구축하라　　　060
　　　대통령의 진정한 성공을 위한 장기적 안목을 가져라　067

　3　외교안보 컨트롤 타워를 혁신하라　　　　　　　　　074
　　　외교 대통령의 5대 성공조건　　　손 열 | 동아시아연구원/연세대학교

　　　국가의 미래를 결정짓는 대통령의 절대 권한, 외교안보　074
　　　20대 대통령을 기다리는 4대 도전 과제　　　　　　　077
　　　외교 대통령으로 성공하기 위한 5대 실행 과제　　　080
　　　대한민국의 생존과 번영을 수호하기 위한 대통령의 역할　091

4 관료에 휘둘리지 말고 민주적으로 통제하라　094
　　국정 목표를 이루기 위해 관료 사회를 움직여라　　장승진 | 국민대학교

　　국정 운영의 파트너, 관료를 기꺼이 움직이게 하라　094
　　관료에 대한 민주적 통제는 왜 필요한가　096
　　관료를 움직이기 위해 무엇을 어떻게 할 것인가　099
　　관료가 가진 역량을 최고로 발휘하도록 리드하라　116

2부　대통령의 성공조건 II
　　화합과 공생의 정치를 위한 성공조건

5 안정적 국정 운영을 위한 교두보를 마련하라　121
　　당·정·청 간의 소통을 강화하여 실행력을 높여라　　이현출 | 건국대학교

　　대통령의 리더십이 발휘되는 시발점, 당·정·청의 소통과 협치　121
　　민주화 이후 멀어져가는 당정 관계　123
　　당정 간의 바람직한 관계 수립을 위한 방향은 무엇인가　138
　　대통령의 성공을 위한 이인삼각 게임, 당정 관계를 회복하라　147

6 협치의 관점에서 국회를 존중하라　151
　　국회-대통령 관계를 성공적으로 자리매김하라　　최준영 | 인하대학교

　　협치의 관점에서 국회-대통령 관계를 상상하라　151
　　정치 없이 정책 없다　155
　　국민을 동원하는 것은 득보다 실이 크다　159
　　다수제보다는 합의제다　162
　　야당과의 협상 과정은 때론 불투명한 것이 좋다　166
　　성공적인 대통령이 되려면 국회와 함께 더불어 논의하라　169

7	헌법의 실패, 사법부의 실패, 대통령의 실패	174
	사법부를 바로 세우는 리더십을 발휘하라　　　김정 | 북한대학원대학교	

코드 인사가 초래한 헌법·사법부·대통령의 실패　　174
법관 탄핵이 초래한 헌법의 실패　　176
사법 농단이 초래한 사법부의 실패　　182
코드 인사가 초래한 대통령의 실패　　188
사법부의 개혁은 공정한 대법관 인사에서 출발한다　　194

3부 대통령의 성공조건 III
국가 균형 발전과 커뮤니케이션 성공조건

8	국가 균형 발전의 새로운 패러다임을 제시하라	203
	지방 소멸에 맞서는 대통령의 과제, 국가 균형 발전　　차재권 | 부경대학교	

균형 발전에 대한 새로운 고민은 왜 필요한가　　203
일그러진 수도권 공화국, 무엇이 문제인가　　205
균형 발전의 새로운 패러다임, 어디로 향할 것인가　　210
균형 발전의 새로운 패러다임을 어떻게 구현할 것인가　　224
지방 소멸의 문턱에서 균형 발전의 실질적 비전을 제시하라　　232

9	대통령의 가장 큰 적 '독선'을 버려라	237
	역대 대통령 지지율 등락에서 얻은 교훈　　한규섭 | 서울대학교	

축복 속에서 당선된 대통령의 퇴임 후가 불안한 이유　　237
대통령 지지율과 국정 동력　　238
대통령 지지율은 왜 하락하는가　　242
박근혜 대통령 지지율 변환점　　247
문재인 대통령 지지율 변환점　　251
독선을 버리고 통합의 리더십을 발휘하라　　256

맺음말　　분권, 통합, 공생의 정치를 향하여 \| 강원택, 손열　　261

서장

대통령의 성공을 위한 세 가지 조건

손열

민주화 이후 한국은 7인의 대통령을 배출하였다. 국민의 손으로 뽑은 대통령들은 실책을 거듭하며 국민에게 실망을 안겨주었고, 퇴임 이후 대체로 불행한 말로를 보냈다. 현 대통령의 경우도 그리 후한 점수를 받고 퇴임하기는 어려울 것이다. 2022년 대선을 앞둔 지금, 대통령의 실패는 더이상 새로운 현상이 아니다.

반복되는 대통령의 실패를 바라보며 『2022 대통령의 성공조건』 집필진은 '대통령은 왜 실패하는가'에 주목하게 되었다. 국민에게 굳게 약속한 일이 실행에 옮겨지지 않거나 일어나지 말아야 할 일이 일어나는 등 대통령이 저지르는 실패는 왜 반복되는가? 어떤 상황이 대통령을 훨씬 더 쉽게 실패하게 만드는가? 이 책의 집필진은 실패의 역사를 분석하여 실패의 가능성을 줄이는 조건을 찾고자 한다.

이 책은 실패하는 대통령의 세 가지 조건을 들고 있다. 첫 번째 실패조건은 대통령에게 집중된 권력의 문제이다. 제왕적 대통령제란 표현처럼 국가권력은 대통령에게 집중되어 있고 청와대가 그 권력을 행사한다. 제1부가 다루듯이 거대한 행정부 조직이 청와대를 중심으로 운영되고 의회와 정당이 무력화되는 현실은 정권 교체와 관계없이 오히려 강화되고 있다. 오늘날 행정부 수반으로서 대통령이 저지르는 여러 실패는 권력의 독점에 따른 의사결정 문제와 실행 문제로 귀결된다. 이러한 실책으로 대통령에 대한 과도한 기대는 빠르게 실망으로 바뀌고 대통령의 권위는 엄청난 손상을 입게 된다.

두 번째 조건은 날로 심화되는 국내 정치 분열과 진영 대결 구조이다. 한국 정치는 정치적, 이념적 양극단으로 나뉘어 대결하고 있고, 중간층/중도층은 양자택일을 강요받고 있다. 이러한 정치적 양극화는 진영 논리를 부추겨 대통령의 주요 정책 추진에 커다란 장애물로 작용한다. 주요 정책은 국회에서 정치적 교착과 마비 속에서 표류하거나 날치기로 통과되어 정당성에 상처를 입는다. 제2부가 지적하듯이 대통령은 집권 여당을 중심으로 의회에서 합의 기반을 넓히고 내각을 통해 협치하는 대신 지지 기반을 결속시켜 여론을 움직이고 사법부와 권력기구를 정치적으로 활용함으로써 오히려 정파적 대결을 부추기곤 한다. 결과적으로 정치적 분열과 대립이 깊어지면서 정책의 효능이 하락하게 되는 것이다.

세 번째로는 대통령이 다루어야 하는 업무의 복합성과 불확실성이 점증하고 있다는 점이다. 정보혁명에 따라 산업은 복잡다기하게 진화하고 있고, 저출산 고령화와 기후변화의 충격이 사회적 대응을 어렵게 만들고 있으며, 미중 전략 경쟁과 코로나 팬데믹 이후의 세계 질서 재편 흐름은 어려운 전략적 선택을 한국에 요구하고 있다. 빠르게 변화하는 현실을 정부의 역량이 따라가려면 대통령의 리더십이 막중하다. 대통령은 자신이 이끌어가는 거대하고 복잡한 정부기구를 제대로 파악하고 활용할 수 있는 전문성을 갖추어야 하며, 대통령 곁에는 전문성을 갖춘 인사들이 포진해야 한다. 제3부에서 보듯이 대통령이 정부를 제대로 통제하지 못하는 무능한 수장이 되거나 독선과 아집으로 정부를 지휘하는 경우 실패의 가능성은 커진다.

이렇듯 대통령의 실패조건을 뒤집어 말하면 성공조건이 될 수 있다. 이 책은 크게 세 가지 성공조건을 제시하고자 한다.

첫째, 권력을 나누어야 성공한다. 차기 대통령은 스스로 청와대에 집중된 권력을 내각과 여당, 국회에 적절히 분산하여 배분해야 한다.

둘째, 분열된 국민을 통합해야 성공한다. 집권 여당을 중심으로 국회에 합의 기반을 넓히고 내각을 통한 야당과의 협치로 화합과 공생의 대한민국을 만들어가야 한다.

셋째, 전문성과 실행 능력을 갖추어야 성공한다. 대중과의 소통과 이벤트 등을 통해 좋은 인상과 영감을 주는 것보다 정책 추진 능력이 중요하다. 대통령은 정부 내 조직들의 역량과 한계를 면밀히 파악하고 그들의 지식과 자산을 극대화하여 이끌어가는 능력을 갖추어야 한다.

차기 대통령은 권력 집중에서 분산으로, 정치적 분열에서 통합으로, 소통과 이벤트에서 전문성과 실행 능력으로 혁신적 전환의 리더십을 발휘할 때 비로소 성공한 대통령으로 역사에 남을 것이다.

1부 대통령의 성공조건 I
성공하는 행정부 수반의 조건

1

청와대 정부를 혁파하라

청와대 비서실을 어떻게 활용할 것인가

강원택 | 서울대학교

당선을 넘어 성공으로 가는
첫 번째 이정표, 청와대

5년마다 돌아오는 대통령 선거는 유권자들에게 새로운 변화의 희망을 준다. 새로운 리더십하에서는 그동안 해결되지 못한 문제나 갈등이 해소되고, 보다 나은 사회를 향한 진전이 이뤄질 수 있을 것이라는 기대감 때문일 것이다. 선거 경쟁에 참여한 후보자들도 그러한 유권자의 기대감을 충족할 수 있는 다양한 공약들을 제각기 제시한다.

그러나 5년 임기를 마치고 떠나는 대통령에 대한 국민의 만족감은 언제나 그다지 높지 않았다. 성공한 대통령보다는 오히려 '실패한' 대통령으로 평가받는 경우가 더 많았다.

이렇게 '성공한 대통령'으로 평가받기 어려운 것은 현실적으로 5년이라는 짧은 임기 동안 해결하거나 추진할 수 있는 것이 애당초부터 한계가 있기 때문일 것이다. 더욱이 당선된 대통령은 선거 과정에서는 최대한의 표를 얻기 위한 공약을 제시하지만, 통치 과정에서는 그 많은 이들을 모두 만족시킬 수 있는 정책의 집행은 현실적으로 어렵기 때문에 실망감을 느끼는 유권자들이 다수 생겨나기 마련이다(Mueller 1970; 문우진 2012).

이러한 본질적인 한계와 문제점을 감안하더라도 대통령에 대해 이렇게 낮은 평가를 내리게 된 데에는, 최근 대통령이 성공적 통치나 효율적 정책 집행을 위한 적절한 리더십을 발휘하지 못하고 있다는 사실과 관련이 있다. 예컨대 최근 한국 대통령의 통치 방식을 두고 제기되는 가장 빈번한 비판 중 하나는 이른바 '청와대 정부'(박상훈 2018)에 대한 것이다. 청와대 정부라는 표현이 나오게 된 것은 청와대로의 지나친 권력 집중과 대통령의 과도한 의존과 특히 긴밀한 관련이 있다. 통상 '청와대'로 불리는 대통령 비서실은 말 그대로 대통령의 역할을 보좌하는 기구이다. 하지만 실제로는 통치의 전면에 나서 국정에 개입해 왔다. '제왕적'이라는 수식어가 '대통령' 앞에 놓이게 된 데에는 이른바 '권력기관'을 통한 반대와 비판에 대한 차단, 견제, 억압과도 관련이 있다. 하지만 무엇보다 청와대가 국정 전반을 주도하면서 각 기관의 자율성이 약화되고, 권력이 대통령과 청와대로 집중되는 현상이 나타났기 때문이다.

그러나 청와대 정부는 대통령의 성공적인 업무 수행에 도움이 되지 않는다. 청와대로의 권력 집중은 그만큼 정책 결정의 폐쇄성을 높이는 반면 집행의 전문성을 낮출 수밖에 없다. 더욱이 그로 인한 대통령에 대한 권력 집중은 자유로운 소통과 의견 개진을 어렵게 하고, 결과적으로 정책에 대한 국민의 수용성을 낮추게 된다. 실패한 대통령이라는 평가 속에는 이와 같은 청와대로의 권력 집중으로 인한 문제점이 큰 몫을 차지하고 있다. 그런 점에서 이러한 청와대로의 권력 집중이나 폐쇄성은 박근혜 정부 시기에도 제기되었지만 문재인 정부가 들어선 이후에도 별로 바뀌지 않았고 오히려 문재인 대통령 재임 중 그런 경향은 더욱 심해졌다. 청와대 정부는 '대통령 실패'의 매우 중요한 요인이다.

성공하는 대통령이 되기 위해서는 대통령의 통치 과정에 청와대의 역할이 변화해야 한다. 이 글에서는 청와대 중심의 통치가 갖는 문제점을 지적하고 이를 극복하면서 성공하는 대통령이 되기 위한 조건에 대해 논의할 것이다.

대통령이 활용할 자원을 제한하는 청와대 정부

대통령에게는 통치를 위한 다양한 자원이 주어진다. 성공한 대통령이 되기 위해서는 자신이 활용할 수 있는 다양한 자원을 적재적소에 잘 배치하고 유기적으로 기능하도록 이끄는 것이 중요하다. 우선 대통령은 삼권분립 체제에서 행정부의 수장이다. 행정부의 관료들은 해당 분야에 전문성을 갖고 있고 제도화되고 축적된 경험을 가지며, 관련된 많은 정보를 가지고 있다. 관료제는 대통령이 활용할 수 있는 매우 중요한 제도적 자원이다. 한편 공공서비스의 제공을 담당하는 것이 관료제이지만 동시에 예산과 인원 확대 등 관료 자체의 이해관계를 갖는다(Nisjkanen 1971; Dunleavy 1991). 이들이 관료주의, 부처 이기주의, 복지부동에 빠지지 않고 제대로 일하도록 관리하고 이끄는 것은 성공적인 대통령이 되기 위한 중요한 조건이 된다.

대통령이 지닌 또 다른 자원은 집권당이다. 김대중 정부 이후, 대통령이 집권당의 당 총재로서 당을 직접적이고 노골적으로 통제하고 영향력을 행사하는 관행은 사라졌다. 그러나 노무현 정부 시절의 '당정 분리' 실험이 실패로 끝이 난 것에서도 알 수 있듯이, 대통령과 집권당과의 관계 설정은 매우 중요하다. 대통령의 주요 정책이나 공약은 국회에서의 입법화를 거쳐야 실현될 수 있다. 이와 같은 예산이나 주요 법안 처리 과정에서 집권당과의 공조는 중요하다. 박정희 대통령 이후 한국에서 당정협의회는 정책 결정 과정에서 중요성을 가졌다(가상준, 안순철 2012; 권찬호 2007). 또한 여론의 추이와 반응, 야당과의 관계 등에서 집권당의 역할은 중요하다.

관료제, 집권당에 더해 청와대 비서실 역시 대통령이 가진 주요 자원 중 하나이다. 즉, 청와대 비서실은 대통령이 가진 자원 중 하나이다. 성공한 대통령이 되기 위해서는 대통령이 가진 세 가지 제도적 자원 간의 조화와 협력이 필수적이다. 그런데 '청와대 정부'라는 말이 나오는 것은 이들 간의 균형이 무너졌다는 것을 시사한다. 대통령 비서실은 그 기구의 기능상 대통령과 일상적으로, 또 보다 빈번하고 긴밀하게 접촉할 수밖에 없다. 하지만 대통령이 비서실에 크게 의존하게 되면 여러 가지 문제점이 생겨날 수밖에 없다. 청와대 조직 자체가 원천적으로 다른 기구들에 비해 폐쇄성이 강할 뿐만 아니라 대통령이 이 조직에 힘을 실어주면 다른 기구들을 압도할 수밖에 없다. 대통령의 중요한 통치 자원인 세 기구 간의 균형이 무너지게 되는 것이다.

물론 대통령 비서실의 확대는 비단 우리나라만의 일은 아니다. 미국에서도 백악관 스태프의 규모는 프랭클린 루스벨트 대통령 이후 꾸준히 증대했다(Burke 2000). 우리나라에서는 박정희 집권기를 거치면서 비서실의 규모가 크게 증가했는데, 이러한 증가 추세는 민주화 이후에도 계속되고 있다(김정해 2013). 그런데 우리 정치에서의 문제는 단순한 규모의 확대가 아니라 그 영향력이 민주화 이후 크게 증대되었다는 데서 찾을 수 있다(강원택 2018: 53-54).

그 이유는 우선 5년 단임제와 관련이 있다. 5년이라는 짧은 임기 내에 대통령은 가시적이고 구체적인 성과를 내고 싶기 때문에, 행정부의 관료 조직에 의존하기보다 자기를 지근至近에서 보좌하는 청와대의 비서들을 통해 주요 정책을 직접 챙기면서 이끌고 가겠다는 생각을 갖는다.

또 다른 요인은 관료제에 대한 불신이다. 과거 권위주의 체제에서는 국가권력이 시민사회와 정치적 반대자를 압도해서 국가 행위에 대한 견제나 비판은 제대로 이뤄지지 않았다. 이 때문에 관료제는 권력자의 요구를 효율적으로 수행할 수 있었다. 그러나 민주화 이후에는 행정부의 정책 결정과 집행에 투명성과 책임에 대한 요구가 높아졌고, 야당을 비롯한 언론, 시민단체 등의 감시와 비판의 기능도 강화되었다. 더욱이 정권 교체가 발생하면 이전 정부 시절의 정책 이슈에 대해 담당 관료에게까지 그 책임을 묻는 경우가 생겨나면서 정치적으로 예민한 사안에 대해서는 관료들이 소극적으로 행동하는 현상도 나타나고 있다.

이와 함께 관료제와 관련된 또 다른 문제는 관료 조직 간의 이해관계 충돌이나 갈등이 생겨날 수 있다는 점이다. 서로 상이한 정책 집행의 기능을 담당하는 부처 간 이해관계나 입장이 다른 경우 이를 조정하는 데 상당한 시간이 소요되고, 경우에 따라서 그러한 이유로 인해 정책 추진 자체가 좌절될 수도 있다. 이런 이유로 인해 행정부 관료 조직에 의존하기보다 청와대 비서실을 통해 직접 정책을 관리하고 추진하겠다는 생각을 갖게 되는 것이다.

청와대 정부가 생겨나는 또 다른 이유는 '캠프 정치'와 관련이 있다. 최근 들어 대통령 선거 과정은 정당보다 후보자 개인을 중심으로 한 선거 캠프를 중심으로 이뤄지고 있다. 이렇게 된 데에는 각 정당의 대통령 후보 선출을 위한 경선제도의 도입과도 관련이 있다. 당내 경선 과정에서 소속 국회의원들을 포함한 당내 주요 인사들과 지지자들이 대통령 후보자를 중심으로 나뉘어 경쟁하게 되면서, 결과적으로 정당이 경선을 거쳐 선정된 당 후보를 집합적으로 지원하지 못하게 되는 현상이 나타났다. 경선을 통해 선출된 정당의 대통령 후보는 본선 선거운동 과정에서 정당보다 당 경선 때부터 도와준 '내 사람들'이 결집된 선거 캠프에 의존하게 되는 것이다. 문제는 이러한 캠프 관련 인사들이 집권 후 중용된다는 점이다. 대통령은 후보 시절부터 자신을 도운 캠프 인사들을 비서실의 요직에 임명하고, 이들을 중심으로 정책을 이끌고 나가려는 경향이 생겨나게 되었다.

그러나 대통령이 가진 여러 자원 중에서 비서실에만 크게 의존하는 통치 방식은 많은 문제점을 낳을 수밖에 없다. 당장 내각, 집권당을 주요 정책 결정 과정에서 소외시키거나 수동적인 위치에 놓이게 하고, 더욱이 대통령에게로의 권력 집중과 그로 인한 '제왕적 대통령'의 문제를 낳는다. 이는 다시 대통령 비서실이 강화된 대통령의 권력과 권위를 이용하여 사실상 행정부, 입법부, 사법부보다 우위에 있는 상위 기관으로 기능하려는 경향도 보이고 있다. 그런 점에서 성공하는 대통령이 되기 위해서는 청와대 비서실에 대한 과도한 의존을 줄이고 행정부와 집권당 등을 포함한 대통령의 통치 자원 간의 적절한 균형을 이루려는 노력이 필요하다.

청와대를 실행 조직이 아니라
참모 조직으로 활용하라

**선거 캠프를 뛰어넘어 성공적 국정 운영을 위한
참모들로 구성하라**

앞서 언급한 대로, 최근 들어 청와대 비서실의 구성은 '캠프 정치'의 영향을 크게 받아왔다. 정당의 대통령 후보가 되기 위해서는 정당 내 격렬한 경선의 과정을 거쳐야 한다. 이로 인해 정당 내부의 구성원은 경선 후보에 대한 지지에 따라 분열되고, 그로 인한 후유증은 후보자가 결정된 이후에도 쉽게 해소되지 않는다. 더욱이 유력 정당의 대선 후보 캠프일수록 선거에 승리했을 때 예상되는 '전리품' 분배에 대한 고려로 인해 당내 경쟁 후보를 지원했던 인사를 포용하려고 하지 않는다. 이로 인해 정당의 후보자가 선정된 이후에는 정당의 공식 선거운동 조직보다는 후보자 개인의 선거 캠프가 사실상 선거운동을 주도하게 된다.

　선거 캠프의 구성은 당내 인사들뿐만 아니라 당 외부의 인사들도 망라하고 있는데, 이들을 하나로 묶어내는 것은 오직 후보자와의 관계이다. 즉 선거 캠프의 구성은, 후보가 소속된 정당이 지향하는 정치 이념이나 정책 방향과 전혀 무관하다고는 말할 수 없지만, 기본적으로 후보자와의 개인적 관계가 더 중요하다. 다시 말해, 선거 캠프에서 중요한 역할을 맡고 있더라도 그들의 이념적·정책적 정체성, 정치적 역량 등과 같은 기본적 자질에 대한 검증이 당 차원에서 이뤄질 수 없다. 후보자의 당선 과정에서의 기여도, 후보자와의 친밀도 등 개인적 관계가 선거 이후의 논공행상에서 더욱 중요하게 작용한다. 이 때문에 당선 가능성이 높아 보이는 후보 선거 캠프에 접근하여 오로지 당선 후의 공직 배분만을 노리는 이른바 '자리 사냥꾼'도 상당수 포함될 수 있다. 실제로 선거 이후 승리한 대통령은 공식, 비공식적으로 수많은 '자리'를 배분할 수 있다. 그런데 이러한 공직 배분에 캠프 정치는 중요하게 작용한다. 선거 캠프에 참여한 인사들은 스스로 '개국공신'으로 간주하며 선거 승리에 따른 '전리품 배분'에서 한몫을 기대하는 것이다.

장관과 차관, 외청장 등 청와대와 내각의 주요 인사가 마무리 국면에 접어들면서 정치권과 관가가 들썩이고 있다. 5년에 한 번씩 서는 '큰 장'이 열리는 까닭이다. 기획재정부가 지난 1월 발표한 공공기관 지정 현황에 따르면 공기업(35개), 준정부기관(89개), 기타 공공기관(208개) 등 흔히 공공기관으로 통칭하는 기관의 수는 332개다. 당연히 기관장만 해도 332개 자리고, 여기에 감사와 임원까지 합하면 2,000개가 넘는 자리를 대통령이 임명할 수 있다. 스스로 개국공신이라고 여기는 대선 캠프 출신 인사들이 청와대 고위 인사에게 전화가 오기를 기다릴 만한 때도 바로 지금이다. 청와대에서도 이런 흐름은 포착되고 있다. 문재인 대통령이 최근 참모진과의 회의에서 "공공기관 인사에서 전문성을 감안해 국민이 납득할 만한 인물을 중용해야 하지만 대선 캠프 인사도 배제하지 않아야 한다"는 취지로 지시했다는 얘기가 흘러나왔다.[1]

---

1 「대통령이 뽑는 자리 2000개 … 전화 기다리는 캠프 공신들」, 『중앙일보』 2017. 7. 18. https://www.joongang.co.kr/article/21765735#home

아무리 '큰 장'이라고 해도 한계가 있는 만큼, 엽관제spoils system 방식의 공직 배분은 기본적으로 '폐쇄성'을 띨 수밖에 없다. 외부에 개방되는 직책이 많아질수록 '우리끼리' 차지할 수 있는 자리의 수는 줄어들기 때문이다. 이처럼 선거 캠프 중심의 공직 충원은 외부의 유능한 인재의 참여를 원천적으로 봉쇄할 가능성이 크다.

그러나 선거 승리에 도움을 주었다고 그에 대한 보상으로 공적 직책이 부여되는 관행은 심각한 문제가 있다. 공직을 맡게 된 인사가 그 직을 담당할 만한 역량을 갖춘 인물인지, 그 분야에서 충분한 경험이나 전문성을 갖췄는지, 혹은 공직자로서 갖춰야 할 공공성이나 도덕성을 갖추고 있는지 임명 과정에서 확인할 방법이 없다. 이들이 공직에 임명된 것은 대통령과의 개인적 관계에 의존한 것이고, 그 직을 유지하는 것도 대통령과의 관계에 의해 결정된다.

대선 캠프 정치의 최대 폐해는 대선 승리 후 캠프의 주요 인사들이 국정의 요직을 차지해 대통령에게 맹목적인 충성을 하는 것이다. 공조직인 정당 인사는 기준·절차·규정에 따라 이뤄지지만, 사조직인 캠프 인사는 전적으로 후보 마음대로 당 내외 인사를 발탁한다. 캠프 종사자들은 후보가 원하는 것을 만들어내는 데 몰두하기 때문에 '패거리 문화'가 형성된다. 그 결과 각 당에서 캠프에 참여한 인사와 참여하지 못한 인사들 간에 친문-비문, 친박-비박, 친이-반이 등으로 나뉘어 당내 파벌 싸움으로 당을 분열시킨다.[2]

---

2 김용호, 「대선 후보 '캠프 정치'라는 잘못된 관행」, 『중앙일보』 2021.8.12.

이런 문제점은 캠프 인사들 중심으로 청와대 비서실을 구성하는 경우 더욱 심각하게 나타난다. 대통령에 대한 맹목적 충성, 폐쇄적 구성은 대통령의 귀와 눈을 어둡게 만들 수 있다. 다시 말해, 맹목적 충성에 더해 구성의 동질성, 외부 충원을 제약하는 폐쇄성은 정보와 상황에 대한 왜곡 보고를 통해 대통령의 판단을 흐리게 할 수 있다. 대통령 비서실은 선거 캠프 출신 중심이 아니라, 역량 있는 외부의 다양한 인사들을 중심으로 구성되어야만 이러한 문제점을 피할 수 있다.

또 한편으로 청와대에 참여한 인사들은 그 직이 마지막 자리가 아닌 경우가 많다. 즉, 경력 쌓고 보다 나은 곳으로 옮기기 위한 자리로 청와대 비서실의 직이 이용된다는 것이다. 아래의 인용 기사는 선거 캠프→ 청와대 직책→ 공적 기관의 직책으로 이어지는 캠프 정치의 문제점을 지적하고 있다.

> 대선 캠프에서 일하다 현재 정부 부처에서 장관 정책 보좌관으로 일하고 있는 40대 후반의 E씨는 "대선 캠프의 실무자들은 상당수가 청와대 행정관을 원한다고 해도 과언이 아니다"라고 말했다. "청와대 행정관이 부처나 공기업, 일반 기업 대관對官 업무 담당자들에게는 '수퍼 갑'이기도 하지만 그게 목적은 아니죠. 청와대 행정관으로 어떤 분야에서 일하면 그다음엔 그 부처 산하기관 임원이나 감사 등으로 갈 수 있는 길이 열립니다. 어찌 보면 그걸 위해서 행정관직을 원한다고 해도 무리가 아닙니다." 행정관의 공공연한 특권으로 여겨지는 것이 바로 '퇴직 후 낙하산 인사'다.[3]

논공행상의 불가피성이 있다고 하더라도, 청와대 비서진은 해당 분야에 대한 전문성과 역량을 갖추고, 공적 마인드와 도덕성을 갖춘 최고의 참모들로 구성한다는 자세로 외부에서 유능한 인물을 구하려는 노력이 필요하다. 선거 승리에 도움이 된 인사의 역량이 집권 후 성공적 통치를 위해서도 반드시 도움이 되는 것은 아니다. 선거 승리 이후에는 대통령으로서의 성공에 초점을 맞춰 인물을 선정해야 한다. 그런 점에서 대통령의 주변에서 보좌할 인사들의 경우에는 캠프 인사에 국한하지 말고 개방적인 태도로 유능한 인재를 적극적으로 활용할 수 있어야 한다.

**행정부의 정책 집행력을 높이기 위해
청와대의 권한을 분산하라**

청와대 조직은 박정희 정부 이래 꾸준히 증대되어 왔다(박상훈 2018: 64-69). 그런데 수적 증가, 예산의 증가도 문제지만 보다 심각한 점은 청와대의 권한 강화, 기능의 확대이다. 청와대의 기능, 권한의 강화가 행정부를 압도하면서 관료 조직의 효율성, 정치적 중립성에 부정적 영향을 미치고 있다는 점이다. 성공한 대통령이 되기 위해서는 청와대에 지나치게 집중된 권한을 분산시키고, 행정부가 제 역할을 할 수 있는 환경을 마련해 주어야 한다.

---

3 「청와대 행정관, 대체 어떤 자리이기에 … 실무급 컨트롤타워 … 퇴직 후 '산하기관 낙하산' 지적도」, 『월간 조선』 2014. 12. http://monthly.chosun.com/client/news/viw.asp?ctcd=&nNewsNumb=201412100016

인사수석실의 역할을 제한하라

우선 인사수석실의 역할을 제한해야 한다. 청와대가 직접 인사 문제에 개입하기 시작한 것은 노무현 정부 때부터였다. 애초에는 대통령이 임명하는 고위 공직자들에 대한 인사 문제에 관련된 일을 맡았지만, 점차 그 영역과 기능이 확대되면서 이제는 사실상 행정부 공직뿐만 아니라 공기업, 정부투자기관 등에까지 그 영향력이 증대되었다.

2017년 가을, 문재인 정부가 들어서고 얼마 지나지 않았을 때다. 정치권 출신 A 씨가 ○○부 산하 공공기관 임원으로 임명될 것이라는 얘기가 돌았다. 그는 장관과도 막역했다. 사석에서 만난 그는 "청와대 인사수석실이 관건"이라며 이같이 말했다. 이어 "인사수석실에서 먼저 OK가 떨어져야 장관이 절차에 따라 추천하고 임명할 수 있다"고 말했다.

대통령 비서실 인사수석비서관, 흔히 '청와대 인사수석'으로 불리는 자리가 있다. 대다수 국민은 물론이고 여러 정치권 인사도 인사수석을 원래부터 청와대에 있던 자리로 알고 있다. 대한민국의 어지간한 자리는 '청와대의 뜻'으로 결정되는 현실이 만들어낸 착시 현상이다. 인사수석은 노무현 전 대통령 때 처음 생겼다. 노 전 대통령은 기득권 세력을 교체하겠다는 의지가 강했다. 그전까지 민정수석이 독점한 인사에 대한 추천, 검증 기능을 분리하겠다는 명분이었다. 인사수석은 주류 사회 교체의 첨병 역할을 수행했다. 장관의 인사권은 위축됐고 각 부처는 물론 공기업, 정부투자기관 및 출연기관 중간 간부 인사에 이르기까지 청와대의 입김은 더욱 거세졌다.[4]

인사수석이 만들어진 이후 장관의 인사권은 사실상 박탈되었다. 장관의 인사권이 무력화되면서 장관의 부서 통제력이나 통솔력도 약해질 수밖에 없다. 인사에 대해 청와대가 폭넓은 영향력을 행사하면서 관료 조직은 부서 장관보다 청와대의 눈치를 볼 수밖에 없게 되었다. 이로 인해 행정 부서가 축적한 정책 경험과 정보에 따른 자율적 판단이나 결정보다 청와대의 지시와 개입에 의존하게 되었다.

청와대가 모든 공직사회 인사권을 틀어쥐고 있는 현재 시스템에선 관료가 청와대의 '하수인'으로 전락할 수밖에 없다는 지적이 많다… "장관이 산하 기관장 인사는 물론 부처 1급 인사도 제대로 못하는 게 지금의 현실"이라며 "기관장들도 다 같이 청와대에서 임명받았다며 장관을 우습게 안다" … "인사권이 묵사발이 됐기 때문에 장관의 영이 제대로 설 리가 없다"며 "지금은 국회와 청와대에 가서 줄이나 서는 게 장관 신세"라고 토로했다.[5]

이처럼 청와대가 과도하게 인사에 개입하게 되면 관료 조직의 전문성, 효율성, 중립성은 훼손된다. 부서의 전문성보다 청와대의 지시에 그대로 순종하고 '청와대의 줄'을 잡는 게 보직이나 승진에 도움이 되기 때문이다. '청와대 정부'로 전락한 중요한 이유 중 하나가 이와 같은 청와대의 전방위적인 인사 개입이다.

이런 경향이 과거 시대부터의 관행으로 생각할 수도 있으나 실제로 비서

---

4 광화문에서-길진균. 「공룡이 된 인사수석실 … 허울만 남은 책임장관」. 『동아일보』 2019. 1. 16.
5 「국장까지 청와대가 결정 … 인사권 없는 장관 숨이 서겠나」. 『매일경제』 2019. 6. 13. https://www.mk.co.kr/news/economy/view/2019/06/411735/

실 기능이 확대된 박정희 정부 시기에는 그렇지 않았다. 박정희 대통령의 비서실장으로 거의 10년 가까이 일했던 김정렴은 다음과 같이 회고한다.

박정희 대통령은 비서실에서 장관 후보자를 추천하면 임명 전에 국무총리와 상의했다. 정일권 국무총리나 최규하 국무총리의 경우는 "좋습니다"라며 동의했다. 유일한 예외는 김종필 국무총리였다. 그는 박 대통령에게 "문교부 장관으로 민관식, 문화공보부 장관으로 윤주영 씨를 쓰고 싶다"고 했고, 박 대통령은 이를 받아들였다.

박 대통령은 차관 인선 시에는 원칙적으로 해당 부처 장관의 의견을 존중했다. 장관이 차관감으로 특정 인물을 의중에 두고 있지 않을 경우에는 대통령이 장관과 상의해 임명했다. 1급(차관보·실장) 이하 인사는 전적으로 장관에게 일임했다.

서기관 승진부터 차관까지의 인사권을 확실하게 행사할 수 있었기 때문에 장관의 영(令)이 섰다. 장관으로부터 능력을 인정받으면 출세가 보장되므로 공무원들은 물불을 가리지 않고 뛰었다. 이렇게 장관에게 인사권을 보장하는 대신, 밑에서 잘못이 있으면 함께 책임지도록 했다.[6]

청와대 인사수석의 기능 확대는 앞서 지적한 '캠프 정치'와도 관련이 있다. 인사수석은 공직뿐만 아니라 공기업이나 정부투자기관까지를 포함하

---

6 김정렴, 「최장수 대통령 비서실장의 조언 - 성공한 대통령의 조건: 朴正熙 대통령이 결재한 서류 많지 않아. 대통령은 사색할 시간을 많이 가져야」, 『월간조선』 2008. 1. http://monthly.chosun.com/client/news/viw.asp?nNewsNumb=200801100014

여 선거 캠프에 참여한 수많은 이들의 논공행상을 위한 '자리'를 배분하는 역할 또한 담당하고 있기 때문이다. 그러나 청와대의 과도한 인사 개입은 각 기관의 자율성과 효율성을 해치고, 공직 임명의 공정성에 부정적인 영향을 미친다. 이런 상황에서는 대통령이 가진 중요한 자원인 행정부를 효과적으로 활용할 수 없다.

이 때문에 성공하는 대통령이 되기 위해서는 청와대 인사수석이 담당하는 인사의 범위를 고위 공직자를 중심으로 처음부터 명확하게 제한할 필요가 있다. 그리고 행정부 각 부서를 포함한 각 기관의 인사권은 장관을 비롯한 기관장에게 일임해야 한다.

정책실장직은 폐지해야 한다

노무현 대통령은 청와대 비서실에 정책실을 신설했다. 물론 그 이전인 김영삼, 김대중 정부에서는 정책기획수석을 두었고, 박근혜 정부에서는 국정기획수석의 자리를 두었다. 박근혜 정부 때 폐지된 정책실이 문재인 정부에서 부활했다. 이명박 정부 때는 차관급이었는데, 노무현, 문재인 정부에서 정책실장은 장관급이 되었다. 청와대에서 정책실을 만든 것은 경제정책을 필두로 한 각종 정책을 직접 관장하고 관료 통제를 하겠다는 의지의 표시이다. 앞서 지적한 대로 관료제에 대한 불신, 단임제하에서 단기간 성과 창출에 대한 조급함 등이 청와대 정책실을 통해 직접 정책을 관리하겠다는 태도로 이어진 것이다.

그러나 정책실의 강화는 곧바로 해당 부서의 자율성과 기능의 약화로 이어진다. 앞에서 본 대로 인사 개입뿐만 아니라 구체적 정책의 수립, 추진에 대해서도 청와대가 직접 개입하게 되었기 때문이다. 이로 인해 정책

관장을 둔 권한의 위임이 불분명해지고 정책 추진 과정에서도 갈등과 대립이 생겨나기도 한다. 2018년 있었던 김동연 경제부총리와 장하성 청와대 정책실장 간의 갈등이 그 좋은 예가 된다.

두 사람은 이미 최저임금 이슈나 혁신성장 등 문제인 정부의 핵심 경제정책의 방향과 속도 등을 두고 잦은 의견 충돌을 보여왔다. 익명을 요구한 여권 핵심 관계자는 "간단하게 하기로 한 회의 자리가 둘 간의 설전으로 수 시간 이어진 적도 있다"며 "(갈등설에 대한 언론 보도가) 분위기는 대강 맞는 편"이라고 전했다… 그러다 보니 관가에선 경제 컨트롤 타워를 두고 '장앤김이냐, 김앤장이냐' 하는 자조 섞인 농담이 나온다.[7]

그러나 비서실은 정책 현안을 주도할 직제 라인에 위치해 있지 않으며 대통령을 보좌하는 참모 조직이다. 참모 조직이 정책 추진을 담당하는 부처 위에서 군림하는 모습을 보이는 것은 적절하지 않다. 국정의 실천은 그 역할이 부여된 행정부를 통해 수행되어야 한다.

이러한 정책 관장의 위임이 분명하지 않다는 문제점 이외에도 청와대 조직 내의 문제도 있다. 정책실장직이 생기고, 또 한편으로는 안보실장이 생겨나면서 청와대 비서실장의 역할은 애매해졌다. 과거 비서실장은 각 부서 간 이견을 조정하고, 비서실 내의 입장 차이를 조정하는 역할을 담당했다. 그러나 이런 기능을 정책실장이 차지하면서 비서실장의 역할은

---

7 장하성·김동연. 「'소득주도 성장' 충돌 … 컨트롤타워 '장앤김이냐 김앤장이냐'」. 『중앙 선데이』 2018. 8. 11. https://www.joongang.co.kr/article/22877564#home

정의 내리기 애매한 '정무적인' 것으로 축소되었다. 정책실장직을 폐지하고 비서실장이 정책 조정의 역할을 담당하는 것이 바람직하다. 실제로 정책실장직은 법적으로 규정된 지위가 아니다. 정부조직법 제14조(대통령비서실)는 "① 대통령의 직무를 보좌하기 위하여 대통령 비서실을 둔다. ② 대통령 비서실에 실장 1명을 두되, 실장은 정무직으로 한다."라고만 규정되어 있다. 법령이 아니라 대통령령으로 정책실장을 만들어둔 것이다. 정책실장직을 폐지하고, 비서실장이 그 역할을 담당하거나 비서실장 산하에 정책기획수석을 두어 정부 부서나 비서실 내부의 이견과 입장 차이를 조정하도록 하는 것이 보다 바람직해 보인다.

국가안보 기능은 국가안전보장회의를 중심으로 이뤄져야 한다

노무현 정부 때처럼 문재인 정부에서도 국가안보실을 강화하여, 비서실 외교안보수석이 담당하던 외교·국방·통일 정책 보좌 기능을 국가안보실로 옮겼다. 외교안보 컨트롤타워를 국가안보실로 일원화해, 안보실장이 남북 관계, 외교 현안 및 국방 전략 등 포괄적 안보 이슈를 통합 관리하도록 했다. 이를 위해 외교안보수석실은 폐지하고 그 기능을 안보실 2차장 산하로 옮겼고, 1차장 산하에 국방개혁비서관, 평화군비통제비서관 등을 신설했다. 이에 따라 국가안보실은 기존 '1차장 5비서관' 체제에서 '2차장 8비서관'으로 커졌다.[8]

---

8 「정무는 비서실장, 정책은 정책실장… 靑 비서실 권한 분산」, 『조선일보』 2017. 5. 12. https://www.chosun.com/site/data/html_dir/2017/05/12/2017051200211.html

국가안보실의 기능 강화와 함께 주목할 점은 국가안전보장회의(NSC) 상임위원회가 국가안보실장의 통제하에 들어간 것이다. 법에 따르면 국가안전보장회의는 대통령, 국무총리, 외교부 장관, 통일부 장관, 국방부 장관 및 국가정보원장과 대통령령으로 정하는 위원으로 구성된다. 그런데 2014년 개정된 현재의 법에는 국가안전보장회의에 상임위원회와 사무처를 설치하도록 했다. 그리고 청와대 국가안보실장이 국가안전보장회의 상임위원회 위원장을 맡게 했다. 그 이전인 2008년 개정 법에서는 상임위원회를 폐지하고 사무처를 간사로 대체했다.

청와대 국가안보실장은 NSC 위원장을 맡게 됨으로써 외교, 국방, 안보, 통일 분야와 관련된 사실상 대부분의 정책을 일상적으로 담당하는 권한을 갖게 되었다. 외교, 안보, 대북 관련 이슈는 국가안보실이 독점하게 되는 것이다. 이로 인해 실제 정책 집행의 책임을 맡은 외교부, 통일부 등의 부서가 핵심 정보의 공유와 정책 결정 과정에서 소외될 가능성이 있다. 실제로 문재인 정부에서 외교부의 '패싱'에 대한 논란이 있었다.

한반도를 둘러싼 국제 정세가 급박하게 돌아가고 있지만 주무 부처인 외교부의 존재감을 느끼기 어렵다는 지적이 나오고 있다. 지난 8일 정의용 청와대 국가안보실장을 비롯한 대미 특사단이 미국으로 출발할 때 일행엔 외교부 실무자가 한 명도 없었다. 그에 앞선 대북특사단(5~6일)에 외교부가 배제된 건 남북 관계의 특수성 때문이었다고 치더라도, 최대 우방국인 미국에 가는 특사단에 외교부 관계자가 완전히 빠진 건 극히 이례적인 상황이다.[9]

청와대 국가안보실이 주도하게 되면 관련 정보를 독점하고 있는 국정원과 청와대 간의 직접 소통에 대한 의존이 더욱 커질 것이며, 관련 정책을 담당하는 외교부나 통일부, 심지어 국방부의 역할도 줄어들 수밖에 없다. 안보와 같은 국가의 핵심 정책의 결정 과정이 특정 기구의 정보에 지나치게 많이 의존하거나 폐쇄적인 소수의 결정에 따르는 것은 바람직하지 않다.

외교, 국방, 안보, 통일, 경제 분야에 걸친 외교안보 사안에 대해 NSC는 정책 총괄 조정의 핵심적 기구가 되어야 한다. 이런 맥락에서 국가안보실의 주요 업무는 NSC를 통한 외교안보 정책 총괄 조정, 그리고 대통령의 참모 조직으로서 역할에 국한되어야 한다. NSC 기능의 활성화를 위해 관련 장관급 상임위원회뿐만 아니라 차관급 및 실무급(국장급) 정책 조정회의를 적극 실행할 필요가 있다.

이와 함께 안보, 외교 분야에서 야당의 협력을 얻어내기 위한 노력도 중요하다. 중요한 정보는 야당과도 공유하고 정책 방향에 대한 야당의 이해를 구하고, 때로는 도움을 얻어내기 위해 노력해야 한다. 이를 위해 대통령뿐만 아니라 정무수석이나 국가안보실장 등이 야당과 긴밀한 소통을 유지해야 한다.

선택과 집중을 통해 성공적으로 국정 운영을 수행하라

5년 단임의 한계를 인식하라

대통령 5년의 임기는 그리 길지 않다. 따라서 제한된 임기 내에 너무 많

---

9 「요동치는 한반도 정세, 안 보이는 외교부」, 『중앙일보』 2018. 3. 12. https://w zww.joongang.co.kr/article/22434190#home

은 일은 벌이거나 지나치게 야심 찬 프로젝트를 추진하는 경우 성공하기 어렵다. 따라서 분명하게 제한적인 목표를 설정하고, 정책 추진의 우선순위와 중요성을 미리 대통령이 정해 두는 것이 필요하다. 즉, 대통령이 '한계를 인식하고' 임기를 맞이하는 것이 매우 중요하다. 그런 점에서 성공하는 대통령이 되기 위해서는 대통령이 스스로 해야 할 역할에 대한 고민이 필요하다. 대통령이 '만기친람萬機親覽'을 하고자 한다면, 실제로 감당할 수는 없는 일이지만, 정책 추진의 효율성이나 효과도 떨어질 수밖에 없다. 따라서 대통령은 자신이 중요하게 생각하는 대통령의 어젠다에 집중해야 한다. 통치의 가치와 비전에 기반한 대통령 어젠다의 선택과 그에 대한 집중이 성공을 좌우한다.

대통령의 어젠다를 실행하기 위해서는 자신이 가진 자원을 잘 활용해야 한다. 청와대는 기본적으로 '참모' 기구, 곧 대통령을 보좌하는 비서들의 조직이다. 정책 추진이나 실행을 담당하는 부서가 아니라는 것이다. 따라서 청와대 비서실은 대통령의 정치 철학이 구현될 수 있도록 뒤편에서 이끄는 역할을 맡고, 실제 정책 추진과 실행은 행정부와 내각에 맡겨야 한다. 그리고 그로 인한 정치적 책임은 대통령과 청와대 비서실이 져야 한다. 이와 반대로 청와대가 중심이 되어 국정을 밀고 나가는 경우 정책 추진의 효과나 효율성에서도 문제가 발생하고, 임기가 흐를수록 그 추진의 동력도 약화될 수 있다. 많은 것을 해보겠다고 청와대가 일방적이고 통제적 방식으로 정책을 끌고 가려고 하지 말고, 대통령의 주요 어젠다가 정책으로 구현할 수 있도록 한걸음 위에서 조정, 독려하는 역할을 맡아야 한다. 이런 점에서 김정렴 전 비서실장의 다음과 같은 회고를 참조할 필요가 있다.

박 대통령은 중요한 문제가 생겼을 때 행정부에 맡기는 것보다 대통령이 직접 챙길 필요가 있다고 판단될 때에는 청와대 비서실에 특정 문제만을 담당하는 비서실을 신설해서 대처했다. 부실기업 대책, 방위산업 육성, 관광산업 진흥 등이 그 예이다(김정렴 1997: 53).

선거 공약을 다 지키려고 하지 마라

선거 경쟁 때의 최고의 목표는 당선이기 때문에 득표에 도움이 된다면 어떤 것이든 공약으로 내세울 수 있다. 더욱이 그 공약을 실제로 추진하게 되었을 때의 비용이나 부작용 등에 대한 상세한 고려를 하지 않은 상황에서 득표를 위해 공약이 제시된다. 선거 캠프에서는 언론의 주목을 받고 경쟁 후보나 이전 정부와 차별화할 수 있는 '튀는 공약'도 마련될 수 있다.

그러나 일단 선거에서 당선되고 난 이후에는 그러한 과도한 혹은 비현실적인 공약이 대통령에게 부담으로 작용할 수 있다. 캠프에서 황급하게 만들어진 어설픈 정책이 대선에 승리한 뒤 국가 정책이 되면 예산 낭비나 정책의 혼선을 초래할 수 있다. 따라서 성공한 대통령이 되기 위해서는 선거 공약 사항이라도 집권 후에는 정책의 타당성, 시급성, 실현 가능성에 대한 꼼꼼한 재평가가 필요하다. 예컨대 충분한 준비와 사전 고려 없이 제시된 문재인 정부의 탈원전 공약은 집권 과정에서 상당한 부작용과 문제점을 낳았고 불필요한 사회적 갈등과 비판을 불러왔다. 집권 후 인수위원회와 청와대 비서실에서 선거 공약에 대한 냉정한 재평가 작업이 반드시 이뤄져야 하고, 비현실적이거나 우선순위가 떨어지는 것은 과감하게 포기해야 한다.

수석보좌관회의보다 국무회의가 중요하다

국가의 중요 국무는 국무회의에서 논의하도록 되어 있지만, 실제로는 대통령 비서들의 회의체인 수석보좌관회의가 더 큰 중요성을 갖는 현상이 최근 들어 나타났다. 2018년 3월 문재인 대통령은 대통령이 제안한 헌법 개정안을 발표하면서 이를 국무총리나 법무부 장관이 아니라 청와대 비서실 민정수석이 발표하도록 했다. 국무위원보다 청와대 비서에 의존하는 문재인 대통령의 스타일을 잘 보여주는 사례였다. 그러나 참모 조직인 수석보좌관회의나 비서실이 국무회의나 행정부 장관들보다 중시되는 것은 많은 문제점을 낳는다. 비서실 회의보다는 국무회의, 그리고 당정협의회가 정책 논의나 결정을 위해 보다 활성화되어야 한다. 여기서 다시 박정희 대통령 시절의 경험을 참고할 필요가 있다.

박 대통령이 수석비서관회의를 소집한 경우는 9년 3개월의 재임 중 두서너 번 있었다. 주요 사항에 대한 지시를 위해서가 아니라 시국 문제에 대한 각 수석비서관의 기탄없는 견해를 듣기 위해서였다. 주요 사항이 있을 때에는 수석비서관회의가 아니라 실제 행정을 담당하고 또 책임을 지는 총리 이하 관계 장관회의를 소집하는 회의를 열어 직접 지시하였다.(김정렴 1997 : 63)

중요한 문제는 대통령이 주재하는 관계 장관회의나 당정협의회의에서 다루어졌다. 이 자리에는 국무총리·부총리 겸 경제기획원 장관, 관련 장관, 공화당 정책위원회 의장, 관련 국회 상임위원장 등이 참석했다. 비서실장과 관련 수석비서관은 이 회의에 배석했지만 발언은 하지 않았다. 이는 청와대 비서실이 행정부가 하는 일에 나서지 않게 하기 위해서였다. 내가 그런 자리에

서 발언한 것은 1977년 6월 13일 부가가치세 도입 관련 당정회의 때뿐이었다.[10]

국무회의가 중심이 된다는 것은 실질적인 국무의 논의의 장으로 활용될 수 있어야 한다는 것이다. 박근혜 대통령 시절 국무회의는 대통령의 지시 사항을 받아 적기에 바쁜 모습이었다. 그런 비서실에서 마련해 준 '말씀자료'에 기반한 일방적인 소통 방식보다는 대통령이 직접 회의를 '주재' 하는 것이 중요하다.

박정희 대통령은 회의를 효율적으로 운영했다. 박정희 대통령은 1주일에 네 번 정도 중요한 회의를 열었다. 회의 때면 박 대통령은 사전에 관련 안건을 읽고 그 내용을 숙지한 후 회의에 나왔다. 주무장관의 설명을 듣고 난 후 박 대통령은 참석자들의 의견을 물었다. 참석자가 의견을 개진하는 동안 박 대통령은 그 내용을 메모했다. 참석자들의 발언이 끝나면 박 대통령은 다시 주무장관의 의견을 물었다. 그 과정에서 대개 문제 해결 방안이 나왔다. 여기서 중요한 것은 회의가 자유토론 식으로 진행되지 않았다는 점이다. 박 대통령은 참석자들을 차례로 지명해서 발언하게 했다. 때문에 회의는 중구난방 식으로 흐르지 않고, 질서정연하게 운영되었다. 대개 2시간 정도 회의를 하면 결론을 도출해 낼 수 있었다.[11]

---

10 김정렴, 「최장수 대통령 비서실장의 조언 – 성공한 대통령의 조건: 朴正熙 대통령이 결재한 서류 많지 않아. 대통령은 사색할 시간을 많이 가져야」, 『월간조선』 2008. 1. http://monthly.chosun.com/client/news/viw.asp?nNewsNumb=200801100014

11 위의 글. 김정렴.

대통령은 사색의 시간을 많이 갖고
다양한 사람을 만나라

대통령은 시대의 흐름을 읽고 국가의 미래에 대한 비전과 전략을 마련해야 하는 책임을 갖는다. 선거 기간 중 공약 준비를 위해 많은 양의 학습을 하게 되지만, 통치 이후 맞이하는 환경이나 상황은 그것으로 충분하지 않은 경우가 많다. 또한 통치를 하면서 대통령이 스스로 절감하는 우리 사회의 변화 방향과 미래 목표가 생겨날 수 있다. 이러한 대통령의 인식이 구체적인 국가 발전의 큰 그림으로 이어지기 위해서는 사색의 시간을 충분히 가질 수 있어야 한다. 또한 대통령은 청와대에 '갇혀 있지' 말고 다양한 영역의 인사들과 접촉해야 한다. 청와대에 갇히게 되면 대통령의 현실 인식과 상황 판단이 제한을 받을 수 있다. 사실 문재인 대통령이 선거 기간 중 '광화문 정부'를 공약으로 내세운 것도 바로 이러한 이유 때문이었을 것이다.

문재인 더불어민주당 대통령 후보는 24일 대통령 집무실을 청와대에서 광화문 정부청사로 옮겨 "불의와 불통의 대통령 시대를 끝내고 국민 속에서 국민들과 소통하는 대통령이 되겠다"고 공약했다. 문 후보는 이날 서울 여의도 당사에서 기자회견을 열고 "퇴근길에 남대문시장에 들러 시민들과 소주 한 잔 나눌 수 있는 대통령, 친구 같고 이웃 같은 서민 대통령이 되겠다"며 "청와대는 시민들의 휴식 공간으로 돌려드릴 것"이라고 밝혔다.[12]

---

12 「문재인 "靑 집무실 옮겨 '광화문 대통령' 시대 열겠다"」, 『뉴스1』 2017. 4. 24. https://www.news1.kr/articles/?2975947

문재인 대통령은 청와대 정부를 '불의와 불통의 대통령'이라고 보았지만 광화문 정부는 실현되지 않았다. 경호, 교통 및 행정상의 이유로 광화문으로 대통령 집무실을 옮기는 것이 어렵다는 이유 때문이었다. 그러나 어쩌면 '광화문 정부'의 중요성은 그 함의에 있다고 볼 수 있다. 청와대 비서실에 대통령의 정보와 소통의 창이 갇혀 있지 않겠다는 의지로 그 표현을 볼 수 있기 때문이다. 성공한 대통령이 되기 위해서는 스스로 사색의 시간을 갖고 청와대 외부의 다양한 사람을 접하는 것이 매우 중요하다.

대통령의 성공은 행정부의 활용에 달렸다

그동안 매 선거가 끝이 나고 새로운 대통령이 취임하면 성공하는 대통령이 되기를 희망하지만 그러한 국민의 염원과 달리 퇴임 이후 대통령들에 대한 평가는 부정적이다. 거기에는 여러 가지 이유가 있겠지만 대통령직의 권력과 영향에 대한 과도한 기대감도 한몫하고 있다.

대통령 당선인이나 주위의 조력자는 권력을 잡은 후 이제 모든 것을 할 수 있다고 생각하는 경향이 나타난다. 그러나 대통령의 영향력이나 임기는 매우 제한적이다. 성공한 대통령이 되기 위해서는 자신에게 부여된 다양한 제도적 자원을 적절하게 활용할 수 있어야 한다. 그러나 최근 들어 대통령은 비서실 조직에 과도하게 의존하는 모습을 보여왔다. 이러한 '청와대 정부' 중심의 통치 방식은 당장은 효율적이고 편리한 것처럼 보여도 효율적인 정책 성과를 창출하기에는 적절하지 않다. 이 장에서는 청와대 비서실과 관련하여 성공적인 대통령이 되기 위한 조건에 대해 논의했다.

여기서의 논점을 정리하면 다음과 같다.

첫째, 청와대의 규모와 역할을 축소해야 한다. 사실 박정희 시대 이후 청와대 조직은 끊임없이 확대되어왔다. 문재인 정부 때도 청와대는 또다시 이전보다 그 규모와 예산에서 증대되었다. 이제는 청와대의 역할을 축소해야 한다. '일하는 청와대'는 잘못된 개념이다. 대통령의 핵심 어젠다만 청와대가 담당하고, 그 이외는 담당 부서에 그 역할을 맡겨야 한다.

둘째, 청와대보다 국무회의를 활성화해야 한다. 비서진들이 사실상 각료들을 지휘하는 형태의 국정 운영에서 벗어나야 하고, 각 행정부의 자율성을 강화해야 하고, 국무회의를 활성화해야 한다. 전체 국무위원이 다 모이는 것이 불필요한 경우라면, 관련 분야 각료들만의 소규모 국무회의를 활성화하는 방안을 생각해 볼 수 있다. 외교안보 장관회의, 경제 관련 회의 등으로 나누고 대통령이 직접 참석하고 주재하는 방향으로 바꾸는 방안을 생각해 볼 수 있다. 주요 정책 논의가 청와대 비서진들과의 회의보다 헌법상 국무를 논의하도록 한 국무회의에서 이뤄져야 한다.

셋째, 청와대 중심의 통치는 대통령이 청와대 내의 인적 구성에 '갇히게 되는' 결과를 낳을 수 있다. 문재인 대통령이 선거 때 '광화문 정부'를 공약한 것은 바로 이런 문제점에 대한 인식 때문이었을 것이다. 특히 청와대가 선거 캠프를 비롯하여 대통령과의 개인적 관계에 의해 충원되기 쉽기 때문에 그 구성이 동질적이 되기 쉽다. 그만큼 다양한 의견과 경쟁적인 정책 대안에 대한 토론은 이뤄지기 어렵다.

넷째, 청와대의 인사수석의 역할을 제한하고, 정책수석직은 폐지하는 것이 바람직하다. 국가안보실의 상임위원회 체제를 폐지하고 국가안전보장회의가 실질적인 역할을 하도록 재편되어야 한다.

요약하면, 청와대가 지닌 집중된 권력을 내려놓고 원래의 기획과 조정의 역할을 담당하고, 대신 각 기관의 자율성을 높이는 방향의 분권적인 통치가 성공적인 대통령이 되기 위해 필요한 일이다.

참고 문헌

가상준, 안순철. 2012. 「민주화 이후 당정협의의 문제점과 제도적 대안」. 『한국정치연구』. 21(2), 87-112.

강원택. 2018. 『한국정치론』. 개정판. 박영사.

김정렴. 1997. 『아, 박정희』. 중앙M&B.

권찬호. 2007. 「당정 협조 관계의 영향 요인에 관한 고찰: 역대 정권별 당정협조제도 분석을 중심으로」. 『한국공공관리학보』. 21(4), 279-302.

문우진. 2012. 「대통령 지지도의 필연적 하락의 법칙: 누가 왜 대통령에 대한 지지를 바꾸는 가?」. 『한국정치학회보』. 46(1), 175-201.

박상훈. 2018. 『청와대 정부 : '민주 정부란 무엇인가'를 생각하다』. 후마니타스.

백창재. 2018. 「미국 대통령의 권력자원과 리더십」. 『국가전략』. 24(4), 135-173.

Burke, John. 2000. *Institutional Presidency: Organizing and Managing the White House from FDR to Clinton.* Baltimore: The Johns Hopkins University Press.

Dunleavy, P. 1991. *Democracy, Bureaucracy and Public Choice: Economic Explanations in Political Science,* New York: Harvester-Wheatsheaf.

Mueller, John. 1970. "Presidential Popularity from Truman to Johnson." *American Political Science Review* 64(1), 18-34.

Niskanen, W. A. 1971. *Bureaucracy and Representative Government,* Chicago: Aldine-Atherton.

2

권한은 나누고 장기적 안목으로 국정을 운영하라

성공적인 나라 살림을 위한 대통령의 자세

박진 | KDI국제정책대학원

국민들의 살림살이를 나아지게 하려면

새로 취임한 대통령에게 국민들이 바라는 바는 단순하다. 나라 살림을 책임지는 대통령으로서 공동체의 경제가 잘 돌아가게 하고, 사회적인 안정을 이루어주었으면 하는 것이다. 이를 통해 각 가정과 개인의 살림살이가 나아지고, 공동체와 개인의 미래에 대한 희망을 가질 수 있도록 국정 운영을 해주십사 하는 것이다. 이를 위해서 대통령은 무엇보다 경제사회 정책에 심혈을 기울여야 한다. 그럼 경제사회 정책에서 성공하려면 어떻게 해야 할까? 너무도 당연하게 좋은 경제사회 정책 수립을 위한 조건을 충족해야 하며, 또한 이것이 가능토록 제도적 기반을 잘 만들어야 한다.

그렇다면 먼저 좋은 정책 수립의 조건은 무엇일까? 좋은 정책 수립을 단계별로 짚어보자. 정책 수립은 '정책 의제 설정'→'정책 목표와 시계 설정'→'정책 수단의 선택'→'정책 결정'→'집행 및 점검'의 5단계를 거친다. 따라서 가장 먼저 정책 수립의 각 단계별로 대통령의 성공조건을 알아보자.

정책 수립의 단계를 잘 거치는 것만으로 충분할까? 그와 더불어 좋은 정책 수립을 위한 제도적 기반이 마련되어야 한다. 따라서 그다음에는 좋은 정책 수립을 위한 제도적 기반에 대해 살펴보아야 한다. 이러한 제도적 기반은 대통령 임기 이후에도 남아, 다음 대통령의 성공에도 도움이 된(될 것이기 때문에 더욱 중요하)다. 제도적 기반은 먼저 정부가 수행할 기능을 설정하고, 그다음으로 그 기능을 수행 주체별로 배분한 후, 최종적으로 이를 작동시키는 세 단계로 구성된다. 이상의 논의를 요약하면 〈표1〉과 같다. 이번 장에서는 이러한 과정을 총 8가지 단계별로 나누어 그 성공조건을 제시하면서 상세하게 제시하고자 한다.

좋은 정책을 수립하는 과정을 설계하라

첫째, 의제 선택의 적기를 고려하라

대통령이 취임하고 난 초기에는 통상 국민의 지지가 높을 때이다. 바로 이때가 개혁을 추진할 적기이다. 특히 20대 대통령의 임기는 2022년 5월 10일에 시작하는데, 그로부터 1년이 지나는 2023년 중반이 되면 2024년 4

<표1> 경제사회 정책의 성공조건을 찾기 위한 접근 방법

분야	단계	8가지 성공 요인
정책 수립 성공조건	정책 의제 설정	임기 중 의제 선택이 중요하다.
	목표와 시계 설정	단기적 지지율이 아니라 역사적 평가를 목표로 하라.
	정책 수단 선택	시장을 이기려 하지 말라.
	정책 결정	총괄 조정 기능을 강화하라.
	정책 집행	집행을 점검하고 효과를 측정하라.
제도적 인프라 구축 성공조건	기능의 설정	정부가 할 일, 그만할 일을 먼저 설정하라.
	기능의 배분	대통령의 힘을 나누어라.
	기능의 작동	개혁의 추진 체계를 만들어라.

월의 22대 총선을 고려하지 않을 수 없다. 이런 시기적 특성을 고려하면 갈등을 크게 유발하는 개혁은 취임 후 1년 안에 실행 계획을 확정해야 한다. 취임 후 장관 등 주요 정무직을 임명하고 새로운 과제를 발굴하여 실행 계획을 세우려면 1년이란 기간은 충분한 시간이 아니다.

이미 대선 공약에 포함된 과제는 실행까지 소요되는 시간을 단축할 수 있다. 그러나 우리나라에서 대통령의 공약은 대부분 캠프에서 만들어진다. 정당에서 오랜 숙성을 거쳐 만든 것이 아니라 소수의 머리에서 나와 깊은 고민 없이 만들어진 공약도 있다. 큰 부작용, 낮은 실현 가능성 등을 알면서도 득표에 도움이 될 것이라 기대하여 포함한 공약도 부지기수이다. 그래서 후보의 공약이 대통령직인수위원회에서 '100대 국정 과제' 등으로 구체화되는 과정은 매우 중요하다. 그러나 2개월도 안 되는 기간 동안 많은 과제를 심도 있게 논의하기는 어렵다. 인수위에서는 기본 방향만 결정하고 대통령 취임 후 이해당사자와의 협의를 거치면서 구체적인 실행 계획을 확정해야 한다. 이 조율 과정에서 대통령의 적극적인 개입이 필요한데 그러자면 임기 초반에 많은 과제를 동시 추진하기는 어렵다. 따라서 임기 초반에는 어려운 과제에 선택과 집중을 해야 한다. 바로 이때 주의할 점이 있다.

국민이 모든 공약을 지지하는 것은 아니라는 사실이다. 국민이 한 표를 행사하는 이유는 매우 다양하다. 하지만 대체로 한두 가지가 투표의 방향을 결정하기 마련이다. 특정 공약은 마음에 들지 않지만 다른 더 중요한 이유로 한 표를 던진 경우가 많다. 따라서 대선 승리가 모든 공약에 대한 국민적 지지를 보장하지는 않는다는 뜻이다.

일례로 문재인 대통령은 원자력발전의 비중을 점차 낮춘다는 공약을 실행하기 위해 신고리원전 5·6호기 공론화위원회를 구성하였다. 위원회는 원전 비중 축소를 기정사실화하고 신고리원전 건설 여부에 대해 국민의 뜻을 물었다. 그러나 문 대통령에게 한 표를 던진 국민이 모두 원전 비중 축소에 동의한 것은 아니었다. 신고리원전 건설을 묻기 전에 탈원전 여부를 국민에게 물었어야 했다. 신고리원전은 건설을 중단하는 것으로 결정했으나 그보다 더 중요한 탈원전에 대한 국민적 합의는 아직 없다. 이 문제는 차기 20대 대통령이 누가 되는지에 따라 재검토될 가능성을 가지고 있다.

또 하나의 사례가 있다. 이명박 대통령은 공기업 민영화를 공약에 포함시켰다. 그리고 대선 압승을 바탕으로 공기업 민영화를 추진하였다. 1997년 경제 위기 이후 국민들은 공기업 민영화에 압도적인 지지를 보낸 바 있었다.[1] 그러나 그 이후의 양극화 심화와 2008년 금융 위기를 겪으면서 민영화에 대한 국민의 의견은 부정적으로 변해 갔다. 당시 청와대는 인천국제공항공사의 지분 매각이 민영화가 아니었음에도 이를 민영화라고 이름 붙였다. 그래야 공약을 달성한다고 생각했던 탓이다. 그러나 당시 민영화 프레임이 공약 추진에 불리하다는 점을 몰랐다. 시대가 변하면 민심도 변하며 국민이 공약 모두를 지지하는 것은 아니라는 점을 간과한 것이다.

그렇다면 임기 초반에 해야 할 일은 무엇일까? 무엇보다 나라 살림을 튼튼히 한다는 관점에서 임기 초반에 할 일 중 재정 개혁을 강조하고 싶다. 임기 초반에는 정부조직 개편 등 하드웨어 구축에 초점을 맞추다 보면 재정 개혁에 소홀할 가능성이 크다. 재정 개혁을 추진하기 전에 증세를 위한 국민의 담세 의식을 높여야 한다. 이를 위해 가장 먼저 지출 구조조정을 강력히 추진해야 한다. 그래야 국민이 자신이 낸 세금이 허투루 쓰이지 않는다고 안심한다. 또한 정부가 국민에게 서비스를 제공할 때 무상으로 제공하기보다는 바우처로 지원해야 복지 지출도 줄이고 복지 체감도도 올릴 수 있다. 끝으로 자영업자와 전문직의 소득을 좀 더 정확히 파악해야 한다. 세정이 불공정하다고 생각되면 세금 낼 마음이 사라진다. 담세 의식 강화를 위한 이상의 개혁은 단기간에 완결되지는 않으므

---

[1] 2000년 국정홍보처 조사는 공기업 민영화에 대해 찬성이 71%, 반대가 21%였다. 한길리서치의 발전소 민영화 여론조사(2002)는 민주노총 의뢰로 이루어졌음에도 불구, 51% 국민이 찬성, 44%가 반대하는 것으로 나타났다.

로 재정 개혁과 동시에 증세를 추진해야 한다. 아울러 사회보험 개혁도 필요하다. 현재 국민건강보험, 고용보험은 막대한 재정 지원을 받고 있다.[2] 국민연금은 지금까지는 흑자이나 장차 국민 부담의 핵심이 될 것으로 전망된다. 이러한 사회보험의 적자 구조를 바로잡아야 증세도 최소화할 수 있다.

한편 임기 말로 갈수록 정치적 부담이 큰 의제를 추진하기는 어렵다. 이때에는 공무원 내부 개혁에 초점을 맞추는 것이 좋다. 김대중 대통령이 임기 말인 2001~02년 중 전자정부특별위원회를 만들어 역량을 집중한 것이 그 예이다. 임기 말의 의제 설정에 고려해야 할 점은 신구 대통령 간 암묵적인 협력이다. 물러나는 대통령이 할 일은 다음 대통령이 수행할 과제를 준비하거나 미리 분위기를 띄워 놓는 것이다. 그래야 차기 대통령이 개혁의 적기인 임기 초반에 많은 일을 할 수 있다.

독일은 앙겔라 메르켈 총리가 전임자인 슈뢰더 총리의 개혁을 계승한 덕에 유럽의 선두 주자가 될 수 있었다. 우리도 이명박 정부에서 철도 경쟁 도입을 추진하다가 박근혜 정부에 와서 수서발 SRT로 결실을 본 사례가 있다.

---

2 건강보험 수입의 14%를 국고로 지원하게 되어 있어 2020년 건강보험 지원액은 9조 원을 넘었으며 고용보험 지원액은 2021년 기준 1조 원 남짓이다.

둘째, 당장의 지지율이 아니라 역사적 평가를 목표로 하라

인기는 없지만 꼭 필요한 개혁이 있다. 국민연금 개혁, 호봉제 폐지, 기업 구조 조정 등이 그 예이다. 국민이 싫어하는 일을 하고 싶은 대통령은 없을 것이다. 더구나 니콜라 사르코지 전 프랑스 대통령과 게르하르트 슈뢰더 전 독일 총리가 연금 개혁을 추진하다 지지율이 떨어져 정권을 내준 사례는 개혁을 추진하려는 대통령을 더욱 위축시키기에 충분하다. 단임 대통령제의 장점이 있다면 재선 걱정 없이 개혁을 추진할 수 있다는 점이다. 그런데 우리는 그 장점을 거의 누리지 못하고 있다. 인기 없는 개혁을 추진하는 지도자는 재임 중에는 낮은 지지율을 겪을지 모르나 역사는 그의 소명 의식을 평가할 것이다. 그러나 대통령이 짧은 안목으로 단기적인 지지율에 집착한다면 인기 없는 개혁은 추진하기 어렵다.

단견 대통령은 국가의 근본적인 변화를 꾀하기보다는 당장 성과가 나올 일에만 열중한다. 예컨대 한국형 뉴딜에서 보는 것처럼 장기적 시야로 추진하여야 할 정부의 연구개발 예산도 고용 창출에 초점을 맞추게 된다. 연구에는 기초→응용→개발의 세 가지 단계가 있는데 개발 연구는 상품화와 직결되어 있어 단기적인 고용 창출 효과가 가장 크다. 반면 기초 연구는 대체로 대학이 수행하는 경우가 많다. 하지만 대학에 위탁하는 연구개발은 고용이 늘어나지 않아 홀대받는다.[3] 결국 고용 창출을 위해서는 중소기업의 연구를 지원하는 것으로 귀결된다. 그 과정에서 기초 연구에 대한 관심은 뒷전으로 밀린다. 그러나 선도 국가로 도약하려면 국가는 기초 연구를 지원해야 한다. 정부가 단견에 사로잡혀 연구개발의 목표를 일자리 창출로 설정하면 선도 국가는 요원하다. 더구나 기업에 대한 지원이 혁신으로 연결되기보다는 눈먼 보조금으로 오용되는 경우가 많다는 점을 고려하면, 정부의 단견이 초래하는 문제는 심각하다.

단견 대통령의 또 다른 특징은 재정 적자를 두려워하지 않는다는 점이다. 적자란 미래의 소득을 당겨 쓰는 것인데 5년 동안의 치적을 위해 미래 세대의 소득을 잠식하는 국정 운영은 옳지 않다. 코로나19 대응으로 인한 적자는 한시적이나 사회보장으로 인한 적자는 고착화된다. 한번 시행했던 복지는 철회하기는 어렵기 때문이다. 유럽연합은 GDP 대비 재정 적자 비율이 3%를 넘지 않도록 권고하고 있다. 우리는 2019년에 이미 2.8%를 기록해 코로나19가 없었더라도 2020년부터 3%를 넘겼을 것이다. 많은 유럽연합 국가가 2024년엔 3% 이내를 회복할 것으로 보이나, 우리의 2024년 목표는 4.3%이다.

물론 사회복지 지출이 증가하는 추세는 불가피하다. 그러나 단기적 인기에 영합하는 대통령은 모든 국민에게 보편적 복지를 제공하려는 경향이 있다. 일부 국민에게만 제공하는 선별 복지는 비수혜 계층으로부터 인기가 없기 때문이다. 그러나 보편 복지는 조세부담률이 높은 국가에서나 가능한 모델이다. 한국과 같이 조세부담률이 OECD 평균에 미달하는 국가에서는 심각한 재정 적자를 초래하게 된다. 기본 소득이 그 예이다. 모든 성인에게 월 50만 원, 18세 이하엔 30만 원을 기본 소득으로 보장하려

---

3 대학에 대한 지원은 석박사 학생들에게 일부 배분되는데 대부분 4대 보험이 적용되지 않아 고용을 창출하지는 않는다. 한국형 뉴딜도 대학 지원을 담고 있기는 하나 교육부 내 담당 부서는 산학협력일자리정책과이다. 대학에 대한 연구 지원이 기업의 일자리 창출에 초점을 맞추고 있다는 뜻이다.

면 290조 원의 예산이 필요하다. 이는 2021년 국가 본예산 558조 원의 52%에 해당한다. 다른 지출을 대폭 줄여 충당한다는데 의무 지출이 48%를 차지하는 상황에서 그 가능성이 의문이다. 현실적으로 볼 때 소득이 적을수록 더 많이 지원하는 방식을 택해야 한다. 현행 기초생활보장제도를 근간으로 그 수혜 계층과 지급액을 점진적으로 확대하는 것이 해답이다.

시야가 짧다 보면 목표를 잊고 그 수단을 관철하는 데에 몰두하게 된다. 예컨대 최저임금 인상의 목표는 노동자의 삶을 개선하는 것이다. 그런데 이를 위해서는 고용 규모와 평균 임금을 곱한 수치를 높여야 한다. 그러나 단견 대통령은 당장 눈앞의 목표인 평균 임금을 올리기 위해 최저임금 인상 자체에 초점을 맞추게 된다. 그러나 최저임금의 급격한 인상은 고용을 감소시킨다. 최저임금의 급격한 인상 후에도 자리를 계속 지키는 노동자의 삶은 나아지겠으나 실직자의 삶은 완전 피폐해진다. 최저임금의 인상률은 전체 고용을 감소시키지 않는 수준으로 설정되어야 한다. 2018년 최저임금의 급격한 인상은 수단 달성을 업적으로 내세우기 위해 고용이라는 더 중요한 목표를 망각한 결과이다.

**셋째, 정책 목표 달성을 위해
시장을 이기려 하지 말라**

대통령은 정책 목표를 달성하기 위해 시장에 개입하고자 하는 욕구가 생기게 마련이다. 그러나 정부는 시장을 보완해야지, 시장을 대신하면 안 된다. 시장의 핵심은 재산권과 가격이다. 물론 재산권은 공공의 필요에 따라 제한할 수 있으며 정부가 가격에도 간섭할 수 있다. 그러나 그 범위를 너무 넓게 해석하면 시장 원리를 거스르게 된다. 최저임금은 노동자의 최저생계를 보장하기 위해 정부가 개입할 사안이다. 하지만 그 수준이 시장균형에 비해 과도하게 높게 책정될 경우 고용 축소라는 부작용이 발생한다.

문재인 정부는 소위 임대차 3법을 통해 전세 가격에 개입하였다.[4] 이런 규제가 생기면 법의 발효 전에 계약을 갱신한 세입자는 혜택을 보지만 신규 세입자나 재계약을 하지 못한 기존 세입자는 피해를 보기 십상이다. 전세 물량이 줄면서 신규 전셋값이 폭등하기 때문이다. 분양가 상한제 역시 투기 수요를 유발하는 반면 아파트 공급은 감소시킨다. 장기적으론 아파트 가격 안정에 도움이 안 된다.

대학과 지방정부에 대한 과도한 통제도 마찬가지이다. 정부는 대학과 지방정부가 중앙정부에 의존하게 만든 후 재정 지원을 무기로 이들을 통제하고 있다. 낮은 등록금으로 대학이 재정난에 직면하자 정부는 재정 지원을 평가와 연계하여 대학을 통제한다. 그러나 대학의 변화 혹은 퇴출은 교육부가 아니라 수요자의 몫이다. 지방대학을 돕고 싶으면 지방대 학생에게 장학금을 확대하면 된다. 소비자의 선택을 평가로 대신하는 것은 시장을 이기려 하는 시도이다.[5] 지방정부도 자율적 결정으로 사람과 기업을 유치하는 경쟁을 시켜야 하는데 행정적, 재정적으로 중앙정부에 대한 의존이 심화되고 있다. 경쟁을 통해 대학과 지방정부가 커나가도록 해야 한다.

---

4 이에 따라 세입자는 2년 계약 연장을 요구할 수 있고 집주인은 실거주 등 특별한 이유가 없으면 이를 수용해야 한다. 임대료도 종전의 5% 이내에서만 올릴 수 있다.
5 더구나 우리는 고등학생의 상급학교 진학률이 2020년 기준 72.5%로서 유럽(40% 내외)에 비해 높은 수준이다. 등록금을 낮추어 대학에 더 가게 할 필요는 없다. 저소득층은 장학금으로 보호하면 된다.

시장 지향적 정책의 대명사는 규제 개혁이다. 그러나 이는 생각보다 어려운 일이다. 지금까지 모든 대통령이 규제 개혁을 추진했다. 이명박 대통령의 '규제 전봇대', 박근혜 대통령의 '손톱 밑 가시', 문재인 대통령의 '붉은 깃발'이 그 예이다. 그러나 그 어떤 개혁 방안도 그다지 성공적이지 못했다. 국제경영개발대학원(IMD, 2021)의 국가 경쟁력 순위를 결정하는 20개 평가 항목 중 한국이 가장 낮은 점수를 보인 항목은 '기업 여건 관련 정부 효율성'이다. 이는 우리의 규제 시스템이 포지티브 방식, 즉 할 수 있는 일을 나열하는 방식이기 때문이다. 물론 안전 등 사회 규제, 공정거래 규제는 여전히 포지티브 방식이 필요하다. 그러나 진입 규제에 대해서는 네거티브 방식, 즉 금지되지 않은 것은 허용하는 방식으로 전환해야 한다. 그러나 이 역시 쉽지 않다. 사전에 금지하지 않아 문제가 발생하면 비난의 화살이 정부로 쏠린다. 또 네거티브 방식은 대통령이 수반인 행정부의 권한을 약화시킨다. 행정부 힘이 약화되면 이를 견제하는 입법부도 약화된다. 대통령으로선 자신의 힘이 약화되는 동시에 국회와도 싸워야 한다. 그러나 진정 시장을 존중하는 대통령이라면 신규 사업에 대해서는 네거티브 규제를 도입해야 한다.

정부가 시장에 개입하는 또 다른 방식은 재정 지출이다. 정부는 '진흥'이라는 이름으로 기업을 광범위하게 지원하고 있다. 그러다 보니 경쟁력이 낮은 기업들이 정부의 지원으로 연명하는 사례가 늘고 있다. 2020년 기준 중소기업 1,244개 중 영업이익으로 이자도 갚지 못하는 기업의 비중이 50.9%인 것으로 나타났다. 물론 코로나19로 인한 충격도 큰 요인이었으나 퇴출되어야 할 기업들이 좀비처럼 살아 저가 입찰로 시장을 교란하고 있다. 기업 생태계가 원활해야 한다. 경쟁력 없는 기업이 퇴출되지 않으면 새로운 유망 기업이 시장에 진입하기 어려워진다. 정부의 기업 지원은 '고용 창출, 경제 활성화'라는 명분을 가지고 있어 국민적 지지를 받는 경향이 있다. 그러나 현재의 기업 지원은 생태계를 훼손하는 수준에 가까워졌다는 점을 (20대) 대통령은 기억해야 한다.

넷째, 정책 결정을 위해
총괄 조정 기능을 강화하라

정책 결정을 위해서는 부처 간 이견 조정이 중요하다. 경제 문제는 경제 부총리가 조정하면 된다. 그러나 원격의료와 같이 경제와 사회문제가 충돌하면 경제부총리가 리더십을 발휘하기 어렵다. 국무총리가 조율하면 좋은데, 힘이 충분치 않다. 총리가 가진 권한은 장관 해임 건의권인데 장관 해임은 대통령의 고유 권한이라 총리가 함부로 건의하기 어렵다. 그 외 부처 평가권이 있는데 이것으로 약하다. 이를 위해서 기획재정부에서 기획 예산 기능을 분리한 기획예산처를 만들어 총리실로 이관할 것을 제안한다. 그러면 기획예산처 장관이 예산권을 바탕으로 경제와 사회문제를 종합적으로 조정할 수 있다. 기획 예산 기능은 경제 기능이 아니며 국정 전반을 총괄하는 기능으로 활용되어야 한다. 그렇게 되면 기획예산처가 속해 있는 국무총리실의 조정력도 자연히 강화될 것이다.

나아가 기획예산처 기능에 행정안전부의 조직 관리 및 전자정부 기능까지 포함하여 관리예산처를 만드는 방안도 가능하다. 이는 미국의 대통령실 소속 예산관리국(OMB: Office of Management and Budget)과 같은 형태이다. 행정부에 대한 중앙 관리 기능을 집중시켜 총괄 조정 기능을 강화하는 장점이 있다. 특히 정부의 역할을 바꾸는 수준의 정부 개혁을 이루기 위해서는 예산과 조직 기능이 모두 동원되어야 한다는 논지도 일리가 있다. 현재 각 부처가 증원을 하기 위해서는 행정안전부(조직)와 기획재정부(예산)를 모두 방문해야 하는 번거로움이 있다. 반면 다소 이질적인 기능의 통합이라 안착에 시간이 소요될 것이며 현재 정부조직법을 관장하는 행정안전부가 크게 반대할 것이라는 점은 고려해야 한다.

국무총리도 조정하기 어려운 안건은 청와대가 나서야 한다. 그러나 부처 간 이견은 대부분 청와대 수석 간 이견으로 귀결된다. 결국 대통령이 결단을 내려야 하는데 이는 대통령으로서 큰 부담이 되는 일이다. 그러나 그 부담을 회피해서는 아니 된다. 부처 간, 수석 간 이견이 큰 사안에 대해서는 대통령이 장단점을 충분히 듣고 결정을 내려야 한다. 그러자면 대통령이 국무총리, 비서실장과 함께 중요사안을 해결하기 위한 비공식적 회의체를 가동할 것을 권한다.

간혹 청와대가 부처 간 합의를 종용하는 경우가 있는데 합의가 근본적으로 어려운 사안이 있다는 점을 이해해야 한다. 서로 목표가 같고 수단이 다르면 협력이 가능하다. 하지만 목표부터 다르면 협력이 아니라 판정을 하거나 조정調停을 해야 한다. 그러기 위해서는 합의가 안 될 경우 현상 유지가 결론이 되어서는 아니 된다. 만약 합의가 안 될 경우 현상 유지로 결론이 난다면 현상 유지를 바라는 측에서는 절대 타협하지 않을 것이다. 결국 미래를 위한 변화는 불가능하게 된다. 청와대는 부처 합의가 안 될 경우 어느 한 편의 손을 들어주는 중재자의 역할을 하거나 이해관계를 조정하여 합의에 이르도록 하는 조정자의 역할을 해야 한다. 이 역할에 소홀한 대통령은 변화를 만들어낼 수 없다.

다섯째, 정책 집행을 점검하고 효과를 측정하라

대통령의 5년 임기는 짧다. 더구나 관료 조직, 즉 '공직사회'가 원치 않는 개혁을 완수하는 데에는 더욱 그러하다. 공직사회는 대통령 임기 후반이 되면 다음 대통령이 그 과제를 전면 재검토할 수 있다는 기대를 하게 된다. 따라서 가역성이 큰 과제는 임기 내에 완성하는 것이 좋다. 이를 위해서는 계획의 이행을 점검해야 한다.

김대중 정부의 대한주택공사와 한국토지공사의 통합이 대표적인 실패 사례이다. 1998년 국무회의는 대한주택공사와 한국토지공사를 2001년까지 통합하는 것으로 결정한다. 당시 건설교통부는 통합을 반대하는 입장이었으나 대통령의 의지가 강해 마지못해 이를 수용한 상태였다. 그러나 건설교통부는 통합 준비 작업을 진행하지 않았으며 이는 2000년 말에야 확인되어 급하게 통합안이 준비된다. 그러나 서둘다 보니 당사자 간 합의가 부족했는데 특히 한국토지공사의 의견이 반영되지 못해 2001년 말 통합 법안의 국회 제출 후에도 한국토지공사의 반대 로비가 지속되는 결과를 초래했다. 여야 의원이 통합에 부정적이고 노조의 반대가 심하자 2003년 노무현 대통령은 통합 법안을 철회하기에 이른다. 2000년 중 기획예산처가 건설교통부의 통합 준비를 점검했다면 달랐을 것이다.[6]

집행이 곧 성과를 의미하지는 않는다. 열심히 일하는 척을 하지만 실제

---

6 이명박 정부는 다시 대한주택공사와 한국토지공사의 통합을 추진하여 2009년 한국토지주택(LH)공사가 출범한다.

로는 아무런 성과가 없는 경우도 허다하다. 재임 기간이 짧다 보니 성과가 나오는 데 긴 시간이 걸리는 일은 피하는 관료가 많다. 이들은 열심히 일하는 척하면서 재임 중 책임질 일만 없으면 된다고 생각한다. 예컨대 취약계층에 대한 일자리 창출 사업을 담당하는 부처는 관련 예산을 소진하는 데에 관심이 있을 뿐 취약계층이 그 혜택을 보고 있는지는 관심 밖이다.[7] 이런 관료가 많으면 국가 예산과 인력이 낭비되며 정작 문제 해결은 멀어진다. 대통령이 성공하기 위해서는 집행에 초점을 맞출 것이 아니라 성과outcome를 평가해야 한다.

　공직사회의 성과 평가가 잘 이루어지지 않다 보니 실제 전시 행정과 면피 행정이 넘쳐나고 있다. 전시 및 면피 행정은 실제 효과보다는 열심히 노력한 것을 보여주는 데에 주력한다는 공통점이 있다. 전시 행정이 칭찬을 받으려는 목적인 반면 면피 행정은 문책을 피하려는 목적이라는 점만 다르다. 전시 행정은 불필요한 행사나 재정 지출로, 면피 행정은 과도한 사전 규제로 구현되는 경우가 많아 그 폐해가 크다. 대통령은 공무원의 보고를 들을 때마다 이것이 전시 혹은 면피 행정이 아닌지를 체크해야 한다. 그리고 이를 근본적으로 해결하기 위한 정책별 성과 평가를 강화해야 한다.

---

[7] 2017년 2조8538억 원이 집행된 직접일자리사업(48개)은 취업 취약 계층 참여 비율이 36.3%에 그쳤다. (김병욱, 2017)

좋은 정책을 수립할 수 있는 인프라를 구축하라

정부가 할 일, 그만할 일을 먼저 설정하라

역대 대통령마다 취임 직후 정부 조직 개편을 단행해 왔다. 그러나 어떤 기능을 A부처에서 B부처로 옮기거나 부처를 통폐합하는 식이 대부분이었다. 현재 하는 기능을 그대로 유지한 채 이를 그룹핑하는 방법을 바꾼 것이다. 그러나 대통령이 성공하기 위해서는 무엇보다도 정부가 해야 할 일에 집중해야 한다. 해도 별 효과가 없거나 오히려 국가적으로 손해인 일에 역량과 자원을 배분해서는 안 된다. 안 해야 하는 일을 열심히 하는 것은 오히려 국익에 반한다. 따라서 더 늘려야 할 일과 줄여야 할 일을 먼저 구분하고, 이를 정부 조직 개편에 반영해야 한다.

Clark, G. and M. Dear(1984)는 행정부의 기능을 크게 네 가지로 구분한다. ① 사회 통합과 국민 행복을 위한 기능이다. 환경, 교육, 복지 등 정부가 국민에게 공공재를 제공하는 기능이다. ② 질서유지 기능이다. 경찰, 검찰, 국세, 국방, 외교 등 국가의 안녕과 질서를 위한 기능으로서 정부가 국민에게 일정한 의무를 부과하는 경우가 많다. ③ 정부 내 조정 기능이다. 국무총리실, 예산, 지방자치, 정부 관리, 인사, 감사 등 정부가 스스로를 관리하는 기능이다. ④ 경제 기능이다. 정부가 규제 등으로 시장에 개입하고 기업을 진흥하며 인프라를 공급하는 기능이다. 공기업을 통해 실제로 공급자 역할을 수행하는 경우도 이에 속한다.

우리는 과거 경제개발 시대를 거치면서 상대적으로 경제 기능이 발달해 있다. 산업통상자원부, 중소벤처기업부, 국토교통부, 과학기술정보통신부, 농림축산식품부, 해양수산부는 대체로 경제 기능을 수행하고 있다. 다른 부처들도 관련 산업에 대한 지원 기능을 가지고 있다. 보건복지부의 의약산업, 문화체육관광부의 문화산업, 행정안전부의 소방산업, 환경부의 환경산업이 그 예이다. 그 결과 우리는 예산에서 경제 분야의 비중, GDP 대비 정책금융의 비중 등이 OECD에서 가장 높은 편이다. 앞으로 이러한 경제 기능은 줄어야 한다. 물론 대학에 대한 연구개발 지원, 창업 지원, 미래형 산업에 대한 지원은 필요하다. 그러나 구조 조정이 되어야 할 기업 지원, 효율성 낮은 인프라 투자, 민간시장을 잠식하는 직접 공급 역할은 줄어야 한다.

반면 나머지 세 기능은 강화되어야 한다. 앞으로 ① 복지 기능을 비롯하여 국민의 행복과 직결된 정부의 공공재 공급은 확대되어야 한다. ② 사회적 자본 강화를 위해 우리의 질서 의식은 강화되어야 하며 이를 위한 법과 세금의 엄정성을 위한 예산과 인력은 늘려야 한다. 또한 ③ 정부 내 관리 기능은 향후 부처 간 이견을 조정하는 기능, 정부를 개혁하는 기능을 중심으로 강화해야 한다. 그리고 그 변화를 정부 조직 개편 시 반영해야 한다.

지금까지는 경제성장과 사회 통합의 목표가 상충되는 경우도 많았다. 그러나 앞으로는 경제성장을 위해서라도 사회 통합이 더 필요할 것이다. 사회 통합은 사회적 자본을 강화하고 각종 거래 비용을 낮추어 경제성장에 도움을 준다. 또한 그 자체로 공동체의 유대감을 상승시켜 행복도에 직접 기여하기도 한다. 사회 통합은 복지를 통한 형평성 제고, 사회적 이동성 제고, 공정성과 법치 강화를 통한 사회적 신뢰 제고, 공공 부문의 투명성 제고, 정부의 갈등 관리 역량 강화 등 정부의 다각적인 노력을 필요로 한다. 앞으로 대통령이 더 해야 할 일의 일순위는 사회 통합이다. 그래야 대통령이 성공할 수 있다.

대통령의 힘을 나누어라

민주화를 거치며 점차 변화하고는 있으나 여전히 대통령과 행정부는 입법부를 압도한다. 그러다 보니 국회는 대통령에 대한 찬반에 따라 대립하는 경우가 많다. 소위 제왕적 대통령의 존재는 국회의 합의 형성을 저해하며, 국가 전체적으로 상명하복의 문화에서 벗어나지 못하게 한다. 자신의 힘을 약화시키는 일은 어려운 일이나 대통령이 성공적으로 국정을 수행하려면 자신의 힘을 국회 및 지방정부와 나누어야 한다.

먼저 행정부의 힘을 국회와 나누어야 한다. 특히 합의 형성이 중요한 행정부 기능은 국회에 이관되어야 한다. 여야 합의는 전체 국민의 목소리를 대변하는 것이므로, 한 정파 출신 대통령이 수반으로 있는 행정부의 결정에 비해 전체 유권자의 만족도를 더 높게 할 수 있다. 또 국회가 합의한 내용은 대통령이 바뀌어도 연속성을 갖는 장점이 있다. 대표적인 것이 대통령 직속의 경제사회노동위원회(이하, 경사노위)이다. 지금은 경사노위 합의라 할지라도 국회 입법 과정에서 재논의가 불가피하다. 민주노총 입장에선 경사노위 논의 사항이 기득권을 약화시키는 것이 대부분이므로 참여할 유인이 별로 없다. 혹시 불리한 결정이 내려지면 국회에서 막으면 된다. 그러나 경사노위가 국회 소속이라면 불참하기는 어렵다. 그 결정이 끝이기 때문이다. 아울러 탈원전 문제도 국회가 결정하는 것이 옳다.

예산 총액과 부문별 증가율은 국회가 여야 합의로 결정해야 한다. 지금의 국회 역할은 행정부가 정한 예산안에서 1% 정도를 증감하는 것이 고작이다. 여당은 예산 팽창을, 야당은 삭감을 원하기 마련인데 지금처럼 예산 총액을 행정부와 여당 간에 합의하는 방식은 야당을 배제하는 결과를 초래한다. 그 결과 재정 적자가 고착화될 우려도 깊어진다. 대통령은 자신의 힘을 국회와 야당에 양보해야 한다. 마찬가지로 행정부가 결정하는 중장기 계획에 대해서도 국회가 심의하는 절차를 추가해야 한다. 지금은 국가 재정 운용 계획 정도만 국회 상임위에 그 기본 방향을 보고하도록 되어 있다. 중요한 계획은 국회가 심의토록 해야 계획에 구속력과 지속력이 생긴다.

또한 청와대는 국무총리의 권한도 인정해 주어야 한다. 일상적인 정책 조정은 국무조정실이 해결하도록 하고 부처 간에 합의가 되지 않는 파급력이 큰 사안에 대해서만 대통령이 국무총리, 대통령 비서실장과 함께 협의하여 결정하는 관행을 세워야 한다. 청와대가 사사건건 개입하고 방향을 정해 주다 보면 의사결정의 속도가 느려질뿐더러 결국 대통령의 부담으로 돌아온다. 대통령은 외치와 함께 중요하고 어려운 개혁 몇 가지에 초점을 맞추어야 역사적 평가를 받을 수 있다. 이런 점에서 국무총리에는 정책에 대한 이해도와 업무 장악력이 높은 인사가 적합하다. 좋은 이미지로 소위 얼굴마담을 하는 국무총리는 청와대로의 권력 집중을 초래할 뿐이다.

청와대 인사권도 나누어야 한다. 공공기관의 운영에 관한 법률에는 대통령이 임명하는 기관장과 장관이 임명하는 기관장이 구분되어 있다. 그러나 이는 대부분 지켜지지 않는다. 대통령은 장관의 임명권을 존중해야 한다. 이는 부처 내 실국장급 임명에도 적용된다. 임기가 짧은 장관이 가진 유일한 권한은 인사권인데 이마저 청와대가 개입하면 장관은 부처를 통솔하기 어려워진다.

여기에 더해 행정부의 기능을 지방과 나누어야 한다. 국제경영개발대학원(IMD)이 뽑은 경쟁력 최강 7개국은 스위스, 스웨덴, 덴마크, 네덜란드, 싱가포르, 노르웨이, 홍콩인데 이들의 인구는 모두 500만~1700만 명 정도이다. 광역을 통합하여 규모를 키우고 지방정부 간 경쟁을 시키면 대한민국 전체의 경쟁력이 도약할 수 있다. 그러자면 중앙 부처 권한의 상당 부분을 지방에 이양해야 한다. 예컨대 최저임금과 52시간제는 광역단체별로 정할 수 있다. 교육도 각 교육청에 기능을 이양해야 한다. 전국적으로 같은 서비스를 제공해야 한다고 생각하면 지방분권을 할 수 없다. 아울러 중앙 부처의 특별지방행정기관(지방청)이 수행하는 일은 일부를 제외하면 대부분 지방에 이양해야 한다. 모든 대통령이 이러한 지방분권에 노력했으나 대체로 성공적이지 못했다. 지방분권에 가장 적극적인 정부는 노무현 정부였다. 당시 제주특별자치도에 7개 기관을 일괄 이관한 바 있다.[8] 이러한 제주에서의 성공을 다른 광역에도 적용해야 한다.

재정도 지방분권 해야 한다. 먼저 중앙이 지방을 위해 지출하는 예산사업은 지방에 이양해야 한다. 대표적인 것이 지역산업진흥 예산이다. 지방을 위한 사업을 중앙에서 수행하고 있으니 중앙도 지방도 책임감이 있을 리 없다. 또한 지방에 예산을 줄 때는 부처별 포괄보조금제를 도입해

---

8 제주지방국토관리청, 제주지방해양수산청, 제주지방중소기업청, 제주환경출장소, 제주지방노동사무소, 제주지방노동위원회, 제주보훈지청 등이 그것이다.

야 한다. 예컨대 농림부가 지방에 주는 보조금은 사업별로 칸막이가 있는데, 이를 모두 풀어 하나로 주면서 사업별 배분은 알아서 하도록 하는 것이다. 그래야 사업 효과도 올라가고 낭비도 막을 수 있다.

사실 가장 핵심적인 지방 이양은 세수 이양이다. 현재처럼 중앙이 대부분 걷어 지방에 나누어주는 방식으로는 지방의 의존성을 극복할 수 없다. 그렇다고 무작정 지방세의 비중을 늘리면 세원이 많은 수도권만 덕을 보게 된다. 법인세를 공동세로 전환하여 중앙-지방이 나누도록 하면서 낙후 지역일수록 지방에 대한 배분율을 높여주는 제도를 도입하는 것도 한 방법이다. 이와 같은 차등 배분 공동세를 도입하면 지방분권과 균형 발전을 동시에 달성할 수 있다.

개혁의 추진 체계를 만들어라

개혁의 시작은 청와대이지만 모든 개혁 과제를 청와대가 챙길 수는 없다. 각 부처가 각자의 개혁을 추진하면 가장 좋겠으나 그런 일은 일어나지 않는다. 개혁은 각 부처의 기득권을 훼손하는 것이 많기 때문이다. 예를 들어 기능의 지방 이양, 규제의 철폐, 예산 사업 축소 등이 그것이다. 따라서 개혁의 방향을 세워 각 부처를 독려해 나가는 개혁의 추진 주체가 필요하다. 이를 추진할 대통령 직속 위원회, 가칭 정부혁신위원회를 만들 것을 제안한다. 위원장은 상임인 것이 좋겠으나 비상임이어도 무방하다. 별도의 사무국을 두되 사무국장은 청와대의 비서관이 담당하고 수석비서관이 간사위원으로 참여하는 모델을 추천한다.[9] 노무현 정부의 정부혁신지방분권위원회에서 이미 실행해 본 경험이 있다. 이를 벤치마킹하면 좋을 듯하다.

공무원 조직 내 인적 추진 체계도 중요한 제도적 기반이다. 먼저 이를 실행할 장관을 잘 임명하는 것이 중요하다. 장관에게 해당 부처를 개혁한다는 명확한 미션을 주어야 한다. 기존의 업무를 잘 챙기고 약간의 개선을 하는 일은 굳이 장관이 없어도 실국장들이 잘 알아서 한다. 장관은 부처 공무원들이 자발적으로 하지 못하는 일을 해내야 한다. 그리고 장관의 임기를 충분히 보장해야 한다. 현재 장관의 평균 재임 기간은 14개월인데, 업무를 파악하자마자 그만두어야 하는 장관이 개혁을 추진한다는 것은 불가능한 일이다.

그러나 장관만으로 공직사회를 개혁하기는 어렵다. 장관을 도와 개혁을 추진할 혁신차관보를 부처마다 두길 권한다. 기존의 실장 자리를 없애고 대신 차관보를 설치하거나 기존의 차관보가 수행하는 역할을 바꾸면 된다. 이 자리는 내부 공직자가 수행하기 어려우니 외부에서 수혈토록 장관에게 인사권을 부여할 필요가 있다. 실국장급에서도 장관과 호흡을 맞출 역량 있는 외부 인사가 필요하다. 이런 점에서 현재 실국장급의 20%로 되어 있는 개방형 임용제를 점진적으로 늘려가야 한다. 이때 역량이 낮은 정치권 인사를 청와대가 낙하산으로 내리는 것은 곤란하다. 장관이 자신과 같이 일할 사람을 개방형을 통해 충원할 수 있어야 한다. 개방형 인사는 3년의 계약을 맺기 때문에 일반적인 실국장의 임기에 비해 2배나 더 오래 재임하는 장점도 있다.

---

9 2003년 출범 당시 당연직 위원으로 재정경제부, 행정자치부, 정보통신부, 기획예산처의 장관과 국무조정실장, 중앙인사위원회위원장, 대통령비서실 정책실장이 위촉되었다.

대통령의 진정한 성공을 위한 장기적 안목을 가져라

지금까지 대통령의 성공조건을 경제사회 분야를 중심으로 소개하였다. 〈표2〉에 본문에서 소개한 제언들을 정리하여 보았다. 이 중 가장 중요한 제언은 대통령이 자신의 힘을 국회, 장관, 지방, 시장市場과 나누고 장기적인 안목에서 일을 국정을 수행해야 한다는 점이다. 그러나 이는 모두 어려운 일이다. 어떻게 이를 가능하게 할 것인가.

첫째, 대통령에게 자신의 권한을 나누라는 요구는 부자父子 간에도 나눌 수 없다는 권력의 속성을 너무 무시한 것일 수도 있다. 그런 점에서 이는 대통령 개인의 선의에 맡길 사안이 아니라 제도적으로 규정해야 할 사안이다. 그런 점에서 국회의 적극적인 역할이 필요하다. 그러나 국회는 국회의 권한 강화에는 적극적일 수 있으나, 지방정부의 권한 강화는 반기지 않을 수 있다. 현재 국회는 광역시도의 국가 위임 사무와 국고보조금 예산 사업에 대한 국정감사 권한을 가지고 있다. 지방에 대한 권한 위임을 확대하되 이에 대한 국회의 감시를 강화할 경우 국회의 반발도 줄일 수 있을 것이다. 그러나 대통령이 크게 반대하는 권한 이양을 추진하는 것은 여전히 어려운 일이다.[10] 이런 경우에는 제도를 바꾼 후 그 시행 시기를 다음 대통령으로 미루도록 하자. 예컨대 국가교육위원회 설치 및 운영에 관한 법률도 공포는 2021년 7월에 되었으나 시행은 1년 후인 2022년 7월로 규

---

10 헌법 제53조에 의해 대통령은 국회가 의결한 법률안에 대해 재의를 요구할 수 있다. 국회가 재적의원 과반수의 출석과 출석 의원 3분의 2 이상의 찬성으로 전과 같은 의결을 하면 그 법률안은 법률로서 확정된다.

정한 것처럼 말이다.

  둘째, 대통령의 목표가 장기적인 안목에서 바르게 설정되어야 다른 성공조건도 가능하게 된다. 어떻게 해야 5년 단임 대통령이 장기적인 안목을 가질 수 있겠는가? 이는 언론과 국민에게 달려 있다. 대통령 재임 중 장기적 안목의 중요성을 강조하는 것은 물론이요, 과거 대통령 중에 단임제의 한계를 극복하고 장기적인 시야로 바른 정책을 편 사례를 발굴하여 이를 국민에게 널리 알려야 한다. 그래야 대통령이 역사에 남는 업적을 이루겠다는 바람을 가지게 된다. 결국 언론과 국민이 대통령을 객관적으로 엄정하게 평가하는 것이 중요하다. 대통령에 대한 무조건적인 우호적 혹은 적대적 평가로는 대통령의 태도를 바꿀 수 없다. 대통령은 국민 하기 나름이다.

<표2> 경제사회 정책의 성공을 위한 제언 요약

8대 성공 요인	45개 제언
\<정책 수립 성공 요인\>	
임기 중 의제 선택이 중요하다.	임기 초반에 어려운 개혁을 추진하라.
	공약을 인수위에서 철저히 재검토하라.
	공약에 있다고 모두 국민이 지지하는 것은 아니다.
	시간이 지나면 국민의 생각은 달라진다.
	임기 초반에 재정 개혁과 증세를 추진해야 한다.
	임기 후반에는 정부 내부 개혁에 집중하라.
	임기 후반에는 다음 대통령의 개혁을 준비하라.
단기적 지지율이 아니라 역사적 평가를 목표로 하라.	인기 없는 개혁을 추진할 수 있어야 한다.
	성과 창출에 오랜 시간이 걸리는 일을 해야 한다.
	재정 적자를 두려워해야 한다.
	저소득층에 대한 현금복지는 선별형으로 해야 한다.
	수단을 달성하려 하지 말고 목표를 달성하라.
시장을 이기려 하지 말라.	시장가격에 개입을 최소화하라.
	대학과 지방정부를 통제하지 말고 경쟁시켜라.
	시장 진입에 한하여 네거티브 규제를 도입하라.
	좀비 기업을 지원하지 말고 산업 생태계를 작동시켜라.

8대 성공 요인	45개 제언

정책 수립 성공 요인

총괄 조정 기능을 강화하라.	기획재정부에서 기획예산처를 분리하라.
	대통령, 국무총리, 대통령 비서실장이 모여 결정하라.
	부처 합의가 안 될 경우 문제를 넢고 현상을 유지하면 안 된다.
집행을 점검하고 효과를 측정하라.	집행을 점검하라.
	가역적인 계획은 가급적 임기 내 완수하라.
	일하는 척하는 공직자를 배격하기 위해 성과를 측정하라.
	전시 행정, 면피 정책은 하지 말라.

제도 인프라 성공 요인

정부가 할 일, 그만할 일을 먼저 설정하라.	복지 등 공공 서비스, 질서유지, 정부 내 조정 기능을 강화하라.
	규제, 진흥, SOC 건설, 직접생산 등 경제 기능은 축소하라.
	특히 사회 통합을 핵심 목표로 삼고 관련 기능을 대폭 강화하라.
	위의 방향을 정부조직 개편에 반영하라.

8대 성공 요인	45개 제언

제도 인프라 성공 요인

대통령의 힘을 나누어라.	대對 입법부	합의가 중요한 일은 국회로 넘겨라.: 경사노위, 탈원전 등
		예산 총액은 여야 합의로 결정하라.
		행정부가 수립한 중장기 계획을 국회가 검토하게 하라.
	행정부 내	국무총리의 권한을 존중하고 일상적인 정책 조정을 맡겨라.
		대통령은 외치와 함께 어렵고 중요한 개혁에 집중하라.
		장관의 인사권을 존중하라.
	지방분권	최저임금, 52시간제 등 중앙정부의 권한을 지방에 이양하라.
		특별지방행정기관을 지방에 이양하라.
		지방을 위한 예산 사업은 지방에 이양하라.
		부처별 포괄보조금제를 도입하라.
		차등 공동세를 도입하여 재정 분권을 강화하라.
개혁의 추진 체계를 만들어라.		가칭 정부혁신위원회를 만들어라.
		장관에게 충분한 임기와 함께 부처 개혁의 미션을 부여하라.
		각 부처 내에 혁신차관보를 설치하라.
		현행 20%인 개방형 임용제를 단계적으로 높여라.

8대 성공 요인	45개 제언
결론	
이상의 변화가 가능하려면	국회가 행정부 권한 이양에 적극성을 가져야 한다.
	입법 후 실행을 다음 정부로 넘기는 방식으로 합의하라.
	언론과 국민의 대통령 평가가 객관적이고 엄정해야 한다.

참고 문헌

국정홍보처. 2000.「대국민 공기업 민영화 설문조사」.

김병욱 더불어민주당 의원. 2018.「2017년도 정부재정지원 일자리사업 평가분석」. 국정감사 자료.

박중훈 외. 2016.「대한민국 역대정부 조직개편 성찰」. 한국행정연구원.

박진. 2021.「정부조직 혁신 방향과 과제」. 국회사무처.

박진. 2021.「ㅇㅇㅇ 에게 바통 넘겨주기 전, 文대통령이 해야 할 5가지」.『매일경제 Big Picture』. 7.21.

박진. 2020.『대한민국 어떻게 바꿀 것인가』. 이학사.

한길리서치. 2002.「발전소 민영화 여론조사」.

Clark, G. and M. Dear (1984), *State Apparatus: Structures and Languages of Legitimacy*, Boston: Allen & Unwin.

3

외교안보 컨트롤 타워를 혁신하라

외교 대통령의 5대 성공조건

손 열 | 동아시아연구원/연세대학교

국가의 미래를 결정짓는 대통령의 절대 권한, 외교안보

한국인의 삶은 그 특성상 대외적인 요인에 의해 크게 좌우된다. 분단 현실, 강대국에 둘러싸인 지정학적 위치, 수출 의존형 경제구조 등 한국이 처한 상황은 국제정치와 세계경제의 파도에 방파제 없이 노출된 것과 같다. 그런 까닭에 취임 후 대통령이 직접 감당해야 할 대외관계 업무가 전체 업무의 40~50%에 달한다고 알려져 있다. 따라서 대통령이 상시적으로 발생하는 주요 외교안보 사안들을 이해하고 관련 보고서의 홍수 속에서 전략적 방향을 정하려면 취임 이전부터 상당한 학습과 훈련을 거쳐야 한다.

문제는 대통령 선출 과정, 즉 당내 경선을 포함한 선거의 전 과정에서 외교 관련 사안은 그 중요성에 비해 그다지 주요 쟁점이 되지 못한다는 데 있다. 사실 대부분의 국가에서도 자국 이슈로 선거를 치른다. 세계를 경영하는 미국조차도 대외 문제가 선거의 당락을 가르는 '외교 선거'를 치러본 적이 거의 없다. 한국의 대선 과정에서도 국내 정치, 경제정책, 주거 및 사회복지 등 민생 정책 이슈에 비해 외교 정책에 대한 후보자의 자질과 지식 검증은 대단히 피상적이다. 긴 세월 대외 문제를 고민했던 이승만, 김대중 대통령을 제외하면 대다수의 경우 사실상 외교 문외한이 당선되어 그 시점부터 배워가며 주요 정책을 결정했다고 해도 과언이 아니다. 마치 자신이 일해 본 적이 없는 업종의 최고경영자가 되는 것과 같다.

20대 대통령을 선출하는 2022년 대선도 예외는 아니다. 대다수의 후보는 대외 문제를 직접 다루어보거나 깊은 고민이 담긴 대외 인식과 전략적 방향을 표출해 온 바 없다. 그러나 국제 문제에 압도적 영향을 받는 한국의 현실에서 외교안보 사안의 관리와 정책 결정은 대통령 5년의 성패와 직결된다. 이런 점에서 후보자의 외교 문제 관리 능력은 대통령의 당선조건은 아니더라도 성공조건의 핵심이라 하겠다.

20대 대통령의 5년은 과거 어느 때보다 국제적 격변으로 어려움을 겪을 것으로 보인다. 전 지구 차원에서는 코로나19 팬데믹의 대처와 그 이후를 준비하는 주요국 간 협력과 갈등이 전개되고, 아시아태평양 지역에서는 미국과 중국의 세력 경쟁이 날로 거칠어질 전망이다. 한일 관계는 쉽사리 돌파구를 찾기 어려우며, 한반도는 북한의 완전 비핵화와 생존/발전권 보장을 동시에 풀어야 하는 난제에 봉착할 전이다(하영선 2021).

향후 5년 한국에 닥칠 대외적 난관을 뚫고 도약의 전기를 마련하려면

20대 대통령은 정책, 커뮤니케이션(소통), 실행 능력이라는 세 가지 리더십 덕목을 균형 있게 갖추어야 한다. 대외 상황이 점점 어려워지는 가운데 대통령은 먼저 좋은 정책과 전략을 가져야 하고, 그다음으로 정책에 대한 대중의 반응을 살피고 여론을 형성하며 국회의 동의를 얻어내는 커뮤니케이션 능력을 갖추고, 이와 함께 정부의 외교안보 관련 기관의 지식과 자산을 효과적으로 활용하는 컨트롤 타워를 마련하여 정책을 실천해야 한다. 이 세 가지 덕목의 균형이 깨어지면 대통령직의 실패를 피하기 어렵다.

성공한 외교 대통령이 되려면 구체적으로 다음 다섯 가지 숙제를 동시에 풀어야 한다. 첫째, 대통령은 한국이 처한 국제적 상황을 정확히 인식하고 장기적 안목과 폭넓은 시야로 외교 문제를 이해할 수 있어야 한다. 그리고 그에 따라 정책의 우선순위를 정할 수 있어야 한다. 둘째, 자국중심주의와 배타적 민족주의에 호소하는 외교를 지양하고 '외교의 정치화' 유혹에서 벗어나야 한다. 셋째, 대통령과 청와대에 집중된 외교정책 권한을 내각과 주무 부처에 분산, 위임하여 수평적 의사결정 체계를 이루어야 한다. 넷째, 국가안전보장회의(이하 NSC)의 정책 통합·조정 기능을 강화해야 한다. 다섯째, 대통령직인수위원회의 본연의 기능인 외교안보부서의 능력 평가와 정책 검토 policy review를 충실히 수행하여 새 정부의 실행 능력을 제고해야 하며, 폭넓은 인재 풀을 확보하고 인재를 적재적소에 배치할 수 있어야 한다.

20대 대통령을 기다리는
4대 도전 과제

20대 대통령 앞에는 북핵과 미사일 문제, 한미 동맹 변화, 경색된 한일 관계, 중국의 강압 외교, 코로나19 국제 공조, 기후변화 위기, 경제안보 위협 등 도전 요인들이 즐비하게 놓여 있다. 이러한 외교 사안 이면에는 미중 전략 경쟁, 외교의 복합성 증대, 재세계화의 물결, 양극화와 포퓰리즘의 진전 등 네 가지 거대한 변화의 흐름이 자리하고 있다. 20대 대통령과 정부는 이러한 거시적 추세에 조응하는 방향으로 기존의 외교 개념과 전략을 조정해야 하는 도전 과제를 안고 있다.

미중 전략 경쟁의 심화

아시아태평양 지역에서 미국과 중국의 전략 경쟁은 21세기 한반도의 미래를 좌우할 최대 변수다. 제2차 세계 대전 후 세계 질서를 주도해 온 미국은 상대적 쇠퇴기에 접어들었고, 이에 반해 빠르게 부상하는 신흥 대국 중국은 2030년에 가면 GDP 규모에서 미국을 따라잡을 기세이다. 그뿐 아니라 2050년에 이르면 미국과 군사비의 균형을 이루게 될 전망이다(하영선, 손열 2021). 그러나 향후 30년을 내다보아도 미국은 여전히 세계 질서 변화의 중심적 역할을 담당할 것으로 보인다. 중국은 미국을 능가하는 사회주의 강대국 건설을 꿈꾸고 있다. 하지만 미국을 대신하여 세계 질서를 주도하기에는 아직 물리력은 물론이고 정당성과 매력 측면에서도 역부족이다. 따라서 미중 관계는 치열한 경쟁과 협력 그리고 갈등 등의 복합성을 보이며 우리나라의 안보와 번영을 좌우할 핵심 변수로 등장하고 있다. 북핵과 북한 문제, 한미 동맹, 한일 관계와 한중 관계 등은 모두 미중 경쟁의 양상에 좌우될 것이다. 장기적 시야에서 미중 관계의 미래를 전망하고, 그 속에서 개별 전략의 우선순위를 정비해야 할 때이다. 그러나 이에 대한 현재의 논의와 정책은 19세기 수준의 균형 외교를 크게 벗어나지 못하며 '전략적 모호성' 수사에 머무르고 있다.

외교 문제의 복합성 증대

21세기 세계 질서가 나아갈 방향을 지배할 미중 관계는 군사, 무역, 기술, 금융, 에너지, 생태(기후변화, 보건), 규범 무대에서 경쟁, 협력, 갈등을 치열하게 벌일 것이다. 문제는 경쟁, 협력, 갈등이 개별 무대에서 전개되는 것이 아니라 여러 무대가 서로 연계되어 복합화하여 정책 선택에 어려움을 가중시키는 데 있다. 예컨대 국제 경제 질서는 미중 전략적 경쟁에 따른 '무역의 무기화weaponization of trade' 혹은 '상호의존의 무기화 weaponization of economic interdependence' 현상이 빈번히 나타나고 있다(Farrell and Newman 2019). 대표적으로 미중 간 공급사슬 재편 경쟁은 생산, 무역, 기술, 안보가 상호 연계되어 일어나고 있는 외교 사안이다. 이렇듯 외교 사안의 다면성과 복합성의 증대에도 불구하고 기존 정책은 부처할거주의에 근거한 각론적 대응의 수준을 넘지 못하고 있어, 정책 대응의 지연 혹은 임시적 대응의 반복을 초래하고 있다.

코로나19 대란 이후 재세계화 추세

코로나19 사태는 국내적으로 자영업자와 소상공인을 중심으로 경제 전반에 심대한 충격을 주었다. 또한 이를 극복하는 과정이 국내 정치의 중심 쟁점임은 자명하다. 하지만 코로나19는 여기서 그치지 않는다. 대외적으로도 코로나19의 세계적 확산과 백신 공급 문제는 신자유주의적 세계화의 모순과 결함을 확인해 주는 동시에 반세계화의 위험성을 여실히 보여주고 있다. 궁극적으로 코로나19 팬데믹의 전 지구적 극복은 국제협조와 다자주의, 글로벌 거버넌스global governance로 풀 수밖에 없는 현실이다. 이런 상황에서 기존의 세계화를 재조정하고 재구성하는 새로운 아키텍처, 즉 재세계화reglobalization의 필요성이 급부상하고 있다(Bishop and Payne 2021). 이에 미국과 중국은 이미 자국 중심의 재세계화 신질서를 주도하려 경합을 시작했다. 경제적으로나 안보적으로 세계 질서 변화에 사활적 이익이 걸려 있는 한국은 강대국과 중견국, 약소국의 이해를 반영하는 포용적 질서 건축에 적극적으로 나서야 한다.

양극화와 포퓰리즘의 도전

20대 대통령의 외교 행보에 영향을 미칠 네 번째 도전 과제는 선진 산업국을 중심으로 확산되고 있는 '양극화와 포퓰리즘'이다. 정치적 신조로서 포퓰리즘populism은 영국과 미국을 중심으로 신자유주의적 세계화에 대한 반기로 나타나고 있다. 즉, 상품, 자본, 인적 이동의 자유화에 따라 경제적 불평등이 심화되고 사회적 유대가 약화되자, 브렉시트Brexit나 트럼프주의Trumpism에서 보듯이 기성 엘리트 정치에 의해 가려진 대중의 목소리를 소환하고자 하는 반제도권anti-establishment 정치인 포퓰리즘의 바람이 거세게 불고 있다(Eichengreen 2018). 자국의 안전과 번영이 대외 개방과 국제 협조, 국제제도로 확보되지 않는다는 믿음하에 강렬한 자국 우선주의와 경제 민족주의가 세를 얻고 있는 상황이다.

이러한 지구적 변화는 국제 협력으로 한반도 평화를 유지하고 대외 지향형 경제 체제로 번영을 구가하려는 한국에 커다란 도전으로 다가온다. 한국 역시 자국 중심주의와 배타적 민족주의에 근거한 포퓰리즘의 기운이 상승하고 있다. 국내적으로 경제성장률 저하와 소득 격차의 확대, 경기 침체, 그리고 코로나19 위기를 거치면서 정치적 양극화가 심화되고 정파적 대결 정치가 첨예화하여 주요 이슈에 대해 진영 대립으로 인한 정치 마비 현상이 종종 나타나고 있다. 이와 함께 정책 처방으로 포퓰리즘의 유혹도 점차 강해지고 있다. 대외적으로도 정파적 이익에 따른 진영 대립 속에서 주요 외교 사안에 대해 초당파적 정책을 도출하기 어려운 현실을 맞고 있으며, 이런 가운데 자기중심적 민족주의에 호소하며 단기적 편익 관점에서 인기에 영합하려는 유혹도 함께 커지고 있다.

외교 대통령으로 성공하기 위한 5대 실행 과제

대내외적으로 4대 도전 과제에 직면한 20대 대통령이 외교에 성공한 대통령으로 역사에 남으려면 정책, 커뮤니케이션, 실행 능력 등 세 가지 방면에서의 능력을 균형 있고 조화롭게 결합하는 리더십이 필요하다. 이를 위해서는 구체적으로 다음과 같은 5대 과제를 풀어야 한다.

첫째, 장기적 안목으로 세계 질서의 큰 흐름을 읽어라

차기 대통령은 북핵 해법, 한미 동맹, 사드 문제 등 개별 정책 현안에 대해 일일이 구체적인 견해와 해법을 가질 필요는 없다. 이는 해당 부처 장관이 가져야 할 덕목이다. 대통령은 장기적 안목으로 국제정치 변화의 큰 흐름을 읽고, 우리나라가 놓인 상황을 정확히 인식할 수 있어야 한다. 일정 수준의 국제 문제 지식과 현실에 대한 깊은 고민 없이 막연하게 해볼 수 있을 거란 태도로 집권하면 다차원(여러 방면)에서 격변의 어려움을 맞이할 수 있다.

20대 대통령은 2030년, 길게는 2050년의 아시아태평양 질서를 내다보는 장기적 안목을 가지고 집권 5년의 외교 구상에 나서야 한다. 앞서 언급하였듯이 아시아태평양 지역에서 미중 전략 경쟁은 21세기 한반도의 미래를 좌우할 최대 변수다. 외교 정책 각론, 즉 남북 관계, 한미 관계, 한중 관계, 한일 관계, 인도태평양 지역 정책, 인권외교, 통상외교, 개발협력외교 등 정책 대안은 미중 관계의 양상에 따라 달라질 게 명약관화하다.

차기 대통령은 미중 전략 경쟁의 추세를 정확히 전망한 다음, 큰 틀에서 개별 정책 간 우선순위를 정하고 기본 방향을 설정하도록 해야 한다. 집권 5년 동안 미국 바이든 정부와 보조를 맞추어 한미일 협력 네트워크의 복원 및 강화에 노력하는 한편 한중 협력의 확대를 최대한 연계하는 노력을 경주해야 한다. 일본과의 관계의 경우, 경제력이나 군사력 측면에서 힘의 비대칭성이 꾸준히 개선되고 있으므로 장기적 안목에서 대등한 역학 관계를 바탕으로 한 새로운 관계를 모색해야 한다.

　북한 문제는 여전히 한국 외교의 최상위 과제이지만 북한중심주의를 탈피해야 한다. 역대 정부는 외교안보 공약의 중심에 북핵문제 해결을 늘 앞세웠다. 이명박 정부의 '비핵―개방 3000,' 박근혜 정부의 '한반도 신뢰 프로세스,' 문재인 정부의 '한반도 평화 프로세스' 등이 그것이다. 그리고 외교 역량을 북핵 해법이나 남북 관계 개선에 쏟아부었다. 그러나 이러한 전통적인 외교 개념으로는 시대 변화에 부응하는 외교 정책을 펼치기 어렵다. 오늘날 우리 국민은 단순한 군사적 위협을 넘어 경제, 기술, 보건, 기후변화, 사이버 위협 등 다면적이고 복합적인 위협 인식을 하고 있다. 2019년 동아시아연구원 '외교정책 인식 조사 결과'에 따르면 우리나라가 당면한 위협 요인 1순위는 '주변국 사이 무역/기술 마찰'로서 '북핵/남북 관계의 불안'보다 앞서 있었다.

　대통령은 국제 문제에 대한 장기적 전망과 포괄적, 복합적 안목을 갖춘 다음, 정책의 우선순위를 설정하고 적절한 컨트롤 타워를 구축해야 한다.

둘째, 외교정책의 정치화를 경계하라

대통령의 커뮤니케이션 능력은 정책 추진에 대단히 중요한 요소이다. 정책에 대한 국민의 반응을 살피고 국회의 동의를 얻어내는 능력은 외교 대통령이 가져야 할 중요한 덕목이다. 대통령은 외교안보 사안에 대한 커뮤니케이션으로 국민의 단합을 이루고 그들로부터 리더십에 필요한 정치적 지지를 얻기도 한다. 문제는 정책 자체보다 커뮤니케이션에 과도한 중점을 두어 메시지 관리, 행사, 해외 순방, 대중 접촉 등에 더 많은 시간을 할 애하는 경향에 있다.

　제왕적 대통령제로 불리는, 막강한 권한을 가진 대통령 주변에는 대선 캠프를 함께 했던 인사들이 대거 포진해 있다. 이들은 '선거 캠페인'을 넘어 집권 후에도 대통령의 인기를 유지하기 위한 '영원한 캠페인'에 빠져든다. 이들이 외교정책을 장악할수록 정책의 이벤트화, 정책 추진의 국내 정치적 고려, 단기적 전망에 근거한 정책 수립의 문제점을 드러낸다.

　커뮤니케이션에 대한 강조는 보수와 진보 정부를 막론한다. 새 대통령 팀이 5년마다 신장개업하는 수준으로 새로운 구호와 정책을 내어놓으며 출범하는 데서 잘 드러난다. 이들은 예외 없이 이전 정부와의 차별성을 강조하고 비현실적 목표를 내건다. 예컨대 북핵 이슈의 경우 이미 30년 가까운 역사를 가진 복잡다단한 문제임에도 불구하고 대통령 후보는 일거(예를 들면 5년 임기 내)에 해결할 수 있는 것처럼 포장하곤 한다.

　이러한 구호와 개념, 정책은 예외 없이 대선 캠프에 의해 만들어진 것이다. 대체로 대선 캠프는 당선까지만 준비하기 때문에 외교정책 공약의 경우도 국가의 이익을 고려하기보다는 득표에 도움이 되도록, 즉 후보가 차별화되고 부각되도록 만드는 경향이 다분하다. 이명박 정부의 '비핵— 개방 3000', 박근혜 정부의 '한반도 신뢰 프로세스', 문재인 정부의 '한반도 평화 프로세스' 등은 정교한 해법보다는 선언적 구상 수준을 넘지 못한 것이 사실이다. 마찬가지로 동북아 협력 정책의 경우, 노무현 정부는 '동북아평화번영정책', 이명박 정부는 '자원외교 3대 신실크로드 협력', 박근혜 정부는 '유라시아 이니셔티브', 문재인 정부는 '신북방정책' 등 간판만 바꾸어 실질적 성과보다는 홍보 차원의 선언적 구상으로 내어놓은 것이다.

이러한 정책들은 대선 캠프의 외교안보팀에 의해 짧은 기간에 급조되기 때문에 정책의 완성도가 상대적으로 떨어지는 경향이 있다. 미국 등 정치 선진국에서는 민간 싱크 탱크가 상시적으로 정책 대안을 생산한다. 따라서 대선 캠프는 이들 중 인사를 영입하고 정책을 선별하여 채택하는 반면, 한국은 민간 싱크 탱크를 활용하는 전통이 약하여 관변 학자와 전직 관료가 중심이 된 캠프 전문가가 단기간에 구호와 정책을 만드는 실정이다. 설익은 정책이 양산될 가능성이 큰 상황이다. 그 후과는 새 정부 정책 집행에 고스란히 전가된다.

몇 가지 예를 들어보자. 문재인 정부의 핵심 국정 과제이자 외교 전략인 '동북아플러스책임공동체'는 이전 노무현 정부의 '동북아공동체' 개념을 계승하면서 '플러스'를 넣어 지리적 외연을 확장하고, '책임'을 넣어 공동체적 의식을 강조하였다. 문제는 이 개념이 직전 박근혜 정부의 '동북아평화협력구상'과 이름만 다르지 내용에서는 별반 차이가 없다는 것이다. 결국 수사에 머무르면서 폐기 처분 상태에 놓이게 된 것이다. 촛불과 탄핵 정국에서 캠프의 정책 생산 시간이 부족하여 설익은 전략을 내어놓은 까닭이다. 문 정부가 출범하면서 캠프 인사와 외교부는 이 전략을 추진하기 이전에 개념화, 이론화 작업으로 이전 정부 정책과의 차별화를 이끌어내는 데 상당한 시간과 노력을 기울였어야 했다. 마찬가지로 박근혜 정부는 '신뢰 외교'를 외교의 지도 개념으로 내걸고 출범하였으나, 대선 캠프나 인수위원회(이하 인수위)에서 '신뢰 외교'란 개념이 명확히 정의되지 않아 개념의 실천 이전에 개념 정의 노력을 선행해야 하는 우스꽝스러운 상황을 연출하였기도 했다.

특별히 대통령이 유의해야 할 점은 민족주의 정서와 결부된 외교 사안

처리이다. 한국 민족주의는 과거 강대국의 압력과 지배에 대한 강렬한 저항을 바탕으로 하는 배타적 성격이 강하다. 이는 민족적 자긍심을 고취하고 선진국 따라잡기에 국민적 역량을 결집하는 순기능을 하기도 하지만 외교정책의 자율성을 심각하게 저해하고 실용적 접근을 어렵게 하는 역기능도 발휘했다. 한일 관계나 남북 관계의 경우, 대통령은 민족주의를 자극하여 대중을 설득하거나 자신의 정책을 지지하게 만들고자 하는 유혹에 쉽게 넘어간다(위성락 2020). 이러한 커뮤니케이션 전략이 정치 쟁점화되고 남남 갈등을 유발하여 오히려 입법 과정에 부정적으로 작용하는 경우, 이는 외교적 난국을 초래할 뿐만 아니라 장기적으로 대통령의 권력과 권위에 심각한 영향을 끼친다.

셋째, 청와대 권력을 분산하라

대통령 성공조건의 핵심은 결국 실행 능력이다. 일어나야 할 일이 일어나지 않으면 결국 대통령은 가혹한 평가를 받을 수밖에 없다. 그럴듯한 이야기를 만들어내면서 어려운 순간을 빠져나올 수는 있어도 커뮤니케이션 전략만으로는 성공한 대통령이 될 수 없다. 실행 능력은 대통령이 주어진 정부 기구를 어떻게 활용할 것인가, 즉 청와대를 어떻게 조직할 것인가, 외교안보 부처 각료들을 어떻게 활용할 것인가, 자신의 시간을 어떻게 투여할 것인가에 달려 있다.

청와대의 역할부터 살펴보자. 과거 대통령의 외교 행위는 해외 순방 정도에 머물렀으나, 21세기 들어서면서 대통령은 국가를 대표하여 다양한 정상회의체에 참여하고 있다. 역내 정상회의체인 APEC, 아세안+3, 동아시아정상회의, 한중일 정상회의뿐만 아니라 G7, G20, UN 등 지구 규모의 협의체에도 참석한다. 이를 기회로 주요국과의 양자 정상회담도 수시로 개최된다. 따라서 외교에서 청와대의 역할이 커지는 것은 시대적 추세라 하겠다.

청와대에 외교안보 관련 인력이 많아지고 정책 기능이 커지면 청와대 비서진/보좌진이 대통령과 내각 각료 사이에 일정한 거리가 생기도록 한다. 청와대가 주요 정책을 입안하고 부처가 실행하는 체제가 되면서 내각 각료의 정책 권한이 축소되는 추세가 강화되고 있다. 현재 청와대의 국가안보실은 외교안보 정책의 컨트롤 타워로서 부처 간 정책 조정을 넘어 주요 정책 결정을 주도하고 있다. 심지어 주요 사안에 대해 외국과의 교섭에도 직접 나서고 있다. 박근혜 정부 시절 청와대 비서실장이 일본과 비밀협상으로 위안부 합의를 주도하였고, 문재인 정부 청와대 국가안보실 2차장이 중국과 교섭하여 이른바 '사드 3원칙'을 이끌어냈다. 두 사례 모두 외교 주무 부처인 외교부는 사실상 교섭에서 배제되었다. 외교관계라 볼 수 없는 북한과의 협상의 경우 외교부가 아닌 청와대가 나서는 것은 이해할 수 있으나 일본이나 중국 등과 직접 교섭하는 행위는 논란의 여지가 있다.

청와대가 외교안보 정책을 주도하고 행정부 주무 부처는 집행에 한정되는 이른바 '청와대 정부'로서의 성격이 점점 커지게 되면 정부의 실행 능력은 약화된다. 사실 대통령의 의사결정에서 가장 중요한 신호signal는 정부 부처에서 나온다. 그럼에도 대통령이 자신이 관리하는 정부 부처와 거리를 두고 청와대에 의존하면 자신에게 전해지는 신호를 해석하는 데 상당한 장애가 발생하게 된다.

둘째, 청와대가 주도하는 체제에서는 정책의 책임성이 저하된다. 청와대의 권력은 제도적으로 나온다기보다 대통령의 개인적 신임에 달려 있다는 점에서 속성상 임의적이고, 폐쇄적이며, 책임 소재가 분명하지 않다. 문서에 의한 업무뿐만 아니라 전화 한 통으로 업무 지시가 이루어지는 등 책임 소재를 가리기가 쉽지 않다. 따라서 책임정치, 민주주의 외교 정신과 배치된다고 할 수 있다. 또한 청와대로 업무가 집중되면 업무의 폭주로 단기적 대응에 급급하거나 적절한 대응 시기를 놓치게 되는 폐해가 발생하는 단점이 있다.

청와대 주도 체제는 외교안보 주무 부처들의 조직 체계에 부정적 영향을 미치기도 한다. 대선 캠프의 외교안보팀은 새 정부가 내거는 구호와 전략 개념, 분야별 정책 공약을 생산할 뿐만 아니라 인수위를 거쳐 새 정부 출범 후 주요 부처와 청와대에 포진하여 정책 결정을 주도한다. 이런 경향은 비단 한국만의 현상은 아니다. 미국을 대표로 대통령제를 채택한 국가에 일반적으로 나타나는 현상이다. 대통령이 선거 캠페인을 도왔던 익숙한 사람들을 청와대나 내각 주요 포스트에 임명하고 이들과 일을 하고자 하는 경향은 자연스러운 현상일 수 있다.

정작 문제는 청와대와 각 부처에 캠프 출신 인사 네트워크가 형성되어 이를 통해 주요 업무가 추진되는 경향에 있다. 즉, 비공식 네트워크 informal network가 정책을 주도하는 것이다. 이런 행태가 조직 차원에서 중대한 문제를 초래하는 것은 두말할 나위 없다. 2017년 한중 사드 합의나 2019년 대일 무역 분쟁의 경우에서 보듯이 주무 장관은 정책 결정 과정에서 바이패스되어 허수아비가 되고, 그 정책에 대한 책임성, 설명 책임 accountability이 현저히 약화되는 결과를 초래한다. 또한 좁게는 청와대 내 이른바 '어공(캠프 인사이더)'과 '늘공(캠프 아웃사이더)' 사이에 갈등을 조장하는 악순환을 초래하기도 한다. 이런 현상은 일시적인 것이 아니라 여러 정부를 거치며 오히려 강화되는 측면이 있다.

    대통령은 주요 외교정책 결정과 교섭 권한을 주무 부처에 맡기고 청와대는 고유의 비서 기능에 더욱 충실할 수 있도록, 그리고 컨트롤 타워로서 주무 부처 간 정책 조정 기능을 담당하도록 정리를 해주어야 한다. 그리고 이에 적합한 청와대 조직도를 만들어내도록 지시해야 한다. 대선 캠프는 큰 청와대를 선호하기 때문에 청와대 권한 축소와 위임은 오직 대통령의 의지로만 가능하다는 점을 명심하여야 한다.

넷째, NSC의 정책 총괄·조정 기능을 강화하라

국가안전보장회의(NSC)는 대통령과 관계 장관으로 구성된 국가안보 최고 사령탑이다. 대통령은 NSC의 위상을 명실공히 대외 정책의 최고 정책조정기구로 재정립하고, 기존의 구성원에 경제 각료/전문가를 포함 확충하여 범정부적 접근 태세를 갖추어야 한다. 앞서 기술하였듯이 현대 외교 사안들은 군사, 경제, 기술, 에너지, 기후변화, 보건, 규범 무대가 서로 연계되어 복합성을 띠고 있다. 현 정부는 5G 화웨이, 반도체 공급 사슬 재편, 일본의 수출 규제 등 이슈 횡단적 외교 문제와 마주하여 대응에 곤욕을 치르고 있다. 경제 문제와 안보, 정치 문제가 상호 연계되어 대응을 어렵게 하기 때문이다. 차기 대통령은 이런 딜레마에 더 자주, 더 크게 봉착할 것이다. 대표적으로 한국이 향후 협력해 나갈 쿼드Quad는 안보협의체이나 코로나19 백신 협력, 기후변화, 해양안보, 기술 등 4개 이슈를 중심으로 협력의 분면을 넓히고 있다.[1] 따라서 쿼드 협력에 대해서는 외교부뿐만 아니라 경제, 과학기술, 보건 관련 부처들의 범정부적 whole-of-government 접근이 필수적이며, 이들을 조율하고 조정하는 기능이 대단히 중요하다.

차기 대통령은 한국 관료 체제에 뿌리 깊은 부처 할거주의 sectionalism 의 병폐를 깊이 인식하고 부처의 힘을 모으고 조정할 수 있도록 정책 결정 체계를 정비하는 데 비상한 관심을 기울여야 한다. 대통령은 정례적으로 NSC 상임위에 출석함으로써 정책 조정 기능에 힘을 실어주어야 한다. 나아가 기존의 NSC 장관급 상임위원회뿐만 아니라 차관급 실무조정회의를 활성화하고, 국장급 실무조정회의를 신설하는 등, 세 단계에서 원활한 정책 협의와 조정이 이루어질 수 있는 태세를 갖추어야 한다. 이러한 조직 체계가 부처 할거주의에 좌우되지 않도록 하려면 대통령의 강한 의지가 전달되어야 한다.

외교정책 통합 조정 체계에서 중요한 행위자는 국가정보원(이하 국정원)이다. 국정원은 국가안보 관련 정보를 수집, 분석, 평가하는 기관이다. 특히 분단의 특수 상황에서 대북 정보를 거의 독점적으로 수집하고 비선 접촉 채널이 있어 높은 위상을 갖고 있다. 국정원은 대통령 직보 채널을 통해 정보뿐만 아니라 정책에 관여하고 심지어 외교 교섭에도 나서기도 한다. 더욱이 정책 제언이 정치화되면 더 큰 문제가 발생할 것임은 능히 짐작할 수 있다. 이렇듯 국정원의 정책적 개입은 대통령이 남북 관계를 외

---

1   쿼드는 미·일·호주·인도 4개국 안보협력 연합체로서, 2004년 긴급 위기인 인도양 지진과 쓰나미에 공동으로 대처하기 위한 '비공식적' 협의체로 시작되었다. 이후 트럼프 대통령의 2017년 11월 아시아 순방 시 부활한 이래, 2019년 4개국 외교장관 회담, 2021년 3월에는 정상회담이 이루어지는 등 빠르게 공식화되고 있다.

교정책의 중심에 놓고 사고하는 한 시정되기 어렵다. 대통령은 특정 기관의 정보 독점이 갖는 부정적 측면을 고려하여 선진국 사례를 참조하여 정보 수집과 분석에 대한 정부 내 견제와 균형, 그리고 정보의 원활한 유통을 보장하는 체제 구축을 주문해야 한다.

다섯째, 대통령직인수위원회가
본연의 임무에 충실하도록 지시하라

대통령 직무의 성공적인 수행을 위해서는 일차적으로 대통령이 정부 내 외교안보 담당 부서들의 조직적 역량과 한계를 훤히 꿰고 있어야 한다. 각 부서가 어떤 일을 하고 그 일을 얼마나 잘하는지 파악해야 조직 간 권한의 조합과 배분을 할 수 있게 되는 것이다. 이런 점에서 대통령은 당선인 시절 대통령직인수위원회를 제대로 운영해야 한다.

본래 인수위는 정부의 조직·기능 및 예산 현황의 파악, 새 정부의 정책 기조를 설정하기 위한 준비를 핵심 임무로 하는 곳이다. 과거 김영삼 정부 출범 때부터 본격화한 지 20여 년이 지난 오늘날, 인수위는 본연의 기능에 충실하지 못하고 있다. 5년 단임의 대통령제에서 당선인 인수위 팀은 마치 점령군처럼 행세하며 직전 정부와의 차별화에 몰두하는 경향을 보여왔다. 정책 인수와 기획보다는 정책 결정을 하고 심지어는 집행하는 모습을 보여주곤 했다.

새로운 외교정책 결정 체계와 전략을 마련하기 위해서는 기존 정부 기구의 조직적 능력과 한계에 대한 엄정한 평가와 주요 정책 조사 policy review가 면밀히 이루어져야 한다. 지난 5년 혹은 10년 정책의 공과를 정밀하게 분석하고, 대선 공약의 실현 가능성을 판단하여 현실적이고 구체적인 정책 기조와 대안을 기획, 제시하는 일이 대단히 중요하다. 미국의 경우 인수위는 정책 인수/평가 업무에 전념하고 있으며, 특정 정책의 경우 평가는 대통령 출범 이후까지 진행되는 경우가 많다. 2021년 1월 출범한 바이든 정부의 대북 정책 평가는 5월에 나왔고, 최중요 외교 사안인 대중對中 정책의 경우, 국방부 정책 리뷰는 6월에 나왔고 대중통상정책 리뷰는 아직도 진행 중이다. 반면 우리나라의 역대 인수위는 정책 평가를 제대로 하지 않았다. 그 결과, 주요 구호와 비전의 개념이 정립되지 않아 새 정부 출범 이후 뒤늦게 이 작업에 시간과 에너지를 쓰게 된다.

　대통령 당선인은 인수위를 통해 대선 공약의 엄정한 평가, 수정, 보완이 이루어져 가급적 정부 출범과 함께 집행이 이루어질 수 있도록 해야 한다. 특히 핵심 정책의 경우 대선 캠프 전문가, 주무 관료뿐만 아니라 민간 전문가들을 폭넓게 활용하여 정부 출범 이후에도 다각도로 검증해야 한다. 또한 대안이 마련되면 관련 국가들과 협의를 함으로써 정책 추진의 정당성과 효율성을 확보할 수 있다.

대한민국의 생존과 번영을 수호하기 위한 대통령의 역할

대한민국의 생존과 번영을 수호하는 대통령은 국제 무대의 최전선에 있는 연기자이다. 시시각각 변화하며 복합성이 증대되는 무대에서 성공적인 연기를 보이기 위해서는 국익을 극대화할 수 있는 정책과 커뮤니케이션, 실행 능력을 균형 있게 갖추어야 한다. 첫째, 새 정부 5년의 정책 공약은 인수위원회와 신정부 출범 초기 면밀한 정책 리뷰를 통해 신중히 선정하고, 둘째, 여야 협치의 차원에서 국회와 최대한 소통하고 협의하여 정책의 정당성을 높이며, 셋째, 이와 함께 청와대 주도를 탈피하여 외교안보 관련 연기자들 간 적절한 역할 분담과 조정을 이루는 혁신적 외교안보체계를 갖추어야 한다. 무엇보다 대통령의 연기를 뒷받침하는 조연의 발탁이 중요하다. 대통령은 이념이나 사적 네트워크를 떠나 폭넓은 인재 풀을 가동하여 적재적소에 인재를 등용해야 한다.

참고 문헌

위성락. 2020. 『한국외교 업그레이드 제언』. 21세기북스.

하영선. 2021.10. 「2021 EAI 신정부외교정책제언 ①: 신정부의 공생외교 재건축」. 『EAI 워킹페이퍼』. http://www.eai.or.kr/new/ko/pub/view.asp?intSeq=20751&board=kor_working paper&keyword_option=&keyword=&more=

하영선, 손열. 2021.7. 「미중경쟁 2050: 단계별 확대와 타협의 모색」. 『EAI 스페셜리포트』. http://www.eai.or.kr/new/ko/pub/view.asp?intSeq=20612&board=kor_special&keyword_option=&keyword=&more=

Bishop, Matthew Louis and Anthony Payne eds. 2021. Reglobalization(London: Routledge).

Eichengreen, Barry. 2018. The Populist Temptation: Economic Grievance and Political Reaction in the Modern Era(NY: Oxford).

Farrell, Henry and Abraham Newman. 2019 "Weaponized Interdependence: How Global Economic Networks Shape State Coercion," International Security 44(1).

4

관료에 휘둘리지 말고 민주적으로 통제하라

국정 목표를 이루기 위해 관료 사회를 움직여라

장승진 | 국민대학교

국정 운영의 파트너, 관료를 기꺼이 움직이게 하라

고故 노무현 대통령은 퇴임 후 저술한 회고록에서 "그냥 앉아서 관료에 포획되었다"고 자신의 집권기를 평가했다. 사실 역대 대통령들은 대부분 비슷한 경험을 하게 된다. 집권 초기에는 개혁과 변화의 기치를 드높이며 이런저런 정책을 야심 차게 추진하지만, 시간이 갈수록 여러 가지 현실적인 문제와 관료들의 조직적인 저항을 겪으면서 애초의 정책 취지는 흐지부지된 채 익숙한 관행과 체제로 돌아가곤 한다. 이러니 노무현 대통령의 한탄 이후 10년이 훌쩍 지났음에도 불구하고, 청와대뿐만 아니라 과반이 훨씬 넘는 국회 의석을 장악한 집권 여당에서조차 "이 나라가 '기재부(기획재정부)'의 나라냐"는 한탄이 나오는 것이다.

현대 민주주의 국가는 관료들의 협조 없이는 정상적으로 기능하기 어렵다. 선거를 통해 집권한 정치인들이 중요한 정치적 결정을 내린다고 하더라도, 이러한 결정을 구체적인 정책으로 구현하고 집행하는 일은 관료들의 역할일 수밖에 없다. 더구나 현대 사회가 직면한 정책 이슈의 종류와 복잡성은 나날이 증가하고 있다. 이 때문에 선출직 정치인들이 정책의 구체적인 내용에 대해 세세하게 관여하기보다는 관료들에게 상당한 수준의 재량권을 위임하지 않을 수 없다. 이같이 관료 중심으로 운영되는 국가를 두고 '행정 통치administocracy'라는 표현까지 등장했지만, 정작 관료들은 정년까지 신분을 보장받으며 국민에게 정책 실패에 대한 책임을 지지 않는다.

단임제 대통령은 5년 후에는 물러날 수밖에 없다. 따라서 자신이 원하는 국정 목표를 짧은 기간 안에 실현하기 위해 노력해야 하며, 이를 위해서는 해당 정책 분야에서 오랜 경험을 통해 쌓은 정보와 전문성을 가진 관료들의 도움이 필수적이다. 정책 목표를 설정한다고 해도 그러한 목표에 어떻게 도달할지에 대한 방법론에 있어서는 선출직 정치인이 관료를 따라갈 수 없다. 그렇다고 해서 일방적으로 관료들을 억누르고 조종해야 할 대상으로 바라본다고 문제가 해결되지는 않는다. 어차피 시간은 관료의 편이며, 조금만 참으면 정권의 힘이 빠지고 관료들이 다시 주도권을 잡기 마련이다. 역대 정권마다 대통령 임기 말로 갈수록 안정적으로 국정 운영을 마무리한다는 명분으로 주요 부처의 장관들이 관료 출신으로 교체되고, 주요 정책이 현상 유지 위주로 흘러가는 모습을 반복하는 것을 목격해 왔다.

대통령과 집권당 입장에서 관료는 정책 목표 달성을 위해 반드시 활용해야 하는 자원을 가진, 따라서 협조를 구해야 할 파트너로서 접근할 필요가 있다. 물론 파트너라고 해서 반드시 양자 사이의 관계가 동등하다는 뜻은 아니다. 엄연히 유권자들로부터 정통성을 위임받은 주체는 대통령을 비롯한 선출직 정치인들이며, 행정은 정치 과정을 통해 그려진 설계도 위에서 이루어져야 하기 때문이다. 다만 문제의 핵심은 관료들이 민주적 통제의 한계 안에서 자신들의 전문성과 역량을 발휘할 수 있도록 하는 환경과 유인 구조incentive structure를 어떻게 만들어갈 것인가이다. 관료들의 전문성과 역량을 발휘할 수 있는 재량을 보장하면서도 그러한 재량이 유권자로부터 정통성을 위임받은 국정 운영의 방향과 정책 목표에서 벗어나지 않도록 유도하는 것이 민주적 통제의 핵심이다. 그리고 이러한 과제를 달성할 수 있는가야말로 새로운 정권의 성공을 위해 반드시 필요한 조건이라고 할 수 있다.

관료에 대한 민주적 통제는 왜 필요한가

막스 베버 이래의 고전적인 논의에 따르면, 관료의 역할은 그 자체가 목적이 아니라 수단이며 정치권력자의 정책을 충실히 집행하는 일종의 도구이다. 다시 말해서 유권자에 의해 선출된 정치인이 정책 목표를 설정하면 관료 집단은 그 목표를 합리적이고 절차적인 방식에 의해 충실하게 집행하는 역할을 담당한다는 의미이다. 따라서 관료는 당파적으로 치우치지 않으며, 정치적으로 중립적인 입장에서 전문 능력을 사용하여 국민을 위해 봉사한다—혹은 그럴 것이라고 기대된다.

그러나 현실에서 관료의 역할은 단순히 도구적인 역할에 그치지 않으며, 관료들 역시 몰-정치적 존재라고 할 수 없다. 관료라고 해서 단순히 주어진 정책을 기계적으로 집행하는 것이 아니라 그들 나름의 입장을 가지고 정책 결정 과정에 참여한다는 것이다. 그리고 몇 가지 이유에서 정치인들과 관료들의 입장은 차이를 보일 수 있다. 첫 번째로 정치인들은 이해관계interests와 가치values를 중심으로 정책 결정에 참여한다면, 관료는 사실facts과 전문 지식knowledge을 정책 결정 과정에 투입한다. 정책 결정 과정에 투입하는 자원의 성격이 다른 만큼, 정치인과 관료는 당면한 문제를 진단하고 정책 대안을 모색하는 과정에서 차이를 보일 수밖에 없다(Aberbach, Putnam, and Rockman 1981).

이와 더불어 정치인과 관료가 정책을 평가하는 시각에 있어서 차이가 있을 수밖에 없다. 선거를 통해 선출된 정치인의 경우 짧은 임기 동안 달성할 수 있는 구체적인 정책 결과에 초점을 맞추게 되지만, 신분이 안정된 관료의 경우 좀 더 장기적인 시각을 가지기 마련이다. 최근 코로나19로 인한 재난지원금 지급의 범위와 규모를 둘러싸고 몇 차례에 걸쳐 빚어진 청와대와 기재부 사이의 갈등은 정치인과 관료 사이의 시각 차이를 단적으로 드러낸 사례라고 할 수 있다.

또한 정치인의 경우 정책 성공의 기준이 궁극적으로 유권자의 평가에 달려 있다. 하지만 선거를 신경 쓸 필요가 없는 관료의 경우에는 조직의 이해관계를 중심으로 정책의 성패를 평가하게 된다. 따라서 지지자들 혹은 전체 유권자를 위해 정책을 펼치고자 하는 정치인과는 달리 관료들은 소속 조직의 규모나 권한 혹은 예산 등을 극대화하는 방식으로 그들에게 부여된 권한을 행사하는 경향이 있다(Niskanen 1971; Tullock 1976). 나아가

—소위 '관피아'라는 표현이 보여주듯이—관료 조직의 이해관계는 규제 대상이 되는 이익집단의 이해관계와 결합함으로써 더욱 공고해진다.

좀 더 일반적으로 선출직 정치인과 관료 사이의 관계는 주인-대리인 관계principal-agent relationship를 통해 개념화될 수 있다(Epstein and O'Halloran 1994). 비록 정치인들이 구체적인 정책의 내용을 결정 및 집행할 권한을 대리인인 관료들에게 위임하지만, 재량권을 사용하여 관료들이 달성하고자 하는 정책 목표가 정치인들의 그것과 반드시 일치한다는 보장은 없다. 문제는 이러한 이해관계의 차이에 더해서 정치인과 관료 사이에는 정보의 비대칭성이 존재한다는 점이다. 선거를 통해 선출된 정치인에 비해 해당 정책 분야에서 오랜 경험을 쌓아온 관료가 더 높은 수준의 정보와 전문성을 갖추고 있기 마련이다. 그리고 이와 같이 관료들이 누리는 정보와 전문성의 우위는 실제로 집행되는 정책이 애초 정치인들의 의도에서 벗어나서 관료들이 원하는 정책 목표에 근접한 결과를 가져오도록 유도할 여지를 만들어낸다. 더구나 정치인들이 관료들의 결정과 행위를 세세하게 감시·감독하기는 어렵기 때문이다. 따라서 설사 의도와 다른 정책 결과가 나타난다고 해도 그 원인이 관료들의 선택과 재량에 있는지 혹은 관료들이 통제할 수 없는 상황적 요인에 있는지 확인하기 어렵다. 이러한 한계는 다시 관료들 사이에서 도덕적 해이moral hazard가 발생할 여지를 만들어낸다.

사실 관료들에게 정책 결정 권한을 위임하고 일정 수준의 재량을 보장하는 이유 자체가 관료들이 보유한 높은 수준의 정보와 전문성을 활용하기 위해서이다. 따라서 관료에 대한 지나치게 엄격한 통제는 오히려 그들이 쌓아온 정보와 전문성을 최대한 활용하지 못하게 만들고, 결과적으로 비효율적인 정책 결과를 가져오게 하는 요인이 될 수 있다. 만일 정치인과 관료 사이의 이해관계의 차이가 크지 않은 상황이라면, 관료들에게 충분한 재량을 부여하더라도 그들의 정보와 전문성을 최대한 활용하면서도 애초에 의도한 정책 결과를 얻는 것이 가능할 것이다.

그러나 현실은 기대와 다르기 마련이며, 특히 새로운 정권이 출범하는 상황과 같이 대통령을 비롯한 선출직 정치인과 관료 사이의 이해관계의 차이가 클 수밖에 없는 상황에서는 더욱 그러하다. 따라서 관료들에게 일정한 수준의 재량을 위임함으로써 이들이 보유한 정책 역량을 끌어내면서도, 관료에 대한 민주적 통제를 강화함으로써 이들이 행사하는 재량이 정권의 국정 목표에서 크게 벗어나지 않도록 할 필요성이 대두된다.

관료를 움직이기 위해 무엇을 어떻게 할 것인가

코드 인사를 겁내지 마라

대통령이 관료 조직을 통제하는 가장 핵심적인 수단은 조직을 이끌어갈 주요 각료에 대한 인사 정책이다(Lewis 2008). 그런데 대통령이 인사권을 행사할 때마다 흔히 듣는 비판이 소위 '코드 인사'라는 것이다. 이러한 비판은 대통령이 정권과 코드가 맞는, 즉 대통령과 비슷한 이념적·정책적 성향을 가진 인사들을 내각에 등용하게 되면 행정부의 전문성과 객관성, 효율성을 저해할 것이라는 우려를 반영한다. 그리고 소위 코드 인사에 대해 이러한 우려가 제기되는 가장 중요한 이유는 관료 조직—을 이끄는 각료들—은 정치적·당파적 입장으로부터 자유로운 상태에서 자신에게 주어진 업무를 중립적이고 효율적으로 수행하는 존재여야 한다는 믿음에서 비롯된다.

코드 인사라는 비판을 피해 가기 위한 가장 쉬운 방법은 해당 부서에서 오랫동안 경력을 쌓아온 관료를 발탁하거나 무색무취한 외부 전문가를 임명하는 것이다. 그러나 조직의 장으로 발탁될 정도로 능력과 평판을 인정받은 관료는 역설적으로 자신이 속한 조직의 논리와 이해관계를 가장 잘 체화한 사람들일 것이다. 비록 이들이 관료 조직이 보유한 전문성과 효율성을 가장 잘 이끌어낼 수는 있겠지만, 이러한 정치적 자원이 반드시 대통령이 원하는 정책 목표를 위해 투입된다는 보장은 없다. 그렇다고 해서 정치적 성향이 뚜렷하지 않은 외부 전문가를 임명하는 것도 바람직하지 않을 수 있다. 많은 경우 외부 전문가를 영입하는 것은 이들을 통해 관료 조직에 변화와 혁신을 불러일으키기 위한 것이다. 하지만 대부분의 경우 이들이 오히려 자신이 이끌고 통제해야 하는 조직에 포섭당하는 결과를 가져왔던 것은 부정하기 어려운 사실이다. 더구나 뚜렷한 정치적 입장을 가지지 않았다는 사실은 외부 전문가 출신 각료들로 하여금 스스로 권한과 책임을 행사하기보다는 정책 수립 및 부처 운영과 관련하여 대통령과 청와대의 지침을 집행하는 수동적이고 종속적인 위치에 처하게 되는 상황을 가져올 수 있다.

코드 인사를 비판하는 목소리의 배후에는 관료의 특성과 행정부의 역할에 대한 두 가지 오해가 존재한다. 첫 번째로 앞 절에서 논의했듯이 관료는 결코 상급자의 명령을 기계적으로 수행하는 몰-정치적인 존재가 아니라는 점이다. 비록 엄격한 정치적 중립을 지켜야 하는 공무원의 신분이기는 하지만, 관료들은 나름의 입장과 이해관계를 가지고 정책 결정 과정에 참여한다. 따라서 관료들을 민주적으로 통제하고, 이들이 보유한 정보와 전문성을 유권자에 의해 선출됨으로써 정당성을 부여받은 대통령 및 집권당의 정책 목표에 부합하도록 유도할 정치적 필요성이 당연히 제기되는 것이다.

두 번째로 행정부의 역할은 대통령과 입법부가 결정한 사항을 충실히 집행하는 것에 그치는 것이 아니라 통치의 방향을 결정하고 결과에 책임을 지는 것이라는 점이다. 행정부의 수반인 대통령은 선거에서 자신이 임기 동안 추진할 국정 목표를 제시하고 유권자의 선택을 받는다. 행정부는 이와 같이 유권자로부터 정당성을 위임받은 국정 목표를 실질적인 정책으로 구체화하는 기관이라는 점에서 통치의 핵심적인 공간을 차지한다. 따라서 통치의 핵심적인 공간으로서 행정부의 각 부처를 이끄는 각료들이 대통령의 정치적 정당성을 공유하는 것은 매우 중요한 의미를 지닌다. 그리고 각료들이 대통령의 이념적·정책적 지향을 공유하는 것이야말로 행정부가 가지는 정치적 정당성의 원천이 될 수 있다.

민주주의의 원리라는 차원을 넘어서 각료들이 대통령의 코드를 공유하는 것은 현실적인 차원에서도 중요한 의미를 지닌다. 대통령이 국정 운영 전반에 대해 정치적 책임을 진다면, 행정부의 각 부처를 이끄는 각료들은 소관 부처의 정책 성과에 대해 정치적 책임을 지게 된다. 이를 위해서는 책임에 걸맞은 권한과 자율성이 필요하다. 이때 대통령과 이념적·정책적 지향을 공유하는 각료만이 권한과 자율성을 부여받고 적극적으로 행사할 수 있다. 다시 말해서 대통령와 코드를 공유한다는 사실이야말로 각료가 자신이 담당하는 부처의 관료들에게 "저를 믿고 여러분께서는 맡은 업무에 최선을 다하십시오. 그다음은 제가 책임지겠습니다"라고 자신 있게 이야기할 수 있는 기반이 된다. 만일 그렇지 않다면 각료들은 권한과 자율성을 행사하기보다는 대통령과 청와대의 지시를 충실히 수행하는 데 집중할 수밖에 없다. 우리는 박근혜 정부 당시 국무회의에서 국정 방향에 대해 논의하고 토론하기보다는 대통령 지시 사항을 열심히 메모하는 데에만 몰두하는 장관들의 모습을 보면서, 권한과 자율성이 주어지지 않은 행정부가 가져오는 폐해의 극단적인 사례를 목격한 바 있다.

대통령이 자신과 이념적·정책적 지향을 공유하는 인사를 각료로 임명하고자 할 때 가장 문제가 되는 것은 과연 어떠한 인재 풀에서 이러한 잠재적 각료 후보군을 충원할 것인가이다. 이와 관련하여 지금까지 가장 익숙하게 목격했던 모습은 선거운동 과정에서 후보 캠프에 합류하여 정책과 공약 개발 과정을 함께한 정치인 및 학자 그리고 전직 관료들 등 소위 캠프 인사들이 당선 이후 인수위원회를 거쳐 내각에 참여하는 것이다. 혹은 공식적으로 캠프에 참여하지 않았더라도 캠프 외곽에서 자문 그룹을 형성했던 전문가 집단 중에서 각료를 발탁하기도 한다.

물론 캠프 인사 중에서 주요 각료들을 발탁하는 것에는 현실적인 이유가 존재한다. 한국의 정당 및 선거 현실에서는 대통령 후보의 정책과 공약이 소속 정당 차원에서 만들어지기보다는 예비 후보 단계에서 개별 후보 캠프별로 독자적으로 만들어지게 된다. 그 과정에서 정당의 전통적 입장과는 차이가 있는 후보만의 정책과 공약이 만들어지는 경우가 종종 발생한다. 더욱이 때로는 후보가 전략적으로 소속 정당과 차별성을 강조하기도 한다. 문제는 선거를 앞두고 정당의 후보가 결정된 이후에도 후보 캠프의 정책과 공약을 정당 차원에서 조율하는 과정이 제대로 이루어지지 않는다는 것이다. 물론 선거운동이라는 큰 틀에서는 정당 차원의 선거대책위원회가 꾸려지고 정당의 조직과 자원이 후보의 당선을 위해 투입되지만, 정책과 공약이라는 측면에서는 후보와 정당 간에—의도적이든 비의도적이든—일정한 거리가 유지되기 마련이다. 따라서 선거에서 승리를 거둔 후보로서는 캠프 인사들이야말로 후보의 정책과 공약을 가장 잘 이해하고 공유하는 사람들이며, 앞으로 자신과 함께 정부를 구성하고 국정을 이끌어가기 위한 핵심적인 인재 풀로 여기게 된다.

그러나 후보 시절 캠프를 중심으로 내각이 구성되는 것은 그리 바람직하지 않다. 무엇보다도 캠프의 구성원들은 정당과 같은 공식적인 제도가 아닌 대통령과의 사적 관계에 기반하여 비공식적으로 충원된다. 이렇게 구성된 내각은 대통령의 고려에 의해 개별적으로 임명된 개인들의 집합일 수밖에 없다. 결과적으로 체계적이고 일관된 가치를 공유하고 공동의 목표를 향해 나아가게 하는 응집력은 상대적으로 약할 수밖에 없다. 따라서 각 부서의 정책 추진은 집권당의 일관된 프로그램하에 설정되기보다는 누가 장관이 되느냐 하는 개인적 요인에 따라 더 큰 영향을 받을 수 있게 되는 것이다(강원택 2014, 76-77).

대안적으로 대통령이 적극적으로 활용해야 하는 인재 풀은 다름 아닌 집권당에서 찾아야 한다. 기본적으로 정당은 유사한 정치적 입장을 공유하면서 집권을 추구하는 세력이다. 따라서 정당의 구성원들은 같은 정당 출신 대통령이 추구하는 국정 목표에 대해 대체적인 공감대를 지니고 있다고 할 수 있다. 또한 선거 결과에 대통령의 국정 운영에 대한 유권자의 회고적 평가에 매우 중요한 역할을 한다는 점을 고려한다면(Fiorina 1981), 대통령과 집권당은 정치적 운명을 공유한다. 따라서 집권당의 구성원들이 대통령의 국정 운영에 적극적으로 협조할 유인이 충분하다고 할 수 있다. 마지막으로 대통령의 개인적 조직을 통해 영입된 인사는 대통령의 신임 여부에 따라 부처 장악력과 관료에 대한 통제력에 큰 차이가 발생할 수 있다. 하지만 정당의 구성원은 상대적으로 대통령과의 개인적 관계에 의존하는 정도가 약하며 대신에 정당이 제공하는 정치적 자원과 지지에 기반한 관료 통제가 가능하다.

물론 현재 한국의 정당은 내각제에서의 예비 내각shadow cabinet과 같이 잠재적인 각료 후보자들을 체계적으로 양성하는 시스템이 갖추어져 있지 않다. 가장 이상적으로는 정당이 구성원들에게 다양한 경험을 쌓으며 정부 부처와 관료들을 상대하는 능력을 함양할 기회를 제공하고, 이러한 사람들 중에서 능력과 전문성을 인정받은 이들을 고위 각료로 발탁함으로써 국정 목표와 업무 역량의 조화를 꾀할 수 있다. 대신 현실적으로 고려할 수 있는 것은 특정 상임위원회에서 소관 정부 부처를 오랫동안 상대해 온 중진 의원들을 적극적으로 활용하여 각료로 임명하는 것이다. 이들은 정당이 추구하는 이념적·정책적 지향에 높은 수준의 일체감을 가지고 있으며 소관 정책 영역에 대해서도 상당한 경험과 전문성을 가지고 있다는 점에서 관료에 대한 민주적 통제를 달성하는 데 도움을 줄 수 있다.

마지막으로, 코드 인사를 겁내지 말라는 것이 모든 정부 부처를 소위 '대통령의 사람들'로 채우라는 의미는 아니다. 당연히 야당은 대통령의 코드 인사에 격렬하게 반발할 것이다. 하지만 야당의 협조 역시 관료의 협조만큼이나 대통령의 성공적인 국정 운영을 위해 필요하다. 또한 지나친 코드 인사는 관료 조직을 과잉 정치화함으로써 관료의 자율성을 저해하고 궁극적으로는 국정 목표 달성에 부정적인 영향을 끼칠 가능성도 있다.

이러한 부정적인 측면을 예방하기 위해서는 두 가지 정도의 방안을 생각할 수 있다. 첫 번째로는 코드 인사를 겁내지는 않되 신중하고 전략적으로 사용해야 한다는 것이다. 대통령과 이념적·정책적 지향을 공유하는 사람들을 각료로 임명함으로써 관료에 대한 민주적 통제를 확립하려는 시도는 무분별하게 이루어지기보다는 해당 정책 영역의 정치적 중요성과 우선순위를 고려하여 전략적으로 이루어져야 한다. 예를 들어 업무 분야에 대한 경험과 전문성이 특별히 중요하게 고려되어야 하거나 조직의 안정성이 중요한 부처의 경우 정무적인 각료를 임명하는 것은 신중할 필요가 있다. 반면에 대통령의 국정 목표에서 핵심적인 중요성을 가지고 있는 부처라든지 혹은 집권당의 이념적·정책적 지향과 해당 조직의 관료들이 이전까지 수행해 온 정책 방향 사이의 간극이 큰 경우 등에 대해 전략적으로 코드 인사를 적극 활용하는 것은 분명히 필요한 일이다.

두 번째로 코드 인사의 부정적 영향을 예방하기 위해서는 청와대로부터 행정부가 자율성을 확보하는 과정이 함께 이루어져야 한다. 흔히 행정부의 자율성 보장은 단순히 장관의 임기 보장 정도로 이해되기 쉽다. 물론 국정 운영의 지속성이라는 측면에서 장관의 임기를 최대한 보장하는 것은 행정부의 자율성을 위한 최소한의 필요조건이라고 할 수 있다. 그러나 단순히 오랫동안 자리를 지키고 있다고 해서 실질적인 정책 결정권을 행사하는 것이 아니라는 사례는 최근의 정부에서도 얼마든지 찾아볼 수 있다. 어차피 장관은 정무적으로 임명되는 직이며, 장관의 임기는 궁극적으로 임명권자의 의지에 달린 문제일 뿐이라는 점을 부정할 수는 없다. 더구나 여야 간 정치적 양극화가 극심해지는 상황에서 대통령이 지명한 장관 후보자가 인사청문회를 통과하기는 점차 쉽지 않은 일이 되었기 때문에, 한번 임명한 장관을 교체하기는 현실적으로도 쉽지 않다. 따라서 정말 중요한 문제는 단순히 얼마나 오랫동안 직을 수행하는가가 아니라 기간의 길고 짧음과는 별개로 얼마나 실질적인 권한을 행사하는가가 더욱 중요한 문제이다.

   행정부의 자율성이 보장되지 않은 상태에서 이루어지는 코드 인사는 관료들로 하여금 청와대를 향한 일방적인 줄서기에 나서도록 하고, 그 결과가 바로 관료 조직의 과잉 정치화라고 할 수 있다. 혹은 역으로 적절한 코드 인사가 이루어지지 않기 때문에 청와대가 행정부에 자율성을 부여하지 않고 끊임없이 각 부처의 인사 문제와 조직 운영에 대해 직접적으로 개입하려고 시도하는 측면도 있다. 따라서 코드 인사는 관료 조직의 장을 비롯한 몇몇 핵심적인 보직에 최소한으로 이루어지는 한편, 이렇게 임명된 각료에게는 실질적으로 부처 내 관료들에 대한 인사권과 조직 운영 권한을 행사할 수 있도록 해야 한다. 이들이 자율적으로 조직이 추진할 정책 목표를 정의하고, 그에 따라 관료들로부터 어떠한 활동과 성과를 기대하는지 명확한 기준을 설정하는 한편, 기준에 따라 관료들에게 인사 및 보직과 관련한 유인과 제재를 가할 수 있어야 한다. 이를 통해 관료 정치 bureaucratic politics가 청와대와 별개로 부처 내에서 벌어지도록 하는 것이 오히려 역설적으로 관료 조직의 과잉 정치화를 예방할 수 있는 방안이라고 할 수 있다.

권력기관장은 최대한 중립적인 인사로 임명하라

행정부의 여러 관료 조직 중 특수한 성격과 지위를 가지는 몇몇 기관들이 존재한다. 흔히 '권력기관'이라고 일컬어지는 검찰청, 경찰청, 국가정보원, 국세청 등의 기관들이 그 예이다. 이들 기관은 일반적인 행부처와는 달리 수사·조사권을 가지고 있다는 점에서 특별한 권한을 행사하며, 행정규제기본법의 적용에서 제외되는 등 특수한 법적 지위를 가진다. 권력기관이 가진 특수한 권한과 지위의 중요성을 반영하듯이, 이들 4개 권력기관의 수장은 2003년 인사청문회 대상이 헌법에 따라 국회의 임명 동의가 필요하거나 국회에서 선출하는 직위를 넘어 확대될 당시 국무위원보다도 오히려 앞서 인사청문 대상으로 포함되기도 하였다.

일찍이 베버는 근대국가의 가장 중요한 특징으로 폭력 수단의 합법적 독점을 꼽았으며, 권력기관이 행사하는 수사·조사권은 이처럼 국가가 독점적으로 행사하는 폭력 수단을 대표한다고 할 수 있다. 따라서 일반적인 행정 부처에 비해 권력기관의 행위는 일반 국민들의 삶과 기본권에 좀 더 직접적인 제한을 가할 수 있으며—지금까지 한국이 경험한 수많은 사례가 보여주듯이—정치적으로 악용될 가능성이 크다. 물론 한국의 민주주의 수준이 꾸준히 상승하면서 과거와 같이 대통령을 비롯한 집권당이 권력기관을 정치적 목적을 달성하기 위한 수단으로 활용하는 경우는 점차 줄어들어왔다. 하지만 대신에 권력기관들이 조직 차원의 내적 논리에 의해 독자적으로 권력을 증식시키고 결과적으로 민주적 통제에서 벗어나는 일이 종종 나타나고 있다. 특히 권력기관의 경우 특수한 권한과 지위로 인하여 조직에 대한 구성원들의 몰입 정도가 매우 높고 가치 편차가 크지 않아 조직적 응집력이 아주 높게 형성되기 마련이다(오재록·윤향미 2014).

권력기관에 대한 민주적 통제와 관련하여 가장 중요한 점 역시 기관장에 대한 인사 문제이다. 권력기관의 특수한 권한과 지위에도 불구하고 본질적으로 이들 역시 행정부에 속하는 기관의 하나이며, 대통령에게 기관장에 대한 인사권이 주어진다는 점에서는 차이가 없다. 따라서 대부분 대통령들은 자신과 가까운 인물을 권력기관장으로 임명하여 국정 운영을 위해 활용하고자 하는 유혹에 빠지기 쉽다. 이러한 유혹은 다시 정치적 목적에 따라 임기 중에도 기관장을 교체하려는 시도로 이어지게 된다. 결과적으로 명목상의 임기에도 불구하고 많은 수의 권력기관장들이 주어진 임기를 마치지 못하고 중도에 사퇴하는 모습이 반복되어왔다.

그러나 권력기관장의 인사를 둘러싼 논란은 권력기관 자체를 정치화시킬 가능성이 농후하다. 대통령이 자신과 가까운 인물을 기관장으로 임명하거나 임기 중반에 기관장을 교체하려고 시도하게 되면, 이는 불가피하게 야당의 극심한 반발과 정치적 논란을 일으키기 마련이다. 그리고 권력기관이 행사하는 특수한 권한과 지위를 고려했을 때, 대통령의 인사에 대한 야당의 반발은 일반 행정 부처에 비해 권력기관에 대해서 더욱 심하게 나타날 것이라는 점은 쉽게 예상할 수 있다. 또한 5년이라는 짧은 대통령의 임기를 고려한다면 권력기관장에 대한 인사권을 무리하게 행사하는 것은 정권 교체 이후 상당한 정치적 보복을 감수해야 하는 위험한 선택이라고 할 수 있다. 실제로 우리는 매번 새로운 정권이 들어설 때마다 권력기관에 의해 전임 정권에 대한 광범위한 사정이 이루어지는 모습을 반복적으로 목격해 왔다.

특수한 권한과 지위로 인해 권력기관에 대해서는 정치적 독립성과 중립성이라는 가치가 특히 중요하게 요구된다는 점을 고려한다면 권력기관이 정치화되는 상황은 매우 바람직하지 않다. 무엇보다도 권력기관이 수행하는 역할은 일반 행정 부처와는 분명한 차이가 있다. 일반적인 행정

부처에서 수행하는 업무는 본질적으로 가치의 배분과 관련되어 있다. 따라서 어떠한 가치를 어떻게 배분할 것인가에 대한 정치적 판단이 중요하게 작용한다. 반면에 권력기관의 경우에는 가치의 배분보다는, 배분 과정에서 나타날 수 있는 일탈과 비리에 대한 사정 기관으로서의 역할이 훨씬 중요하게 요구된다. 그리고 이러한 역할을 수행하는 데 있어서 대통령과 이념적·정책적 지향을 공유하는가는 상대적으로 부차적인 문제이다. 나아가 대통령과의 밀접한 정치적 관계는 중립적으로 이루어져야 할 권력기관의 활동에 대한 정치적 해석을 불러일으키기 쉽다는 점에서 오히려 경계해야 할 점이다.

따라서 권력기관을 이끄는 기관장에 대해서만큼은 코드 인사를 최대한 자제하고 기관의 정치적 독립성과 중립성을 지킬 수 있는 인물을 발탁하는 것이 중요하다. 권력기관장에게 요구되는 가장 중요한 자질은 사정 기관으로서의 역할을 충실하게 수행할 역량과 전문성에 더해 정치 권력의 향배에 휘둘리지 않고 조직의 안정성과 중립성을 지켜갈 수 있는 능력이라고 할 수 있다.

이와 더불어 권력기관의 중립성 확보를 위해 무엇보다도 요구되는 것은 권력기관장에 대한 임기 보장이다. 권력기관장의 경우 정권 교체 등의 외부적인 요인과 무관하게 임기를 보장해야 한다는 목소리가 나온 지는 이미 오래이지만, 현실은 그렇지 않다. 검찰총장의 경우 1988년 임기제가 도입되어 2년의 임기가 보장되었다. 하지만 실제로 검찰총장의 평균 재임 기간은 16개월 정도에 불과하며, 지금까지 임기를 채운 총장은 총 22명 중 8명에 불과하다. 경찰청장의 경우에도 2004년부터 2년의 임기가 보장되었다. 하지만 이후 경찰청장의 평균 임기는 18.5개월에 그쳤다. 국세청장의 경우 따로 정해진 임기는 없지만 관행적으로 2년의 임기를 가지는 것으로 인식된다. 하지만 최근 20년간 역대 국세청장의 평균 재직 기간 역시 20개월 정도에 그쳤다. 국정원장의 경우 임기와 관련한 아무런 규정이 없으며, 민주화 이후 역대 국정원장의 평균 재임 기간은 19개월 정도에 그친다. 더구나 이명박 정부 당시 매우 이례적으로 50개월 가까이 자리를 지킨 원세훈 국정원장을 제외하면 국정원장의 평균 재임 기간은 더 짧아진다고 할 수 있다. 물론 역대 권력기관장 중 임기를 채우거나 심지어 대통령이 바뀐 뒤에도 직을 유지한 사례가 없는 것은 아니지만, 극히 예외적인 경우라는 점을 부정하기 어렵다.

국세청장이나 국정원장처럼 권력기관장의 임기가 명문으로 규정되어 있지 않은 경우, 정치적 중립성과 독립성 확보를 위한 최소한의 조건으로 임기제를 도입하는 방향으로 법률 개정이 이루어져야 한다. 그러나 설사 법률에 의해 임기가 보장된다고 하더라도 임기제만으로는 권력기관의 중립성과 독립성을 확보하는 데 한계가 있을 수밖에 없다. 검찰총장이나 경찰청장과 같이 임기제가 도입되어 있는 경우에도 대통령을 비롯한 정권 핵심부의 직간접적인 압력으로 인해 권력기관장이 임기를 채우지 못하고 중도에 사퇴한 예는 쉽게 찾을 수 있다. 최근에도 박근혜 정권의 채동욱 총장이나 문재인 정권의 윤석열 총장과 같이 법무부 차원의 감찰 및 징계 조치를 통해 사퇴를 압박한 사례가 존재한다.

결국 권력기관을 탈정치화시키기 위한 궁극적인 방안은 권력기관장에 대한 대통령의 인사권에 일정한 제한을 가하는 것이 유일한 방법이라고 할 수 있다. 검찰총장과 경찰청장의 경우 현재에도 기관장 추천을 위해 각각 검찰총장추천위원회와 국가경찰위원회를 거치게 함으로써 대통령의 자의적인 인사권 행사에 일정한 제한을 두고 있다. 반면에 국세청장과 국정원장의 경우 이러한 외부 추천위원회가 존재하지 않는다는 점에서 도입을 검토할 필요가 있다. 특히 국정원장의 경우 지금까지 아무런 경력 및 자격 요건 없이 정치적 고려에 기반하여 대통령의 최측근이 임명되는 경우가 대부분이었던 점을 고려한다면, 국정원장의 임명 절차에 대한 제도적 개선은 반드시 필요하다고 할 수 있다.

설사 추천위원회가 존재한다고 해도 최소한의 견제 장치로서의 정치적 의미를 가질 뿐, 여전히 한계는 존재한다. 무엇보다도 추천위원 선임 과정에서 대통령과 집권당의 의도가 작용할 가능성이 있다. 또한 임명 과정의 제도화와는 별개로 권력기관장의 해임에 대해서는 별다른 제한이 없다는 점에서 정치적 상황의 변화에 따라 권력기관장이 정치적 압력에 노출될 가능성 또한 여전히 존재한다. 실제로 검찰총장 임기제를 도입한 이후 임기를 마치지 못한 검찰총장 중 개인 또는 가족 비리에 연루되어 사퇴한 경우는 극소수이며, 대부분은 정권과 갈등을 겪으면서 임기를 채우지 못했다. 반면에 김영삼 정부에서 임명되었던 김태정 검찰총장이나 노무현 대통령이 임명한 임채진 검찰총장과 같이 전혀 다른 성격의 정권으로 권력 교체가 이루어진 이후에도 차기 정권에서 한동안 총장직을 유지한 예도 존재한다.

결국 대통령제에서 대통령의 인사권을 어떻게 사용하는가는 상당 부분 대통령 스스로의 의지에 달려 있다고 할 수 있다. 중립적인 인사로 기관장을 임명하고, 그 임기를 보장하는 것은 각 권력기관이 본연의 임무와 역할에 충실하게 운영되도록 하는 첫걸음이다. 물론 권력기관은 정치적 목적을 달성하기 위해 활용할 수 있는 매우 유용한 수단이다. 따라서 이러한 욕구를 자제하기가 쉽지 않을 수 있다. 그러나 이러한 욕구에 굴복하는 것이 단기적으로는 도움이 될지 몰라도, 장기적으로는 부정적인 결과를 가져온다는 점은 최근 윤석열 전 검찰총장을 둘러싼 논란이나, 과거 이명박, 박근혜 정부 당시의 국정원장들이 줄줄이 사법 처리를 받았던 사례로도 잘 알 수 있다. 그리고 이는 권력기관장 본인뿐만 아니라 민주화 이후 대부분의 대통령들이 겪은 불행한 역사에도 큰 부분을 차지한다는 것을 부정하기 어렵다.

권력기관 사이의
상호 견제 시스템을 구축하라

권력기관의 특수성을 감안하여 최대한 중립적인 인사를 기관장으로 임명하고 임기를 보장하는 것이 권력기관을 구성하는 관료에 대한 민주적 통제를 포기하는 것으로 받아들여져서는 안 된다. 물론 권력기관이 수행하는 수사·조사 업무에 전문성을 가지면서도 정치적으로 중립적인 인물을 발탁하려다 보면 대부분의 경우 해당 조직에서 역량을 쌓아온 내부 인사를 권력기관장으로 임명하게 된다. 그러나 권력기관장에게 요구되는 자질을 가장 잘 갖추고 있는 인물은 역설적으로 소속 조직에서 능력을 인정받고 신망을 얻은, 따라서 조직의 논리와 이해관계를 가장 충실하게 추진할 인물일 가능성이 높다. 특히 권력기관일수록 다른 일반적인 행정 부처에 비해 구성원들의 조직적 응집력이 강하다는 점을 고려한다면, 정치적 중립성과는 별개로 권력기관장이 조직의 이해관계를 지키기 위해 정권과 대립하는 경우가 얼마든지 발생할 수 있다. 그리고 권력기관이 보유하고 있는 특수한 권한과 지위로 인해 권력기관에 대한 민주적 통제의 실패는 일반적인 정책 실패와는 차원이 다른 정치적 위협을 정권에 가할 수 있다는 점은 최근 정권과 검찰 사이에서 벌어졌던 갈등과 논란이 잘 보여주고 있다.

인사권을 활용한 통제를 자제하는 상황에서 권력기관에 대한 민주적 통제 방안은 조직 내부보다는 외부에서 찾아야 한다. 그리고 이러한 외부 통제의 가장 이상적인 방안은 다름 아닌 권력기관들 사이의 상호 견제와 통제 시스템이다. 각 권력기관이 보유한 특별 권한 중 독점할 필요가 없는 권한을 다른 기관에 분산시킴으로써 권력기관 상호 간에 견제가 이루어지고 균형을 찾도록 하는 것이다. 물론 권력기관에 대해서는 국회 및 사법부를 포함하여 다양한 감시 기관들이 감시·감독 기능을 수행하고 있다. 그러나 이러한 외부의 감시·감독은 문제가 발생했을 때 대응하는 사후적인 통제에 그친다는 점에서 한계가 있다.

이러한 관점에서 최근 논란의 대상이 된 검경 수사권 조정과 고위공직자수사처(공수처) 설립은 큰 함의를 가진다. 기존의 형사소송법 체제에서는 검찰이 경찰의 모든 수사에 대해 지휘권과 종결권을 행사했다. 따라서 사실상 검찰이 수사권과 기소권을 독점하고 있었다. 그러나 새로 도입된 검경 수사권 조정에 따르면, 우선 검찰은 특정 부류의 사건을 제외하고는 직접 수사를 개시할 수 없으며, 경찰이 독자적으로 수사종결권을 행사할 수 있게 되면서 사실상 수사는 경찰이 그리고 기소는 검찰이 담당하게 되는 결과를 가져왔다. 따라서 앞으로는 경찰과 검찰이 수평적인 관계에서 수사로부터 기소로 이어지는 흐름의 서로 다른 두 단계를 담당하게 되었다. 이는 한 권력기관이 다른 권력기관의 자의적인 권한 행사를 서로 감시하고 견제할 수 있는 토대를 만들었다고 평가할 수 있다. 이와 더불어 그동안 검찰이 기소권을 독점하다 보니 조직의 구성원인 검사에 대해서는 상대적으로 엄정한 법 집행이 이루어지지 않았다는 비판에 대해 법관, 검사, 고위 경찰공무원에 대해서는 공수처가 기소권을 행사하게 됨으로써 역시 권력기관 간 상호 견제 체제가 만들어졌다.

  검경 수사권 조정과 고위공직자수사처 설립은 일차적으로 검찰이라는 권력기관이 그동안 누려왔던 권한의 상당 부분이 경찰과 공수처로 넘어감으로써 검찰권이 약화되는 결과를 가져왔다. 그러나 이 사안을 단순히 검찰이라는 특정 권력기관의 권한 변화에만 초점을 맞추어서 이해해서는 곤란하다. 오히려 중요한 부분은 복수의 권력기관들이 서로 다른 권한을 행사하며 서로를 견제할 수 있도록 만들었다는 점에 있다. 물론 구체적인 수사권 조정의 내용과 공수처의 역할을 둘러싸고는 논란의 여지가 존재하며, 충분한 토론을 통해 얼마든지 변경될 수 있을 것이다. 그러나 권력기관 중 특히 검찰이 정치적 논란의 대상이 되었으며, 이러한 논란의 중심에는 검찰이 수사권과 기소권을 독점하기 때문에 검찰의 결정이나 일탈 행위에 대한 견제가 어려웠다는 사실이 존재한다는 점은 주지의 사실이다. 따라서 검찰이 행사하던 권한의 일부를 경찰 및 공수처에게 넘김으로써 검찰을 견제한다는 접근 자체는 바람직한 방향이라고 할 수 있다.

  검경 수사권 조정과 공수처 설립은 권력기관 간 상호 견제를 통해 권력기관에 대한 민주적 통제를 확보하는 방안의 좋은 선례를 보여준다. 물론 권력을 분산시키는 것이 단순히 한 기관의 권한을 다른 권한으로 넘기는 데 그쳐서는 안 된다. 예를 들어 검경 수사권 조정이 경찰의 지나친 권한 확대로 이어지지 않도록 하기 위해서는 앞으로 도입을 앞둔 자치경찰제를 더욱 실질적으로 추진하는 한편, 경찰 조직에 대해서도 다양한 개혁이 수반되어야 할 것이다. 경찰권을 분산시키고, 국가경찰과 자치경찰 사이에 그리고 경찰과 공수처 사이에 상호 견제하는 시스템을 갖추어야 경찰이 검찰을 대신하여 새로운 거대 권력기관으로 등장하는 것을 예방할 수 있을 것이다.

나아가 국가정보원과 국세청 그리고 새로운 권력기관으로 등장한 공수처에 대해서도 주어진 권한을 분산함으로써 권한과 지위를 남용하지 않도록 하는 다양한 개혁 과제들을 고민하고 추진해야 한다. 특히 국정원의 경우 지금까지 민주적 통제에서 벗어나서 불법적으로 국내 정치에 개입한 사례가 적지 않다는 점을 고려한다면, 더욱 강도 높은 개혁을 요구받아왔다. 물론 2020년 12월 법 개정을 통해 국가정보원의 대공수사권을 폐지하여 경찰로 이관하는 대신 조사권을 부여하는 등 일정한 개혁이 이루어졌다. 이 또한 대공 분야에 있어서 정보수집과 수사를 분리하여 서로 다른 권력기관에 부여했다는 점에서 상술한 상호 견제 시스템 구축이라는 방향성에는 부합하는 조치라고 평가할 수 있다. 그럼에도 불구하고—물론 정보기관의 특수성을 감안해야겠지만—여전히 국정원의 운영과 예산 등에 있어서는 국정원 외부로부터의 감시와 견제가 어려운 것이 사실이며, 이러한 부분에 대한 추가적인 개혁과 동시에 국정원이 수행하는 조사 업무의 범위를 좀 더 명확하게 규정함으로써 경찰을 비롯한 다른 권력기관이 수행하는 업무와 명확하게 구분하고, 따라서 견제가 이루어질 수 있는 여지를 높여줄 필요성이 있다.

이러한 노력을 통해 궁극적으로 추구하는 바는 권력기관들 상호 간에 견제와 균형이 이루어지도록 제도화함으로써 권력기관에 대한 민주적 통제를 확립하는 것이다. 다시 말해서 대통령이 고민해야 할 것은 '누구를 권력기관장으로 임명할 것인가'가 아니라, 누구를 임명하는가와 상관없이 애초에 '권력기관이 권한과 지위를 남용하기 어려운 구조를 어떻게 만들 것인가'여야 한다는 것이다.

관료가 가진 역량을 최고로 발휘하도록 리드하라

성공한 대통령으로 남기 위한 조언으로 흔히 제시되는 것이 야당 및 국회와의 '협치'이다. 물론 권력분립에 기초한 대통령제에서의 원활한 국정 운영을 위해 행정부의 수반인 대통령과 입법부 구성원 사이의 협력과 타협은 반드시 필요하다. 입법부의 협력 없이는 대통령이 추진하는 국정 목표와 정책이 실제 입법으로 뒷받침되기 어렵기 때문이다. 그렇기 때문에 세간의 관심 또한 대통령과 국회 및 야당 간 관계에 집중되기 마련이다.

그러나 이러한 관심에서 흔히 간과되는 부분이 입법 이후의 정책 집행 단계이다. 아무리 입법이 이루어진다고 해도 정책이 애초에 의도한 결과를 가져오지 못한다면 그 정책을 성공적이라고 평가하기 어렵다. 그리고 정책이 의도한 결과를 가져오기 위해서는 많은 이들의 관심의 초점에서 한 발 벗어나 있는 또 다른 중요한 정치적 행위자의 협조가 요구된다. 그러나 정치적 중립성과 기술적 효율성이라는 신화에 가려서, 관료의 협조는 자칫 당연시되거나 혹은 최소한 정치적 논란의 핵심에서 비껴 서 있는 경우가 많다.

현실에서 관료가 행사하는 재량의 범위는 지속적으로 증가하고 있으며, 그에 따라 관료가 행사하는 권력의 크기 또한 증가하고 있다. 결과적으로 대리인의 위치에 있어야 할 관료들이 유권자로부터 직접 정통성을 위임받은 정치인의 통제에서 벗어나서 정책에 독자적인 영향력을 행사하는 상황이 종종 발생하고 있다. 관료에 대한 민주적 통제는 바로 이와 같은 상황을 방지하고, 정부의 역량을 국정 목표 달성을 위해 집중하고자 하는 시도를 의미한다.

이 장에서 제시한 몇 가지 제언의 궁극적인 목적은 '통제'라는 단어가 주는 어감과는 정반대에 있다. 관료에 대한 민주적 통제의 목적은 단순한 명령과 억압을 의미하는 것이 아니다. 오히려 관료들로 하여금 자신들이 보유한 정책 역량과 전문성을 최대한 발휘할 수 있도록 유도하기 위한 것으로 이해되어야 한다. 필요하다면 코드 인사를 주저하지 말라는 조언 또한 그저 대통령의 자의적인 인사권 행사를 의미하는 것이 아니라, 내각과 행정부의 실질적인 정책결정권과 자율성을 회복하기 위한 전제 조건을 확보하기 위한 것이다. 이를 통해 대통령을 비롯한 소수의 비서진들에게 주요 정책 결정 권한이 집중되고 반면에 장관을 비롯한 내각은 청와대의 지침을 단순히 집행하기만 하는 존재로 전락하는 소위 '청와대 정부'를 극복할 수 있다. 결론적으로 이 장에서 제시한 몇 가지 제언은 단순히 관료에 대한 민주적 통제를 강화하는 것을 넘어서, 지나치게 비대해진 청와대의 권한을 축소하고 행정부가 본연의 모습으로 기능하기 위한 방안이기도 하다.

참고 문헌

강원택. 2014. 「한국의 관료제와 민주주의: 어떻게 관료를 통제할 것인가?」. 『역사비평』 108호, 65-90.

오재록·윤향미. 2014. 「관료제 권력과 민주적 거버넌스: 중앙정부 4대 권력기관을 중심으로」. 『한국자치행정학보』 28권 1호, 133-157.

Aberbach, Joel, robert D. Putnam, and Bert A. Rockman, 1981. *Bureaucrats and Politicians in Western Democracies*. Cambridge: Harvard University Press.

Epstein, David, and Sharyn O'Halloran. *Delegating Powers: A Transaction Cost Politics Approach to Policy Making Under Separate Powers*. New York: Cambridge University Press.

Fiorina, Morris. 1981. *Retrospective Voting in American National Elections*. New Haven: Yale University Press.

Lewis, David E. 2008. *The Politics of Presidential Appointments: Political Control and Bureaucratic Performance*. Princeton, NJ: Princeton University Press.

Niskanen, William. 1971. *Bureaucracy and Representative Government*. Chicago: Aldin-Atherton.

Tullock, Gordon. 1976. *The Vote Motive*. London: The Institute of Economic Affairs.

2부	대통령의 성공조건 II
	화합과 공생의 정치를 위한 성공조건

5

안정적 국정 운영을 위한 교두보를 마련하라

당·정·청 간의 소통을 강화하여 실행력을 높여라

이현출 | 건국대학교

대통령의 리더십이 발휘되는 시발점, 당·정·청의 소통과 협치

전문가들은 대통령 리더십 성공 요인으로 다양한 자질과 환경을 지적하고 있다. 많은 논자들은 대통령의 리더십은 비전 제시 능력, 조직 능력, 소통 능력, 정치력 등과 같은 자질의 함수로 보고 있다. 그린스타인(Greenstein, 2004)은 성공한 대통령의 자질에 서열을 정할 수는 없어도 대중에 대한 커뮤니케이터로서의 능력과 지도자의 감성적 지능EQ의 중요성을 지적하고 있다. 다양한 리더십 덕목이 조화를 이룰 때 국정 운영을 성공적으로 수행한 대통령으로서 높은 성취도를 낼 수 있다. 정치 리더의 성공은 주어진 환경하에서 협상과 타협을 통하여 다양한 이해관계를 조율하여 합의를 도출하고, 나아가 국민적 통합을 이루는가 여부에 달려 있다. 이렇게 본다면 대통령의 원대한 비전을 구체화하기 위한 입법·정책적 뒷받침이 성공한 대통령의 성공 여부를 평가하는 데 절대적으로 필요하다. 이러한 정치력이 발현되는 가장 중요한 부분이 당정 관계 또는 당청 관계일 것이다. 그리고 이것이 행정부와 입법부 간의 원만한 관계를 형성하는 초석이 될 것이다. 즉, 대통령의 안정적인 국정 수행 능력governability과 리더십이 발휘되는 출발점이 곧 성공적인 당정 관계라고 해도 과언이 아니다.

정당이 국회와 행정부가 긴밀히 협력하도록 윤활유 역할을 하듯이 대통령제하에서 정당, 특히 여당은 삼권분립이 된 국가의 행정부와 입법부 사이에서 그 경쟁을 자연스럽게 완화해 주는 기능을 수행한다. 이른바 여대야소의 단점 정부unified government에서 정부는 의회 내에 많은 수의 우호 세력을 확보하게 된다. 의원내각제에서와 같이 당내 기율이 강하지는 않더라도, 대통령과 여당 소속 의원들이 높은 수준의 일체감을 갖고 결속력을 가질 때는 국정 운영의 조화와 협력이 가능하게 된다. 그러나 여소야대의 분점 정부divided government에서는 국회에서의 입법 의제 처리가 어려워진다. 특히 대통령 당선인이 '여의도 정치'의 경험이 없다면 더더욱 여당 의원들과의 일체감 조성을 통한 지지 기반 확보가 필요하다.

정당의 결속을 통한 대통령과 입법부의 원활한 관계 형성을 위해서는 정부 형태에서의 특성에도 주목할 필요가 있다. 대통령제와 의원내각제에서의 당정 운영은 매우 다른 특성을 갖기 때문이다. 특히 한국은 내각제적 속성을 갖는 대통령제를 취하고 있어서 당정 관계에 이러한 특성을 활용하는 것도 대안이 될 수 있다. 내각제에서는 의원들에게 지도부에 협조하지 않으면 내각에 진출할 수 없다고 위협할 수 있다. 그러나 대통령제에서는 대통령과 국회의원이 각각 국민들로부터 정통성을 부여받는 이원적 정통성dual legitimacy에 기초하고 있다. 따라서 이론상 내각제와 같은 결속력을 기대하기는 어렵고, 내각제에서 총리가 의회를 통제하는 수준으로 대통령이 의회를 통제하는 것은 불가능하다. 우리나라의 경우 내각제적 속성을 가미하여 의원들이 정부의 장관을 맡을 수 있다. 따라서 순수 대통령제와는 다른 특성이 있다는 점에 주목할 필요가 있다.

이처럼 대통령의 성공을 위한 자질로서의 정치력은 많은 부분 원활한 당정 관계를 통하여 발휘된다는 점에 유념하여야 한다. 이 장에서는 민주화 이후 한국의 당정 관계에 나타난 특징과 문제점을 돌아보고, 새로이 선출될 20대 대통령과 그의 정부가 바람직한 당정 관계를 수립하기 위한 방향에 관해서 몇 가지 제언을 제시하고자 한다.

민주화 이후
멀어져가는 당정 관계

당정 협조의 근거

당정 관계는 국무총리훈령 제703호에 '행정부와 정당과의 정책 협의 업무'를 당정 협조 업무라고 명시적으로 규정하고 있다. 과거에는 행정부와 여당과의 관계에 집중되었으나, 오늘날은 여당과 야당 모두와의 관계를 포괄하고 있다. 당정 협조의 연원을 살피면 1963년 12월 19일 민주공화당 제100차 당무회의에서 1964년부터 대통령이 참석하는 당무위원 및 국무위원 연석회의와 간담회를 정기적으로 개최하기로 한 것이 공식적인 첫

기록이다. 1965년 4월 8일 박정희 대통령이 '정당과 정부 간의 유기적인 협조 개선 방침에 관한 지시 각서'를 시달하였으며, 이것이 4월 20일 국무회의에서 의결됨으로써 당정 협조의 제도적 근거가 갖추어지게 되었다.

우리나라 당정 협조의 이론적 근거는 국가정책의 결정에 있어서 집권 여당과 행정부가 국민에 대해 갖는 책임성에서 찾고 있다. 다시 말해 집권 여당과 행정부가 국민의 요구와 비판을 적극적으로 수용하여 정책을 효율적으로 추진함으로써 국민의 지지를 얻어내기 위해서이다. 민주화 이후 당정 협조 제도의 근거 규정은 다음의 〈표1〉과 같이 정리할 수 있다. 집권 여당과 행정부를 연결하는 역할은 제5공화국 이후 무임소 장관을 폐지하고 정무장관실을 설치하여 담당하도록 하였다. 그러나 김대중 정부 출범 이후 정무장관실을 폐지하고 국무총리실에서 당정 협조 업무를 총괄하도록 하였다.

문재인 정부의 당정 협의 제도는 국무총리 훈령 제703호(2017년 12월 14일 개정)로 제도화되어 있으며, 박근혜 정부 당시의 제도에서 크게 바뀌지 않았다. 구체적인 내용을 살펴보면 행정부의 당정 협의 업무는 국무총리가 총괄·조정하며(제3조), 당정 협의 업무의 대상은 법률안, 대통령령안, 국민생활 또는 국가경제에 중대한 영향을 미치는 정책과 관련된 총리령안 부령안, 예산안 또는 국정 과제 이행 방안 등(제4조 1항)이다. 당정 협의를 위하여 고위당정협의회를 운영하며, 국무총리는 여당 대표와 협의하여 원칙적으로 월 1회 회의를 개최하도록 하고 있다. 그 밖에 각 부·처·청 및 위원회와 여당의 정책위원회 사이에 정책 협의 및 조정을 위한 부처별 당정협의회를 설치(제8조)하며, 이는 해당 기관의 장과 정책위원회 의장이 공동주재하고 원칙적으로 2개월에 한 번씩 개최하도록 하고 있다.

<표1> 당정 협조 제도에 관한 근거 규정의 변화

구분(집권당)	근거(훈령)	주요 내용
제6공 노태우 정부 (민주자유당)	총리훈령 제224호	차관회의 3주 전까지 협의
김영삼 정부 (신한국당)	훈령 제334호	법령안, 정책안, 주요 부령 대상 차관회의 2주 전까지 협의
김대중 정부 (새정치국민회의, 자민련)	훈령 제360호	새정치국민회의·자유민주연합 양당을 여당으로 규정, 총괄·조정 사무를 국무총리 비서실로 이관
김대중 정부 (민주당, 자민련, 민국당)	훈령 제413호	정무장관 폐지, 국무총리비서실장이 업무 주관, 고위당정정책조정회의 운영
노무현 정부 (민주당, 열린우리당)	훈령 제440호	법령안, 총리령, 부령 및 정책안, 주요 현안 문제, 정책 자료 제공/고위당정정책조정회의 조항 삭제
	훈령 제493호	여당이 없는 경우 각 정당과 정책 협의를 위한 정당정책협의회의 운영
이명박 정부 (한나라당)	훈령 제506호	고위당정협의회 개최 시 여당 대표와 미리 협의
박근혜 정부 (자유한국당)	훈령 제601호	행정부와 여당 사이에 정책 협의 및 조정을 위해 고위당정협의회 운영
문재인 정부 (더불어민주당)	훈령 제703호	법률안이나 정부 정책 등 당정 협의 업무에 대해 여당 정책위원장과 협의, 고위당정협의회 운영

이처럼 제도화된 공식적인 당정 협조가 중심이 되지만 이 외에도 다양한 유형의 비공식적 당정 협의 채널이 존재할 수 있다. 공식적 채널을 활용하는 경우 인원 과다와 언론 노출 부담 등으로 밀도 있는 논의가 어렵다는 점과 실무 단위의 업무 생산성을 높일 수 없다는 점에서 실제로 비공식 협의 채널을 가동하기도 한다. 대통령이 주재하는 비정례적인 당정 회의나 당정 간 인사 교류 등도 넓은 의미에서 당정 협의의 하나로 볼 수 있다. 당정 간에 교착상태가 생기거나 이견이 좁혀지지 않을 경우 대통령이 직접 나서서 조율할 수도 있을 것이다. 아울러 중대한 현안 또는 논란이 많은 국가정책과 같은 민감한 의제에 대해서는 대통령이 직접 여야 당수를 초청하여 설명하고 동의를 구하는 방법도 정국 교착을 푸는 대안이 될 수 있을 것이다.

당정 관계 환경

대통령의 당정 협의 환경을 살펴보기 위해서는 우선 국내외 정치 상황에 대한 분석이 필요하다. 이어서 정치적 리더십을 발휘하기 위한 조건으로 정당 체계와 의회에서의 의석 점유 현황을 중심으로 한 분점 정부 여부, 그리고 의회와 대통령 간의 관계가 타협적인지 여부 등을 살펴보아야 한다. 다음의 〈표2〉는 1987년 민주화 이후 역대 대통령들의 정치 상황 등 리더십 환경을 분석한 것이다.

 정책을 실행에 옮기기 위해서는 국회에서의 입법 과정이 중요하다. 따라서 리더십 환경을 살피기 위해서는 먼저 국회의 정당 체계와 원내 지위, 즉 분점 정부인지 단점 정부인지 여부가 중요하다. 분점 정부, 즉 여

<표2> 민주화 이후 당정 관계 환경 변화

	정치 상황	정당 체계	대통령의 당내 파워	대통령-국회 관계	원내 지위
노태우(1991)	3당 합당 후 여당내 계파 갈등 심화	양당 체계 -민자, 민주	약한 편	타협적→대립적	분점→단점
김영삼(1996)	신3김 시대, 야당 분열	4당 체계 -신한국, 국민회의, 자민련, 민주당	매우 강한 편	대립적	단점
김대중(2001)	DJP 공조 붕괴와 분점 정부 언론사 세무조사	3당 체계 -민주, 한나라, 자민련	매우 강한 편	대립적	분점→다수 연합 단점→2당 분점→다수 연합 단점→분점

	정치 상황	정당 체계	대통령의 당내 파워	대통령-국회 관계	원내 지위
노무현(2006)	당청 갈등 심화, 노 대통령 배제 여권 신당 추진	4당 체계 -우리당, 한나라, 자민련, 민주당	약한 편(당정 분리)	타협적→대립적	2당 분점→3당 분점→단점→1당 분점
이명박(2011)	내부동 사저 비리, 안철수 돌풍, 야당 민주통합당 창당	4당 체계 -한나라, 민주, 자유선진, 민노	약한 편	대립적	단점
박근혜(2016)	경제민주화 요구 강화, 대통령 탄핵 소추	4당 체계 -자유한국, 바른정당, 민주, 국민의당	약한 편	대립적	단점→2당 분점
문재인(2017)	대통령 탄핵 후 적폐 청산 요구 강화, 진영 논리 심화	5당 체계 -민주, 한국, 국민, 바른, 정의당→ 양당 체계(2020)	강한 편	대립적	분점→단점

출처: 이현출, 김영삼(2017) 참조

소야대일 경우 통합과 협치의 정신으로 야당과의 대화에 적극적으로 나서야 할 것이다. 과거 안정된 다수를 확보하기 위하여 집권 초기에 인위적으로 정계 개편을 시도하다 야당의 강력한 저항에 부딪히는 경우를 볼 수 있었다. 대통령이 제왕적 권한 유지를 목적으로 인위적으로 분점 정부를 단점 정부로 전환하기 위하여 국민의 의사를 왜곡하여 대의민주주의를 훼손하려는 시도가 종종 나타났다. 노태우, 김영삼, 김대중 대통령 시대에 인위적 합당, 무소속 의원 영입, 상대 당 의원 빼내기, 의원 꿔주기 등이 대표적 사례이다. 이 과정에 대통령이 속한 정당과 반대당의 대립으로 인한 정국의 교착은 한국 민주주의의 진로를 어둡게 하였다. 따라서 집권 초기에 자신이 처한 리더십의 한계 요인을 철저히 분석하고, 그 후 입법 과정에서 리더십을 발휘할 수 있는 방안을 찾아야 한다. 특히 노무현 대통령 시절에 시도되었듯이, 당과 국회를 우회하여 국민에게 직접 호소하는 개혁적-포퓰리스트 리더십으로는 대통령과 국회 간의 교착은 피할 수 없다. 임기 초반 단점 정부로 출범한 경우는 3당 합당 이후 출범한 김영삼 정부와 이명박 정부, 박근혜 정부에 불과했다. 따라서 다른 대통령이 리더십을 발휘하기에 필요한 국회에서의 원내 지위를 확보하기는 쉽지 않았다고 할 수 있다.

 단점 정부, 즉 여대야소의 구도를 형성하고 있어도 여당이 다수 의석을 바탕으로 독주하려고 하면 항상 소수 야당의 극렬한 저항을 받아온 사례들을 흔히 볼 수 있다. 노태우, 김대중, 노무현, 문재인 정부 공히 여소야대에서 출범하였다. 노태우·노무현 대통령 시기에는 분점 정부로 출범하여 타협적으로 대통령-국회 관계를 조성한 반면, 김대중·문재인 대통령 시기에는 대립적 관계를 형성하여온 것을 볼 수 있다. 대통령의 당내 파워가 강한 경우에도 청와대 주도의 일방적 국정 운영은 많은 저항을 불러올 수 있다. 그것은 곧 인사 독주와 정책 독주로 향하게 되고 독선·독단·독주는 결과적으로 민심의 이반을 초래하기 마련이다. 결과적으로 이는 다시 집권당의 선거 패배로 이어졌다. 당내 파워가 강한 경우 타협 능력의 결여inability to compromise와 미숙한 정치적 기술poor political skills과 결부되어 대통령의 지지도 하락으로 이어진다. 실패한 대통령들은 대체적으로 정당, 의회, 언론 등 공식적인 정치제도와 과정을 무시하고 자신의 지지 집단이나 진영만을 중시하며 매우 독선적 국정 운영 방식을 택하였다. 한국에서도 권위주의적 대통령들의 한결같은 국정 운영 스타일은 독선·독단·독주에 있었다. 중간 평가의 성격을 갖는 각종 선거에서 대통령의 독선과 독단에 대한 심판이 단골 메뉴로 오른 것이 그 방증이다. 미숙한 정치적 기술은 타협 능력 결여와 유사한 성격으로서, 이는 특정 대통령이 자신의 정치적 어젠다를 실행하기 위해 국민의 지지를 동원하는 능력이 부족하다는 뜻과 통한다. 풀뿌리 유권자들과 매개 역할을 하는 정당의 목소리를 반영하지 못하여 정책의 반응성도 약할 뿐만 아니라 정책 실패에 대한 파장도 매우 크게 나타난다.

　대통령의 집권 초기 당내 파워도 김영삼 대통령과 김대중 대통령의 경우는 매우 강력한 지위를 유지하고 있었다. 이른바 3김 씨의 정치력이 정점을 달리고 있었고, 이들이 당내 공천에 미치는 영향력도 막강하였다. 그러나 3김 정치의 퇴조 이후 당내 민주주의의 조류 속에 노무현 대통령은 당정 분리를 선언하면서 당과의 거리를 유지하였다. 리더십 환경을 일률적으로 유형화할 수는 없으나 다양한 당내 권력 관계와 국회 내에서의 의석 분포와 정당 체계 그리고 대통령 개인의 개성 등에 따라 탄력적으로 리더십을 발휘해 온 것을 알 수 있다.

당정 협의 체제

현행 총리 훈령에 규정된 주요 당정 회의는 고위당정협의회의(제7조), 부처별 당정협의회(제8조), 실무정책협의회(제5조)가 중심이 되고 있다(〈표3〉 참조). 여당이 없는 경우에는 정당정책협의회(제7조의 2)가 역할을 할 수 있을 것이다. 이러한 정례적인 회의 외에 비정례적으로 대통령과 여당의 대표를 비롯한 지도부 간의 회의를 열어 현안을 조정하기도 한다.

정부에 따라 다소의 차이는 있으나 공식적으로는 고위당정협의회의와 실무당정협의회가 중심이 되고 있다. 당정 간에 공식적 회의 외에도 정당의 정책위원회에서의 정책조정회의에 부처에서 참석하여 의견을 조율하기도 한다. 그러나 기존의 회의는 사전적 조율을 위한 실질적인 협의 채널로서의 효과는 높지 않은 편이다. 아울러 야당에 대한 정책협의회는 거의 전무한 상황이다. 노무현 대통령 당시에 여당이 없는 경우 정당정책협의회를 두도록 규정하였으나 이후 제대로 기능을 수행하지 못하였다.

당정 간의 갈등 유형

당·정·청 간의 갈등은 주로 정무적·정책적·인사 갈등으로 나눌 수 있다. 첫째, 정무적 갈등은 주로 당청 간의 권력 경쟁 과정에서 나타나는 경우가 많다. 이명박 대통령은 당내에서 박근혜 대표와의 후보 경선 과정에서 갈등을 겪었다. 당선 이후 당의 공직 후보자 공천에 관여하게 되면서 이것이 당청 간의 갈등으로 비화되기도 하였다. 2008년 총선에서 친이명박계에 의한 이른바 친박근혜계 공천 학살이 있었고, 그 틈에서 살아남은 친

<표3> 주요 당정 회의

회의	참석 대상	논의 주제	비고
대통령·대표 비정례 회동	黨 : 대표, 주요 당직자 靑 : 비서실장, 정무수석, 대변인 등	국정 현안 및 정국 전반의 주요 관심 사항	비정기적으로 현안 발생 시 개최
고위당정협의회의 (제7조)	黨 : 대표, 원내대표, 정책위의장, 그 외 당대표 지명 당직자 政 : 국무총리, 각부 장관 靑 : 비서실장, 수석	당정 협의 사항 (제4조 1항)	원칙적으로 월 1회 개최
부처별 당정협의회 (제8조)	黨 : 정책위의장 政 : 관련 부처 장관 참석자는 의장과 부처 장이 협의하여 정함	부처별 당정 협의 관련 정책 협의 및 조정	정책위의장 중심으로 현안별 개최, 원칙적으로 2개월마다 1회 개최

회의	참석 대상	논의 주제	비고
실무정책협의회(제5조)	黨 : 정책위의장 政 : 관련 부처 장관	당정 협의 사항 일안 변경 시	내용 확정 전 사전 협의
정당정책협의회(제7조의 2)	黨 : 원내대표, 정책위의장, 그 외 원내대표 지명 당직자 政 : 국무총리, 각부 장관	당정 협의 사항(제4조 1항)	여당이 없는 경우

박계는 2010년 세종시 정국에서 이명박 정부의 세종시 수정안을 부결시켜 이명박 대통령의 레임덕을 불러왔다. 2012년 총선에서 친박계는 친이계를 대거 컷오프시키면서 계파 간 갈등을 이어갔다. 이것은 다시 2016년 총선 공천 파동으로 이어졌고, 결국 보수 분열과 나아가 탄핵의 단초로 작용하게 된다. 따라서 노무현 대통령 때의 당정 분리도 문제이지만 인위적으로 당내 주도권을 장악하려는 시도 또한 당내 민주주의에 역행하는 행태로 당정 관계를 악화시키는 계기가 되었다. 이러한 당청 간의 갈등은 정치권 전체의 공멸로 연결되었음을 유념할 필요가 있다. 이처럼 대통령의 당내 파워가 약한 상황에서 당청 간 주도권을 장악하려는 시도가 이루어지는 경우 그것은 많은 후속 갈등을 빚고, 결과적으로 당의 선거 경쟁력과 대통령의 국정 주도권을 상실케 하는 결정적 계기가 된다는 점을 알 수 있다.

이러한 정무적 갈등은 공동 여당을 구성한 김대중 정부에서도 두드러지게 나타났다. 김대중 정부는 내각제 개헌, 국민회의-자민련 합당, 선거제 개편 등 정치적으로 부담되는 현안으로 갈등이 끊이지 않았다. 이때 이러한 갈등을 원활히 해소하기 위해서는 공동 여당 간 협의와 당정 협의가 긴밀하게 요구되었다. 그럼에도 불구하고 김대중 정부에서는 당정 협의를 국민회의와 자민련이 각각 개최하여 행정부 실무자들이 양당의 당정실무협의회에 참석해야만 했다. 또한 양당은 총리가 주재하는 고위당정회의에는 함께 참여하지만 세부 실천을 추진하는 부처별 당정협의회는 따로 개최하는 모습을 보였다. 이에 초기에는 지속적으로 불거져 나오는 당정 불협화음으로 인한 정책 혼선에 대해 집권 여당의 경험 부족으로 이해되었다. 하지만 이후에도 정책 혼선이 지속되자 결과적으로 정부의 준비 부족, 실질적인 당정 협의 부재, 관계 부처와 여당 간 정책 조율 미비

등이 지적되었다(가상준·안순철 2012).

둘째, 정책적 갈등을 지적할 수 있다. 대통령 선거 공약사항 이행이라는 측면과 선거를 치러야 하는 정당의 입장은 상호 대립되는 경우가 많다. 이명박 정부의 '4대강 사업'은 개발과 환경 보호라는 입장 차가 극명하게 드러난 공약이었다. 이명박 후보는 대통령선거 과정에서 물류 비용 절감, 수자원 확보, 관광 사업 발달 등의 이유로 정치권, 시민단체 등의 반대를 무릅쓰고 '4대강 사업'을 추진하였고, 22조 원 이상의 예산을 투입하였다. 이 사업의 추진으로 국론은 분열되었고, 결국 정책의 문제가 정치의 문제로 전이되는 결과를 초래하였다. 이러한 무리한 정책 추진은 당내 갈등으로 비화되어 박근혜 대통령 당선 이후 실시된 감사원 감사를 통하여 많은 문제점이 드러났고, 당정 간, 여야 간 합의 없이 강행 추진된 정책은 오늘날에도 논란이 끊이지 않고 있다.

문재인 정부는 당선 직후 탈원전 정책을 선포했다. 당정 간은 물론이고 전문가들과의 소통도 없이 대선 공약이었다는 이유만으로 천명한 것이다. 이미 건설이 30%, 15%나 진행된 신고리 5·6호기와 신한울 3·4호기의 건설마저 중단하겠다는 것이었다. 결국 원자력계, 정치권, 언론 등의 격렬한 반대에 부딪치자 정부는 공론화위원회를 구성하여 신고리 5·6호기 건설 재개 여부를 결정하기로 하였다. 공론화위원회의 심의 과정을 거쳐 결국 건설공사가 재개되는 혼란을 겪었다. 대통령 선거 공약 수립 과정에서의 민주적 과정과 절차가 부재한 가운데 공약이었다는 이유만으로 당선 이후 국민의 위임을 받았다고 주장하는 것은 무리이다.

청와대나 당의 일방적인 정책 추진에 대한 행정부의 반발도 낯설지 않은 장면이다. 당·청의 소득 주도 성장 정책 추진에 대해 기획재정부가 국가 재정 부담을 이유로 "국가 재정은 화수분이 아니다"라며 반기를 든 경우가 그 예이다. 당·청에서 행정 각부의 복지부동을 질타하거나 쇄신을 요구하는 목소리를 높이는 것도 당정 불협화음의 한 예이다. 문재인 정부의 주택 정책, 원자력 정책 추진이나 공직 후보 추천과 청문회 과정에서의 갈등으로 2021년 서울시장·부산시장 재보궐선거 이후 당 주도의 국정 운영을 위한 요구가 당으로부터 터져 나오기도 하였다. 김영삼 정부 당시에는 당정 협의와 같은 공식 라인이 아닌 비선 라인이 실질적으로 정책을 기획하고 조정하는 경향을 보여 당청과 행정부를 당황하게 하는 일이 빈번히 발생하기도 하였다.

셋째, 인사 갈등을 들 수 있다. 많은 대통령들이 개혁의 핵심은 '인적 청산'에서 시작한다는 인식을 갖고 있었다. 김영삼 대통령은 사정이 곧 개혁이라고 인식한 경우이다. 즉 개혁을 과거 권력의 주변부에 있던 비주류 세력이 주류 기득권 세력에 대해 인적 청산을 하는 것이라 인식한 것이다(김형준 2007). 이러한 인적 청산 과정에서 개혁 저항 세력이 생겨났고, 사회는 개혁 세력과 반개혁 세력으로 나뉘어 반목하고 대립하였다. 잘못된 관행과 정치의 틀은 바꾸지 않은 채 사람만을 바꾸는 것을 개혁이라고 하면 이는 필시 당내 주류와 비주류, 친ㅇ와 비ㅇ의 대립 구도를 만들고 당내 응집력을 저하시키게 된다. 결국 이러한 인적 청산을 통한 개혁의 추진은 '개인화된 개혁'에 머물고 '제도화된 개혁'으로 발전하지 못하는 결과를 낳았다.

나아가 개혁이 성공하기 위해서는 개혁 세력이 하나로 뭉쳐야 한다는 편 가르기로 전락하는 경우도 많다. 문재인 대통령의 인사는 '대통령과 국정 철학을 공유하는 인사'를 발탁한다는 원칙에 충실했다. 하지만 실제로는 친문親文 코드 인사라는 비판이 잇따랐다. 조국 전 법무부장관의 임명을 둘러싼 국론의 분열에 가까운 다툼이 이어졌던 데서도 알 수 있듯이 주요 각료의 인사 때마다 전문성과 도덕성 논란이 끊이지 않았다. 결과적으로 국회청문회에서 야당의 동의 없이 임명이 강행된 사례가 30명을 웃돈다. 인사청문회 자체도 문제는 있지만 인사권자의 독주가 당연시되어서는 안 된다는 지적이다(신은별 외 2021). 특히 인사청문회를 거쳐야 하는 직위의 인사에 대하여는 정당의 지도부와 당정 협의를 통하여 사전 조율을 거치고 난 후 임명 절차를 진행함으로써 당의 반발과 인사청문회의 분란을 줄일 수 있을 것이다.

또한 정책 실패나 정치적 책임을 물어 문책 인사를 하고 난 뒤에 다시 그 사람을 요직에 기용하는 식의 돌려막기 인사를 할 경우 선거를 치러야 하는 정당의 입장에서는 곤혹스러울 수밖에 없다. 문재인 정부에서 최저임금 부작용 등으로 사실상 경질된 대통령정책실장을 주중국 대사로 임명하거나, 경제지표 악화로 교체된 경제수석을 곧바로 대통령 직속 정책기획위원회의 특별위원회 위원장으로 위촉한 경우가 대표적이다. 이러한 현상은 이명박, 박근혜 정부에서도 흔히 있어 야당에서는 물론이고 여당 일각에서도 거센 반발을 샀다. 이명박 정부에서 비서실장이 광우병 사태로 책임을 지고 사퇴하였음에도 주중국 대사로 복귀시키거나, 박근혜 정부에서 세월호 참사로 경질된 국가안보실장을 주중국 대사로 임명하여 회전문 인사라는 비판을 받기도 하였다.

당정 간의 바람직한 관계 수립을 위한 방향은 무엇인가

자율성과 상호의존성이 조화를 이루는 당정 관계 모델을 구축하라

당정 협조는 국가 정책 결정에 있어서 집권 여당과 행정부가 갖는 국민에 대한 책임성을 확보한다는 측면에서 의미를 갖는다(권찬호 1999). 아울러 정부의 정책 효율성과 정당의 국민 대표성의 조화라는 측면에서도 중요하다(최항순 2007). 따라서 기계적인 당정 분리 요구나 과도한 당정 일체 요구를 지양하며, 새로운 상황에 걸맞은 거버넌스 모델을 만들 필요가 있다. 우리나라의 정치 현실에 맞는 당정 거버넌스는 청와대의 국정 운영 효율성, 정당의 국민 대표성, 행정부의 민주성과 효율성을 제고하기 위해 효과적으로 정립되어야 한다. 여기에는 환경적 요인으로서 정당 체계와 분점·단점의 집권 여당의 원내 지위, 그리고 대통령의 당내 위상 등을 고려하여 당청, 당정 관계 모델을 수립하여야 한다.

그 요체는 정당과 정부의 자율성autonomy과 상호의존성interdependence의 조화를 모색하는 일이다(임성학 2015). 자율성을 유지하면서도 긴밀히 상호의존하며 대통령의 업적 추진과 정당의 선거 승리라는 목표가 잘 조화될 수 있도록 상승효과를 드높일 수 있어야 한다. 먼저, 이런 자율성과 상호의존성의 두 차원은 정당과 정부가 맺는 관계의 수준에 의해서 판단될 수 있다. 지나친 자율성의 강조는 공멸을 초래할 우려가 높다. 김대중 정부까지 대통령이 여당 총재를 겸임하며, 총재 비서실장과 정무장관 등이 당청 간 메신저로 활동하며 당정 일체성 확보에 주력하였다. 그러나 노무현 대통령 시절부터 당정 분리를 주장하며, 상이한 지향점(청: 치적 중시, 당: 선거 중시)으로 불협화음을 내면서 당청이 모두 소기의 성과를 거두는 데 실패하고 말았다. 결국 노무현 대통령 자신이 "정치의 중심은 정당이고, 정권은 당으로부터 탄생한 것이다. 당정 분리는 재검토해야 한다"(2007년 6월)며 그간 자신이 주장해 온 당정 분리의 한계를 인정하기에 이르렀다.

정당의 자율성을 존중해야 할 영역은 공직 후보자 추천 과정이다. 그동안 당청 간 정무적 갈등이 주로 표출된 영역은 공직 후보 추천이었다. 이 점을 감안할 때 정당이 정한 원칙과 기준에 따라 자율적으로 후보를 결정할 수 있도록 하는 것이 중요하다. 물론 정당의 공직 후보자 선출 과정의 민주화가 담보되었다는 것을 전제로 하고 있다. 오늘날 팬덤fandom(특정인만 좋아하는 사람들) 정치가 활발해짐에 따라 대통령 당선인의 팬덤이 정당의 지도부 선출이나 공직 후보자 선출에 개입하기 시작하면 당청 간의 자율성은 깨지고 만다. 이들은 당내의 공직 후보 선출 과정이나 국정에서 주요 정책 결정을 위한 공론 수렴 과정에서 큰 영향력을 행사한다. 정당의 공직 후보자 선출이나 당원협의회장 선거 등에 당비를 내는 권리당원으로 참여하여 대통령 선거 후보, 시·도지사 후보, 기초단체장 후보, 국회의원 후보자 경선에 압도적인 영향력을 행사한다. 이들의 지지가 무비판적이고 맹목적이기 때문에 매우 배타적 성격을 띠고 있다. 따라서 이들이 정당의 공직 후보 선출 과정에 개입하면 대통령의 의지와 관계없이 당청 간의 정무적 갈등은 피할 수 없다.

다음으로 정책 결정에서의 상호의존성에 주목하여야 한다. 권력 융합적 의원내각제는 행정부와 입법부가 동질감을 갖고 국정을 공동 운영하는 측면이 강하다. 하지만 대통령제의 경우 권력분립적 원칙과 더불어 서로 다른 선거구를 갖고 있다. 따라서 정책에 있어 서로 다른 견해나 지향점을 가질 수 있다. 이런 특성으로 인해 의원내각제보다 대통령제에서 분배적 갈등distributional conflict이 많이 발생된다(Persson, Roland and Tabellini 2000). 의원내각제하의 의원들은 통치연합governing coalition의 유지에 대한 공동 관심사가 있지만 대통령제하의 의원들은 지역구 이익을 대변해야 하기 때문에 지역 중심적으로 활동하여 국가 전체를 고려하는 대통령과 갈등을 빚을 소지가 더 많기 때문이다. 이런 현상의 발생 원인은 대선과 총선에서 유권자가 서로 다른 선택을 할 수 있게 만들어진 대통령제의 제도적 속성이라고 할 수 있다. 즉 유권자는 국가적 정책에 대한 대통령의 역할을 고려해 대선에서 투표하지만, 의원을 선택할 때는 좀 더 지역적인 문제를 고려해 선택하기 때문이다. 따라서 의원들은 지역구 유권자의 선호에 매우 민감하기 때문에 서로 다른 선거 주기 등의 이유로 대통령이 정책 의제를 추진할 때 당과 더욱 긴밀하게 협의할 것을 요구하게 된다.

따라서 대통령 당선인은 자율성과 상호의존성이 조화를 이루는 협치 모델을 구축할 필요가 있으며, 이에 대한 당내 공감대 형성을 이루는 것이 중요하다. 여의도 정치 경력이 없는 경우 당청 간, 당정 간 이견은 어느 정도 자연스럽고 불가피한 현상으로 이해할 필요가 있다. 그러나 당청 간, 당정 간 공멸을 초래할 수 있는 지나친 혼선과 갈등은 경계하면서 상생할 수 있는 최적의 방안을 찾아야 한다. 그러기 위해서 당직 및 공직 후보자 선출 과정에서의 당의 자율성을 폭넓게 인정하고, 당내 인사의 정부직 임명을 통하여 당과 부처 간 상호 의존성을 강화하는 방안 등 각론을 만들어야 한다.

적극적인 인사 교류와
실무정책협의회를 적극 활용하라

기존의 고위당정협의회의 중심의 당정 관계는 사후적 성격이 강하고 월 1회의 형식적 회의에 그치는 경우가 많다. 당청의 정책 어젠다를 분명하게 정부에 전달하고, 정부와 협의하여 합리적인 추진 방안을 마련하는 것이 중요하다. 당청이 협의하였다고 하여 정부 해당 부처에 정책의 맹목적 이행을 강요하면 반발을 초래하거나 공무원의 복지부동을 유발하기 십상이다. 이러한 문제를 미연에 방지하기 위하여 당의 정책위원회 의장과 관련 부처장 간의 실무정책협의회를 적극 활용하여 당정 협의 규정에서 정한 사안의 입안 단계에서 사전 협의를 거치도록 하는 것이 유용할 것이다.

아울러 당정 간의 인사 교류를 적극 활용하여 당정 관계의 새로운 모델을 모색할 필요가 있다. 당정 간 직접적인 정책 협의 방법은 아니나 당정 협조의 기초가 되는 방법으로 당정 간 인사 교류 제도를 활용할 필요가 있다. 우리 헌법과 법률은 대통령제를 취하지만 내각제적 요소를 다분히 갖고 있다. 대통령의 소속 정당 인사의 공직 기용은 당정 간 일체화를 기하기 위한 것으로 내각제적 요소이며 당정 협조의 바탕이 된다고 할 수 있다. 특히 오늘날 장관을 비롯한 고위 공직자 인사청문회 통과가 쉽지 않은 상황에서 국회 상임위에서 전문성을 쌓아온 국회의원을 행정부의 각료 등으로 충원하는 경우가 잦아지고 있다. 이는 당정 간의 협조 통로를 구축하고 행정부에 당과 대통령의 의중을 전달하여 국정 운영의 책임성을 높일 수 있는 유력한 방법이다. 국회 상임위원회 위원장 경력을 갖고 있거나 동일 상임위원회에서 두 번 정도의 임기를 거치면 나름의 충분한 전문성을 쌓을 수 있다. 이러한 경력을 갖춘 인사가 행정부 장관으로 임명되면 정책에 대한 전문성뿐만 아니라 부처 통솔 능력 발휘에도 긍정적 효과를 기대할 수 있다.

이처럼 당 출신의 인사가 내각에 진출하게 되면 당과 정부 간의 소통과 정책 조율을 쉽게 추진할 수 있을 것이다. 당의 입장에서는 민심과 괴리되지 않은 정책을 추진할 수 있고, 의원들의 정책적 요구를 정부안에 반영하는 데에도 큰 도움을 줄 수 있다. 정부의 입장에서는 부처에서 성안된 정책을 입법화하는 데 장관의 도움을 직접적으로 받을 수 있을 것이다. 특히 정당의 입장에서는 당내 중진들에게 실제 행정 경력을 쌓을 기회를 부여함으로써 정당 전체적으로 국정 경험을 갖춘 인재 풀을 광범위하게 확보할 수 있다. 이런 과정을 통해 당의 차기 수권 능력을 높이는 데에도 큰 도움을 줄 수 있다.

아울러 인력 배치의 측면에서도 당·정·청 협력을 강화할 수 있는 방향으로 재배치를 기획할 수 있다. 임기 초 조각 시 범여권 개편을 통하여 '팀별 조화'를 주요 기준으로 적용시켜 협력의 시너지를 창출할 수 있을 것이다. 주요하게는 정무 라인(정무수석-당 원내대표 또는 당 대표), 외교안보 라인(외교부장관-통일부장관-외교안보수석), 경제 라인(기재부장관-경제수석-정책위의장), 공보 라인(국정홍보-청와대 대변인-당 대변인)의 구성에 팀별 조화와 시너지를 고려한 세심한 인선을 기획할 필요가 있다. 특히 기존의 당·정·청 간의 갈등 유형을 보면 정무적 갈등의 비중이 높고 파급효과도 크기 때문에 당 대표와 대통령 간의 소통을 원활하게 할 능력을 갖춘 인물을 비서실장이나 정무수석으로 인선하고 적절한 권한을 부여할 필요가 있다. 특히 여의도 정치의 경력이 없는 대통령의 경우에는 당 대표의 의중을 잘 알고 대통령과 정당 대표 간의 소통 창구 역할을 수행하는 것이 중요하다. 여소야대의 경우에는 야당과의 관계를 원만하게 수립할 능력도 요구된다.

인수위 단계부터 공약의
체계적 관리 방안을 수립하라

정책 수립 시 의견 조율과 추진의 효율성을 제고할 필요가 있다. 먼저 대통령 공약 사항을 이행하기 위한 체제를 구축하고 이행 방안을 마련하는 것이 중요하다. 대통령 선거 기간 동안 후보자 또는 정당을 통하여 제시된 공약 사항은 인수위 단계에서 종합하여 이행 방안을 마련해야 한다.

대통령 당선인이 국정비전 설정에서 중요하게 고려하여야 할 사항은 대통령 선거 과정에서 당선자가 발표한 공약과의 일관성이다. 당선자는 자신의 국정 비전 설정과 정부 구성에 선거 공약이 철저히 반영되도록 노력하여야 한다. 5년 임기 후의 국정 치적은 공약 사항 이행 결과에 대한 평가에 달렸기 때문이다. 공약을 포함한 국정 비전 설정 시 고려하여야 할 점은 5년 임기는 무척 짧다는 것이다. 이를 감안하여 무엇을 선택하고 집중할 것인지 고려하여야 한다. 나아가 대통령 선거에서 제시한 자신의 공약에 대한 유권자의 반응도 고려할 필요가 있다. 이명박 대통령의 4대강 개발사업이나 문재인 대통령의 원전 1호기 폐기 문제와 같은 공약은 많은 국민적 갈등을 불러일으킨 바 있다. 따라서 국민적 갈등을 불러오는 선거 공약은 인수위 단계에서 국민적 여론을 수렴하거나 공론화 과정을 거쳐 어느 정도 수정을 거친 뒤 반영하는 것도 지혜가 될 것이다. 예를 들자면 4대강 사업도 영산강 등 시범 실시 후에 반응에 따라 확대 실시 여부를 결정하는 등 탄력성을 부여할 수 있었을 것이다.

그런 다음 공약의 분야별 분류와 해당 공약 이행을 위하여 필요한 법률 재·개정 수요를 파악하여야 한다. 그리고 해당 공약 이행을 위하여 필요한 예산을 추계하고, 공약을 이행할 때 있을지 모를 부처 간 이견이나 사회적 갈등 요인을 점검하여야 한다. 또 해당 공약에 대한 야당들의 입장을 정리한 뒤 최종적으로 공약 이행의 우선순위를 정해야 한다. 후보자와 정당에 의해 유권자에게 제시된 공약은 〈표4〉와 같은 형태로 체계적으로 정리하여야 공약 추진 계획의 수립이 가능해지고, 향후 이행 점검을 위한 체크리스트로 활용할 수 있다. 국정 철학이 담긴 과제나 민생 현안 등 우선 과제는 취임 후 6개월 이내에 법률적 뒷받침이 될 수 있도록 당정 간에 긴밀히 조율을 하여야 한다.

인수위에서 주무 부서, 이행 체계 등을 정리한 후에 정부 부처와 당의 정책위원회와 협의를 하여 입법과 예산을 뒷받침할 방안을 추진하여야 한다. 이 과정에서 정책 사안에 따라 차별적인 접근이 필요하다. 즉 일반적으로 외교 이슈는 국내 이슈보다 두 기관 사이의 갈등이 적다. 외교 이슈는 국가 전체를 대상으로 일어나는 것이고, 따라서 덜 분배적distributive인 성격을 가지기 때문이다. 이와 달리 국가적 어젠다 이슈와 분배적 이슈가 중첩되어 있는 경우 가장 갈등이 심한 것으로 분류되고 있다. 즉, 외교안보와 관련된 정책의 경우 정부에 대한 정당의 종속성이 높지만, 자율성은 낮은 거버넌스 유형이다. 반면 환경문제와 같은 정치적 이슈의 경우 정당의 자

<표4> 공약 이행 계획 검토

분야	공약	부처	연속성	관련 법률	예산 국비	상대 당 공약	부처 간 이견	사회적 이견	시기	우선순위

율성은 높아지고 정부의 정당에 대한 의존도도 높아진다. 정책에 따라 당정 관계의 자율성과 상호의존성을 상정하고, 이에 따라 협력과 견제가 이루어진다면 더 효율적이고 민주적인 당정 거버넌스가 형성될 수 있을 것이다.

공약 이행을 위한 컨트롤 타워를 총리실에 둘 것인지, 청와대 정책수석실에 둘 것인지에 대한 검토도 필요하다. 대통령의 공약 사항 이행 점검은 청와대 국정상황실이나 정책수석실에서 진행하되, 부처 간 이견 조율과 사회적 갈등 조정, 나아가 당정 간의 이견 조정 등은 국무총리실에서 총괄하는 것이 바람직하다. 아울러 당·정·청이 주요 법안에 대한 사전 조율을 통해 합의 제출안, 협의 제출안, 통보안 등으로 분류하여 합의안은 우선적으로 처리하되 협의안은 의원총회 등을 개최하여 민주적 당론 수렴 과정을 거쳐 처리하는 것이 중요하다.

당·정·청 간 소통 강화로
메시지의 통일성을 유지하라

당·정·청 간의 소통 강화와 메시지의 통일된 관리가 중요하다. 메시지 관리는 정책 기조의 통일성 유지 및 국정 현안에 대한 혼선 방지를 위하여 매우 중요한 과제이다. 통일된 메시지 관리로 정부의 신뢰를 제고할 수 있다는 측면에서 특히 정무적·정책적 쟁점에 대한 당·정·청 간의 소통이 필요하다. 특히 감염병 확산 등의 재난 상황에서의 위기 대처에서 당·정·청의 이견이나 실수 등이 많은 혼란을 초래한 사례를 보아왔다. 대통령의 발언과 의중을 두고 여당 원내대표와 청와대 비서실장이 설전을 벌이는가 하면(2021년 2월 24일 국회운영위원회), 청와대 주요 참모들이 서로 다른 소리를 내기도 하였다. 부처 장관과 대통령 보좌진의 발언이 엇갈리기도 한다. 청와대와 정부, 여당이 우왕좌왕하니 국민들은 대통령의 진의를 알 길이 없다. 대통령의 메시지 관리 실패가 당·정·청의 파열음과 임기 말 '레임덕 논란'을 자초했다는 지적도 심심치 않게 제기되고 있다.

 청와대의 정무수석이나 대변인, 당의 원내대표와 대변인, 국무총리실의 비서실장 등 사이에 상시적 협의 채널을 유지하며 소통을 강화할 필요가 있다. 주요 쟁점이나 정책 사안에 대한 당과 정부와 청와대 간의 엇박자가 나지 않도록 실무정책협의회를 통한 사전 조율이 중요하다는 지적도 이러한 배경에서 나온 것이다. 재난 상황 발생 시에는 상황실을 설치하거나 비정례 실무당정회의를 활성화하여 국민에게 대처 과정의 혼선을 방지할 수 있도록 해야 한다. 대통령의 메시지에 대해서도 청와대 내의 통일된 목소리가 당과 정부에 신속하게 전달될 수 있도록 해야 한다.

아울러 당내 소통도 강화하여 당내에서 소통 부재로 인한 엇박자가 나오지 않도록 관리할 필요가 있다. 오늘날 당내 민주화로 인하여 의원의 자율성이 강화됨에 따라 다양한 목소리가 나올 수 있다. 하지만 당내 주요 현안이나 쟁점에 대한 이해가 부족하여 다른 견해를 표출하는 경우가 빈번하다는 점 또한 명백한 사실이다. 이러한 사정을 고려할 때 당내 소통은 그 어느 때보다 중요하다고 할 것이다.

대통령의 성공을 위한 이인삼각 게임, 당정 관계를 회복하라

국정 운영의 성과는 당과 정부의 이인삼각 게임이라는 점을 명심해야 한다. 그리고 그 기조에서 정무 기능을 보강하고 제도화하여야 한다. 정무적 갈등, 정책적 갈등, 인사 갈등 등 다양한 지점에서 대통령의 리더십을 약화시키는 요인이 당정 관계에서 발생한다. 따라서 대통령의 성공조건으로서 자율성과 상호의존성이 조화를 이루는 당정 관계에 관한 협치 모델을 수립하여야 한다. 여의도 정치에 대한 경력이 없을수록 원만한 당정 관계를 유지하기 위한 전략을 수립하여야 한다.

당정 협의 체제는 인수위 때부터 갖춰야 한다. 캠프 중심으로 선거를 치른 후 인수위는 대통령 선거 과정 캠프 기여자들이 집권 후 공직 진출을 위한 경력 관리 차원에서 이름을 올리는 경우가 많다. 이들이 인수위 구성과 운영에 과도하게 참여하면 당이 소외되고 집권 이후 국정 운영을 위한 전반적인 계획에 당의 목소리가 반영되지 못한 채 출범할 가능성이 높아진다.

당선인이 제시했던 공약을 이행하기 위한 정책 우선순위와 구체적 실천 방안이 공유되어야 임기 개시 후 국회에서의 추진력이 담보될 수 있다.

당정 간의 인사 교류를 적극 활용하고, 실무정책협의회를 통한 사전 정책 조율에 적극 나서야 한다. 장관을 비롯한 고위 공직자 인사청문회 통과가 쉽지 않은 상황에서 국회 상임위에서 전문성을 쌓아온 국회의원을 행정부의 각료 등으로 충원하여 당정 간의 협조 통로를 구축하고 행정부에 당과 대통령의 국정 철학을 전달하여 국정 운영의 책임성을 높일 수 있을 것이다.

당·정·청 간의 소통 강화로 메시지의 통일성을 유지하라. 메시지 관리는 정책 기조의 통일성 유지 및 국정 현안에 혼선 방지를 위하여 매우 중요하다.

참고 문헌

가상준·안순철. 2012. 「민주화 이후 당정협의의 문제점과 제도적 대안」. 『한국정치연구』 21(2). 87-114.

강원택. 2013. 「당정관계」. 이숙종·강원택 공편, 『2013 대통령의 성공조건』. 서울: EAI.

권찬호. 1999. 「한국 정당과 행정부의 정책협의제도 연구: 이론적 근거를 중심으로」. 『한국행정학보』 33(1): 221~237.

김용호. 2017. 「민주화 이후 한국 대통령제의 진화과정, 성과와 문제점, 그리고 향후과제」. 한국정당학회 춘계학술회의 발표논문.

김형준. 2007. 「김영삼 대통령의 세계화」. 한국정치학회·관훈클럽, 한국 대통령 리더십 학술회의 발표논문.

신은별·박진만·장채원. 2021. 「고민도, 성의도 사라졌다…거칠어지는 문재인정부 '인사독주'」. 『한국일보』 2021. 02. 15. https://www.hankookilbo.com/News/Read/A2021021413440005703

이현출·김영삼. 2017. 「전환기 대통령 리더십의 성공조건」. 『유라시아연구』 14(3). 27-44.

임성학. 2015. 「당정거버넌스와 한국 민주주의의 발전」. 『동서연구』 27(2).

최항순. 2008. 「집권체제 내에서의 협력관계: 대통령과 여당 간 – 한국 역대정권에서의 영향요인 분석을 중심으로」. 『한국공공관리학보』. 22: 183-204.

함성득. 1999. 『대통령학』. 서울: 나남.

함성득. 2007. 「문헌고찰을 통한 한국 대통령의 자질연구: 전망적 자질의 중요성」. 『정부학연구』. 13(4). 41-62.

Barber, James. 1992. *The Presidential Character: Predicting Performance in the White House*. Englewood Cliffs, NJ: Prentice Hall.

Blondel, Jean. 1995. "Toward a Systematic Analysis of Government-Party Relationships." *International Political Science Review.* 16(2): 127-143.

Greenstein, Fred I. 2004. *The Presidential Difference: Leadership Style from FDR to George W. Bush.* Princeton: Princeton University Press.

Greenstein, Fred I.(2000), "The Qualities of Effective Presidents: An Overview From FDR to Bill Clinton," *Presidential Studies Quarterly,* 30(1), 178-185.

Persson, Torsten, Gerard Roland, and Guido Tabellini. 2000. "Comparative Politics and Public Finance." *The Journal of Political Economy.* 108: 1121-61.

6

협치의 관점에서 국회를 존중하라

국회-대통령 관계를 성공적으로 자리매김하라

최준영 | 인하대학교

협치의 관점에서
국회-대통령 관계를 상상하라

한국에서 대통령과 국회 사이의 관계를 언급할 때 일반적으로 '대통령-국회 관계'로 말하거나 쓴다. 그러나 이 장에서는 '국회-대통령 관계'로 썼다. 일반적인 관행과 어긋남에도 굳이 이처럼 적은 이유는 법치주의에 입각한 민주주의 체제에서 입법을 담당하는 국회는 법의 집행을 담당하는 대통령보다 그 제도적 중요성이 크다는 점을 강조하기 위해서다. 하지만 우리의 국회는 한때 입법부보다는 '통법부'로 간주되던, 즉 대통령이 요구하는 정책에 별다른 이견 없이 '입법'이라는 정당성의 겉옷을 입히는 통법부로 기능하던 시기도 있었다. 국회가 통법부로 존재할 때 '대통령-국회 관계'라는 표현은 자연스럽다. 그러나 민주화 이후, 우리의 국회는 입법부로서의 독자적 위상을 꾸준히 신장시켜왔다(손병권 외 2020; 함성득 2017; Park and Wilding 2016). 이제 국회에서 법안이 통과되지 못하면 대통령은 한 발자국도 떼기 힘든 상황이 되었다. 다시 말해 대통령과 국회의 상호작용에 있어서 대통령이 아니라 국회에 방점이 찍히게 되었고, 따라서 '대통령-국회 관계'가 아니라 '국회-대통령 관계'로 부르는 것이 적절한 시대로 바뀌었다.

그렇다면 우리 민주주의의 심화·발전을 위해 국회-대통령 관계는 어떻게 이루어지는 것이 바람직한가? 결론부터 말하면 '협치'에 입각한 국회-대통령 관계가 형성되어야 한다. 사실 우리나라 정치에서 협치만큼 중요하면서도 공허한 개념은 없다. 대립과 갈등이 커져가는 사회에서 누구나 협치가 중요하다고 말은 하지만 막상 실천하는 자는 아무도 없기 때문이다. 『해리포터와 불의 잔』에 "우리는 옳은 것과 쉬운 것 중에서 하나를 선택해야만 한다"라는 구절이 나온다. '옳은 것'과 '쉬운 것'의 일대일 대조를 통해 옳은 것에는 어렵다는 뉘앙스를, 쉬운 것에는 옳지 않다는 뉘앙스를 함축시켜 놓은 구절이다. 대통령이 여야와 함께 의논하여 결정한다는 협치는 다양하고 갈등적인 이해관계를 정책 결정에 수렴하여 통합된 공익을 추구한다는 측면에서 옳은 것이지만 결코 쉬운 일은 아니다. 반면 민주주의 사회에서 언제나 존재하는 이해관계의 대립과 갈등을 방관·조장·확산하여 권력을 획득·행사하는 방식은 옳지 않지만 비교적 쉬운 일이다. 민주화 이후 우리의 정치는 옳은 것과 쉬운 것 가운데 주로 쉬운 것을 선택해 왔다.

협치에 입각한 국회-대통령 관계를 형성해야 한다는 말은 어렵지만 옳은 길을 가달라는 요구이다. 여야가 공감하고 합의할 수 있는 정책 영역을 개척·개발하고 확산시켜 나가는 정치, 대립·갈등보다는 협력의 정치문화를 구축하는 정치를 해달라는 요청이다. 이러한 요구는 '무엇을 이루어낼 것인가'가 아니라 '어떻게 이루어낼 것인가'에 관심을 둔다. 따라서 결과 중심적이기보다는 과정 중심적이다. 그러나 과정은 결과를 결정짓는 훨씬 근본적인 요소다. 제작 공정이 엉망인 공장에서 제대로 된 제품이 만들어질 수 없듯이, 정책 결정 과정이 엉망인 정부에서 제대로 된 정책이 만들어질 수 없다.

 이렇게 볼 때 대통령이 성공하기 위해서는 두 가지 조건이 충족되어야 한다. 첫째, 대통령은 입법부로서 국회의 위상이 매우 커진 시대적 변화를 냉철하게 인식해야 한다. 국회는 더 이상 과거 권위주의 시절처럼 대통령이 명령하면 그대로 따르는 존재가 아니다. 대통령은 국회를 국정 운영의 동등한 파트너로서 인정하고 존중하는 자세를 가져야만 한다. 둘째, 대통령은 제대로 된 정책적 결과를 만들어내기 위해선 제대로 된 정책 결정 과정이 우선된다는 점을 인식해야만 한다. 대통령은 적대적이고 제로섬적인 여야 관계를 지양하여 협치에 입각한 정치 문화를 만들어야 하며, 이를 통해 경쟁·갈등하는 정파적 사익을 조율하여 통합된 공익으로 전환하는 정책 결정 과정을 구축해야 한다. 이 두 가지는 민주화 이후 어떤 대통령도 못 했던 것이다. 어쩌면 못 한 것이 아니라 하기 싫었는지도 모른다. 왜냐하면 이들 모두에게는 통치하기보다는 군림하기를 원했던 제왕적 대통령이라는 딱지가 붙어 있기 때문이다. 제왕의 딱지를 떼고 '협치'의 '국회-대통령 관계'를 만들어 군림하기보다 통치하는 대통령이 출현할 때 비로소 우리는 민주화 이후 최초로 성공했다고 평가받는 대통령을 맞이할 기회를 얻을 수 있다.

그럼 협치의 국회-대통령 관계는 어떻게 형성될 수 있는가? 필자는 협치의 국회-대통령 관계를 제도의 측면에서 고려하는 대신, 이를 위해 대통령이 어떠한 마음의 습관을 가져야 하는지에 초점을 맞춘다. 제도보다는 사람이 중요하다고 보기 때문이다. 물론 제도가 필요 없다는 뜻은 아니다. 제도는 제도 안에서 참여하는 행위자 간의 안정적인 상호작용을 창출하여 불확실성을 줄이는 구조가 된다는 점에서 매우 중요하다(North 1990). 문제는 아무리 좋은 취지의 제도라 하더라도 그것을 운용하는 사람들이 민주주의에 필요한 '마음의 습관'을 지니지 못하면 악용될 가능성이 매우 크다는 점에 있다(토크빌 2018; Levitsky and Ziblatt 2018).[1] 우리 정치인의 정파적이고 적대적인 마음의 습관이 바뀌지 않는 한 아무리 좋은 제도를 마련한다 하더라도 우리의 정치는 대립과 갈등의 악순환에서 벗어나기 어렵다.

협치의 국회-대통령 관계를 만들어가는 데 있어서 대통령은 다음과 같은 네 가지 측면을 마음에 담고 실천해야 한다. 첫째, 정치가 없으면 정책도 없다. 둘째, 국민을 동원하는 것은 득보다 실이 크다. 셋째, 다수제보다는 합의제. 넷째, 야당과의 협상 과정은 불투명한 것이 좋다. 물론 협치의 국회-대통령 관계가 만들어지기 위해서는 대통령뿐만 아니라 국회, 특히 야당의 자세도 바뀌어야만 한다. 그러나 변화의 시작은 대통령

---

[1] 이 점에 대해서는 박근혜 전 대통령 당시 문체부 장관을 역임했던 유진룡의 다음과 같은 말을 음미할 필요가 있다: "한 사람만 바뀌면 돼요. 대통령이 제도적 거버넌스를 무력화했습니다. 그동안 우리 사회의 발전에 따라 우리나라의 거버넌스도 제도적 진전이 이뤄졌습니다. 그런데 거버넌스의 구성 요소는 제도만이 아니에요. 제도를 움직이는 사람들이 다양하고 서로 신뢰할뿐더러 서로의 다름을 받아들여야 합니다."(함성득 2017, 28쪽에서 재인용)

에서 비롯되어야 한다. 국회의원 300명 모두가 변하는 것보다 대통령 한 사람이 변하는 것이 더 실현 가능성이 크기 때문이다. 대통령 한 사람의 변화는 갈등으로 점철된 한국 민주주의의 지형을 변화시키는 중요한 초석이 될 수 있다. 적대와 대립의 한국 정치를 협력과 통합의 한국 정치라는 선진화의 경로로 전진시키는 발판을 마련할 수 있다. 우리나라는 산업화와 민주화를 성공적으로 이루어냈다. 이제 선진화의 길로 나아가야 한다. 선진화의 길로 접어드는 첫발을 떼는 일은 분명 역사적 업적으로 기록될 것이다.

정치 없이 정책 없다

한국의 대통령은 대개 국회의원 출신이지만 대통령에 당선되는 순간 국회를 잊어버리는 것 같습니다. 대통령은 입법부를 견제와 균형이라는 수평적 관점에서 보지 않고 대통령을 위해 일해야 하는 종속적 관계로 보는 경우가 많습니다.

이는 김형오 전 국회의장의 말이다(함성득 2017, 235쪽에서 재인용). 앞서 지적한 대로 민주화 이후 국회는 대통령의 명령에 복종하는 통법부에서 명실상부한 입법부로 거듭났다. 슬픈 현실은 이러한 시대적 변화에도 불구하고 민주화 이후 역대 대통령들은 대부분 여전히 자신이 '주主'고 국회는 '종從'에 불과하다는 생각을 견지해 왔다는 점이다. 대통령이 국회에 명령하는 존재로 스스로를 자리매김한 결과, 정치는 실종됐고 정치의 실종은 정책의 실패로 이어졌다.

대통령은 더 이상 국회에 명령하는 존재가 될 수 없다. 민주화 이후 입법부로서의 국회의 권한이 매우 커졌기 때문이다. 예를 들어 제19대 국회부터 시행된 국회선진화법은 야당이 전체 의석의 5분의 2 정도를 차지하는 경우 이들과의 합의 없이는 어떤 법안도 국회를 통과하기 어렵게 만들어놓았다. 식물 국회로 불렸던 제20대 국회를 떠올려보라. 당시 과반의석도 얻지 못한 야당이 실질적인 거부권 행사자로 활동하며 대통령이 제시한 정책 의제의 입법화를 번번이 지연·차단시켰다. 야당뿐만이 아니다. 여당도 대통령에게 반기를 드는 경우가 잦아졌다. 노무현 대통령 당시 한미 FTA 체결이나 이명박 대통령 당시 정부 청사 세종시 이전 문제 등에 대한 여당의 반발이 대표적이다.

이러한 정치적 환경의 변화는 대통령의 정치적 능력이 과거 그 어느 때보다 중요해졌음을 의미한다. 신뢰에 입각한 여야 관계를 만들고 이에 기반하여 협상과 설득을 통해 갈등의 조정과 통합을 이루어낼 수 있는 대통령의 정치적 능력 말이다. 그러나 명령자로서의 대통령은 국회 내 원만한 여야 관계를 형성하기 위해 여야 의원들을 직접 만나 대화하고 설득하는 정치적 노력을 펼칠 생각이나 의지가 없다. 또 여야 간 대립과 갈등이 일상화된 국회는 입법 교착을 스스로의 힘으로 벗어나지도 못한다. 이러한 상황은 대통령 정책 의제의 표류와 실패로 귀결된다.

박근혜 대통령은 경제 활성화나 노동 개혁 법안 등이 국회에서 처리되지 못하고 있다며 다음과 같이 말했다.

(우리 국회가) 맨날 앉아서 립서비스만 하고, 민생이 어렵다고 하면서 자기 할

일은 하지 않는다. 위선이라고 생각한다… 국회가 다른 이유를 들어 경제의 발목을 잡는 것은 직무유기이자 국민에 대한 도전이다(함성득 2017, 160쪽에서 재인용).

국회에 모든 책임을 전가하는 말이다. 그러나 정작 박 대통령은 이러한 법안을 국회에서 통과시키기 위해 야당의 대표나 당직자들과 대화 한번 나눈 적이 없다. 또한 이명박 대통령은 "대운하 사업은 경제나 환경문제를 넘어 정치 문제로 변질되어갔다. 우리 정치 환경에서는 아직 정책이 정치를 이기지 못한다"고 한탄했다(이명박 2015). 그러나 정책이 정치를 이기지 못하는 상황은 비단 우리나라에만 국한된 것이 아니다. 어떤 민주주의 체제에서도 정치 없이 정책을 얻을 수는 없다(Binder and Lee 2015).

대통령이 원하는 정책을 실현하기 위해선 반드시 국회 내 여야의 도움이 필요하다. 그리고 그들의 도움을 얻기 위해서는 상호 신뢰에 기반한 여야 관계를 형성하여 대립과 갈등보다는 대화와 타협에 입각한 입법과정을 만들어가는 '정치'를 해야만 한다. 대통령은 여야 간 상호 신뢰를 형성하기 위해 여야를 막론하고 지속적으로 의원들을 만날 필요가 있다. 공식적인 만남도 중요하지만 사적인 만남도 그 이상으로 중요하다. 사적인 만남을 통해 허심탄회하게 자신들의 속마음을 털어놓을 수 있을 때, 비로소 대화 파트너로서의 서로에 대한 이해의 폭을 넓힐 수 있기 때문이다. 그리고 상대에 대한 넓어진 이해의 폭은 서로 간에 타협과 합의를 추동하는 효율적인 연료로 쓰일 수 있다.

한편 대통령은 국회 내 여야 간 갈등에서 파생되는 팽팽한 긴장을 조급하게 끊으려고 하기보다는 인내심을 가지고 끌어안고 가려는 마음을 지녀야 한다. 대통령의 인내심은 두 가지 측면에서 중요하다. 첫째, 여야 간 팽팽한 줄다리기를 조급하게 끊어버리려는 행위는 갈등을 오히려 증폭시키는 결과로 이어진다. 예를 들어 대통령의 정책 의제에 대한 입법 교착 상태를 신속히 타개하기 위해 국회의장이 직권상정 권한을 발동한 경우 여야 간 원내 갈등은 언제나 더욱 심화되는 모습을 보였다(전진영 2011). 둘째, 갈등을 통합하는 새롭고 참신한 정책적 아이디어는 여야 간 긴장이 유지되어 충분히 숙성했을 때 등장하는 경우가 많다. 다시 말해 대통령은 여야 간 갈등과 긴장이 서로를 적으로 간주하는 파국으로 치닫는 것을 막음과 동시에 그러한 긴장 속에서 새로운 창조의 싹이 자랄 수 있는 환경이 형성될 수 있도록 인내하며 노력해야만 한다는 것이다.

여야 간 신뢰를 쌓아가는 정치에 있어서 또 한 가지 유념할 것은 정치를 선악의 관점에서 접근하지 말아야 한다는 점이다(김영수 2019). 정치를 옳고 그름에 입각하여 판단하는 경우 대부분은 '나는 옳고 상대는 그르다'는, 따라서 상대는 반드시 꺾어야 하는 적대적 관계로 굳어질 가능성이 크다. 이러한 상황에서 여야 간 대화와 타협에 입각한 협치는 불가능하다. 노무현 대통령은 역대 대통령 중 아마도 가장 많은 시간을 여야 국회의원들과 만나고 대화하는 데 썼던 대통령이다(김병준 2012). 그런데도 정작 야당과의 관계는 매우 좋지 않았다. 집권 초 불거진 정치자금 수사에서 야당인 한나라당을 '차떼기 정당'으로 부르고 "내 불법 자금 규모가 한나라당의 10분의 1이 넘으면 책임을 지겠다"는 발언까지 하며 한나라당을 거의 암적인 존재로 몰아갔기 때문이다. 이렇게 처음부터 틀어진 관계는 노 대통령 임기 내내 한나라당이 노 대통령의 정책적 의제를 무시와 거부로 일관하게 만들었다(윤여준 2011).

정치는 선악의 구분이 선명하게 이루어지지 않는 영역이다. 맥락과 상황에 따라서 어제의 선이 오늘의 악이 될 수도 있다. 심지어 현재 갈등하고 있는 두 입장이 모두 맞을 수도 또는 틀릴 수도 있는 것이 정치의 영역이다. 정치는 선악을 넘어선다. 선악의 프레임을 억지로 정치에 씌울 경우 불필요한 갈등과 대립이 만들어져 문제의 해결을 더욱 어렵게 만들 뿐이다. 민주주의에서 정치는 누가 옳고 그른가가 아니라 대립하는 이해관계를 어떻게 조율하고 절충할 것인가, 즉 어떻게 문제를 해결할 것인가라는 목표에 맞추어져야 한다.

국민을 동원하는 것은 득보다 실이 크다

민주화 이후 우리나라 역대 대통령들은 대국회 정치는 소홀히 하면서도 대국민 정치는 매우 적극적으로 펼쳐왔다(김혁 2016). 국회에서 발생하고 있는 입법 교착 상황을 여야와 직접 소통하여 풀어나가기보다 국민을 동원하여 국회에 압박을 가해 원하는 결과를 얻으려는 정치를 선택해 왔다. 그러나 이와 같은 국민을 동원하는 정치는 득보다 실이 더 크다.

우선 대통령이 원하는 방향으로 국민의 여론을 바꾸기 매우 어렵다. 한국뿐만 아니라 미국의 대통령도 '대중 속으로going public'이라는 전략을 활용하여 국민 여론을 자신에게 유리한 방향으로 바꾸려는 시도를 해왔다. 그러나 여러 연구들은 이러한 대통령의 시도는 성공보다는 실패로 귀결되고 있음을 보여주고 있다(Edwards III 2004, 2015). 이처럼 국민의 여론 자체를 자신에게 유리한 방향으로 바꾸기 힘든 상황에서 대통령이 국민을

동원하여 국회에 대한 입법적 영향력을 행사하기는 어려울 수밖에 없다.[2]

한편 대통령의 '대중 속으로' 전략은 오히려 자신의 지지율을 떨어뜨릴 위험성도 존재한다. 국민을 동원하여 국회를 압박하려는 대통령은 국회, 특히 야당의 강력한 반발을 불러일으킨다. 대통령의 행위에 의해 촉발된 야당의 비난과 비판은 국민으로 하여금 무엇이 잘못되었는지 좀 더 명확하게 인식할 수 있게 해주는 정보를 제공하고, 이는 대통령에 대한 국민의 지지를 떨어뜨리는 역풍을 불러일으킬 수 있다(Christenson and Kriner 2017).

그러나 이것들보다 더 심각한 문제는 대통령에 의한 국민의 동원은 국민 간의 갈등을 부추겨 공동체를 분열시킬 가능성을 크게 키운다는 점이다(박상훈 2018; Edwards III 2015). 국민은 서로 다른 의견과 이해관계를 가진 여러 집단으로 구성되어 있다. 따라서 대통령은 국민 전체를 동원의 대상으로 삼을 수 없다. 대통령이 동원의 목표로 삼는 국민은 자신의 지지층이다. 이들이 대통령의 호소에 적극적으로 호응하는 경우 필연적으로 대통령을 지지하지 않는 반대 세력을 자극하여 행동에 나서게 한다. 대통령을 지지하는 이들과 그렇지 않은 이들 사이에 갈등과 반목이 발생할 수밖에 없고, 이는 공동체의 분열로 이어진다. 대의민주주의에서 사회 내 이견, 갈등, 충돌은 국민의 대표가 모여 있는 국회라는 공적 공간으로 옮겨져 다루어져야 한다. 대통령에 의해 동원된 지지 세력과 이에 반발하여

---

2   대통령이 국민을 동원하여 의회에 대한 입법적 영향력을 확보할 수 있는 예외적인 경우는 국민들 사이에 특정 정책에 대한 선호가 이미 매우 높게 형성되어 있음에도 의회가 이에 대한 입법을 거부하는 상황에서 발생한다(Canes-Wrone 2001). 특정 정책에 대한 국민의 선호가 높지 않을 때 대통령이 국민을 동원하여 입법에 성공한 경우는 거의 없다고 할 수 있다.

형성된 반대 세력이 사회 내에서 어떠한 객관적 중재자도 없이 직접 다투게 된다면, 이들 사이의 갈등은 흡사 전쟁과 같은 양상으로 격화될 뿐이다. 마치 홉스가 얘기했던 국가 등장 이전의 자연 상태에서처럼.

국민의 동원 문제와 관련하여 또 한 가지 언급할 필요가 있는 것은 문재인 대통령 이후 본격화된 팬덤 정치의 부상이다. 팬덤이란 'fanatic'(광신자)에 'dom'(세력범위)이 합쳐진 것으로, 일반적으로 특정 인물이나 분야를 열광적으로 사랑하는 팬들의 집단을 가리킨다. 우리나라에서는 1990년대 몇몇 아이돌 그룹을 중심으로 팬덤 문화가 본격적으로 형성되었는데, 이러한 팬덤 문화가 이제 문재인 대통령을 팬 객체fan object로 한 팬덤 정치로 이어졌다. 물론 팬덤 정치가 문 대통령에 의해 의도적으로 동원되었다고 말할 수는 없다. 소위 '문팬'들은 자신의 돈과 시간을 들여 자발적으로 활동하는 것으로 보이기 때문이다. 그러나 문 대통령이 이들을 동원하지는 않았더라도 적어도 용인하고 있다는 점은 분명해 보인다. 2017년 더불어민주당 경선 당시 문재인 후보는 문팬들이 다른 후보들을 부당하게 비방하고 있다는 지적에 "경선을 더 재미있게 만드는 양념 같은 것"이라고 답했다. 또 대통령에 당선된 이후 문팬에 대해 여러 문제가 제기되었음에도 문 대통령은 이에 대해 어떠한 의견을 표명한 바 없다. 실질적으로 문팬의 존재와 활동을 인정하고 있는 것이다.

그러나 팬덤 정치는 우리의 민주주의에 결코 도움이 되지 않는다. 우선 팬덤은 팬 객체에 대한 무조건적인 사랑을 표방하기에 무비판적이며 동시에 배타적인 성격을 지닌다. 팬덤 정치의 무비판적 성격은 '우리 이니 하고 싶은 거 다 해'라는 말에서 극명하게 나타난다. 대통령이 어떤 정책을 펼치든 또 그것이 성공했던 실패했던 문팬들은 맹목적으로 응원하고 지지한다. 한편 팬덤 정치의 배타적 성격은 문 대통령에 대한 비판을 절대 용납하지 않는다는 것을 의미한다. 설령 그것이 아무리 건설적인 비판이라 하더라도 말이다. 문 대통령을 비판하는 자는 곧 적으로 간주되며, 공격의 대상이 된다. 팬덤 정치의 또 다른 문제는 문팬의 실체는 보이지 않지만 이들이 비난하고 공격하는 대상은 소위 '좌표 찍기'를 통해 구체적으로 명시되며, 이러한 비난과 공격은 소셜미디어를 통해 대대적으로 확산된다는 점이다. 박상훈(2018)의 주장대로 "분명 실존하는 힘인데, 누군가를 향한 사적 증오와 적대를 옮기고 빠져나가는 것이 시작이자 끝"이다. 이런 상황에서 서로의 이견과 차이를 좁히기 위한 공적 영역에서의 논쟁은 불가능하다. '우리 대 그들'로 분열된 공동체만이 남을 뿐이다.

국민 동원의 정치 그리고 팬덤 정치가 지닌 본질적인 문제는 국민을 분열시켜 서로 갈등하게 만든다는 점이다. 국민을 분노의 덫으로 몰아가지 말아야 한다. 우리 사회의 문제를 국민이 직접 감당하게 하지 말고 국회라는 공적 공간에서 담당하게 만들어야 한다. 이에 대해 박상훈(2018, 226)은 다음과 같이 말했다: "대통령이 오케스트라의 지휘자 같은 역할을 했으면 한다. 지휘자가 청중을 향하지 않고 연주자들과 눈을 맞춰 화음을 만들듯이, 대통령은 국민을 향해 서서 국민만 보고 가겠다고 공언할 일이 아니라 내각, 정당, 의회를 향해 돌아서야 한다."

다수제보다는 합의제다

국회의 집합적 의사결정 방식은 크게 다수제와 합의제로 구분할 수 있다

(Lijphart 1999; Powell 2000). 다수제는 다수가 선호하는 대로 신속하게 정책 결정을 하는 방식이다. 다수가 원하는 대로 정책 결정이 이루어지기 때문에 거래 비용은 적은 대신 소수의 의견이 배제될 가능성이 커진다. 이 때문에 순응 비용은 커진다.[3] 반면 합의제는 다양한 집단들의 의견과 이해가 의사결정 과정에 반영되어야 한다고 보는 관점에 근거한다. 다양한 집단들이 서로 동의할 수 있는 집합적 결과를 만들기 위해서는 이들 사이에 이해관계를 조율해야 하는 어려운 작업이 따른다. 이 때문에 거래 비용은 크고 입법 과정은 더딜 수밖에 없다. 그러나 다수의 선호뿐만 아니라 소수의 선호도 골고루 반영되기 때문에 순응 비용은 감소한다.

민주화 이후 우리 국회의 입법 절차는 주로 합의제를 강화하는 방향으로 발전되어왔다. 민주화 직후 의사 일정·의제 상정 등 전반적인 국회 운영을 국회의장과 원내교섭단체 대표들의 협의를 통해서 하게 했으며, 국회 상임위원회 위원장직도 다수당이 독식하는 것이 아니라 의석 수에 따라 각 정당에 배분하는 관행이 자리 잡았다. 더구나 제19대 국회부터 시행된 국회선진화법은 소수당의 입법 거부권 권한을 강화함으로써 우리 국회의 합의제적 특성을 더욱 신장시켰다.

국회의 집합적 의사결정 방식이 이처럼 합의제의 특성이 강하게 배어 있다면, 응당 소수당의 의견도 정책 결정에 반영하는 협치의 문화가 자리 잡혔어야 했다. 그러나 민주화 이후 우리의 대통령들은 합의제적 제도를 역행하여 다수의 힘으로 자신의 정책적 의제를 관철하려는 모습을 보

---

3   거래 비용은 집합적 결정에 도달하기 위해 드는 비용을 의미하며, 순응 비용은 원치 않음에도 집합적 결정을 따라야만 하는 집단이 지불해야 하는 비용이다(Buchanan and Tullock 1962).

왔다. 총선 결과 분점 정부가 형성되는 경우 합당이나 의원 빼내기와 같은 비정상적인 방법을 동원하여 인위적으로 단점 정부를 만들기 위해 노력했다. 단점 정부가 만들어진 경우 야당의 의견을 정책 결정 과정에 담아내기보다는 국회의장의 직권상정을 통해 다수의 힘으로 대통령의 의지를 밀어붙이고자 했다. 대통령의 이러한 행태는 야당의 강력한 반발을 불러일으켜 일상적으로 국회가 파행되는 상황을 자초했다. 합의제에 입각한 국회의 의사결정 제도와 다수제 정치를 추구하는 대통령의 행위가 모순되면서 우리 정치는 지속적인 갈등과 혼란 속에 놓일 수밖에 없었다.

그러나 국회선진화법의 실행은 국회 의사결정 방식을 거의 온전한 합의제로 전환시켰다. 다수의 힘으로 밀어붙이는 데 필요한 의원의 수가 과반이 아니라 180석에 달하는 상황에서 합당이나 의원 빼내기와 같은 비정상적인 방법이 지닌 효용성은 떨어질 수밖에 없었다. 또한 국회의장의 직권상정도 국가비상사태의 발생이나 원내대표 간 합의 등을 거치지 않으면 할 수 없게 되어 상임위에 잡혀 있는 법안을 다수의 힘으로 통과시키기도 어렵게 되었다. 상황이 이렇다면 야당을 설득하기 위한 정치적 노력을 할 만도 한데 명령자로서의 대통령들은 교착상태에 빠진 국회를 힐난만 할 뿐 별다른 노력을 전개하지 않았다. 결국 다수제적 정치를 고집하는 대통령이 무언가를 할 수 있기 위해선 대통령에 충성하는 여당이 180석 정도의 의석을 차지하여 소수당의 방해를 무력화시킬 수 있는 기적이 일어나야 했다.

제21대 총선에서 그와 같은 기적이 발생했다. 여당인 더불어민주당이 거의 180석에 달하는 의석을 차지하게 된 것이다. 더구나 더불어민주당은 민주화 이후 지속되었던 정당 간 의석 비율에 따라 상임위원장직을 배분하던 관행을 깨고 모든 상임위원장직도 독차지하였다. 야당이 제도적으로 문제인 대통령과 여당의 독주를 막을 수 있는 어떠한 방법도 없었으며, 또 문팬들이 대통령에 대한 비판을 허용하지 않는 상황에서 여당 내 반대 목소리도 사라졌다. 대통령의 정책 의제가 별다른 방해 없이 입법화 될 수 있는 꿈같은 환경이 마련되었고, 실제로 대통령의 정책적 의제는 하나씩 하나씩 국회를 통과하였다.

그러나 이러한 상황은 소수에 속한 국민들의 순응 비용을 크게 증가시켰다. 일반적으로 공동체를 구성하고 있는 구성원의 가치와 이해관계의 차이가 벌어질수록 순응 비용은 증가한다(문우진 2013). 우리나라는 정치경제적, 이념적 갈등 수준이 매우 높은 국가에 속한다. 따라서 대통령과 여당에 반대하는 국민이 대통령과 여당에 의해 만들어진 정책에 순순히 따르기 위해 치러야 하는 비용은 매우 클 수밖에 없다. 증가한 순응 비용은 불만을 누적시키고 무슨 일이 있어도 정권 교체를 이뤄야겠다는 욕망으로 이어진다. 이러한 욕망이 정권을 수호해야 한다는 정반대의 열망과 만날 때 사회 전체의 갈등은 대폭 확산한다. 다수의 힘을 획득하여 입법 생산성을 높였음에도 공동체를 통합시키기보다는 오히려 분열시키는 결과로 이어지게 된 것이다.

결국 다수제보다는 합의제를 전제로 국회-대통령 관계가 형성되어야만 한다. 즉 협치에 입각한 국회-대통령 관계가 만들어져야 한다. 그 이유는 두 가지다. 첫째, 국회선진화법으로 인해 국회의 집합적 의사결정 방식은 온전히 합의제적 방향으로 전환되었다. 야당의 도움 없이는 대통령 정책 의제의 입법화가 실질적으로 불가능한 상황이 된 것이다. 제21대 국회처럼 여당이 거의 180석에 달하는 의석을 차지하여 소수당의 방해를 무력화시킬 수 있는 상황은 극히 예외적이다. 따라서 야당과의 합의를 끌어내고 이를 정책 결정에 반영하는 대통령의 정치적 노력이 절대적으로 필요하다.[4] 둘째, 180석이 넘는 거대 여당이 등장하여 다수제에 입각한 입법이 가능하다 해도 소수에 속한 국민의 순응 비용을 증가시켜 사회 전체적인 갈등 수준은 오히려 커질 위험이 있다. 다수의 힘에 전적으로 의존하지 말고 소수 야당의 의견을 적절히 정책 결정 과정에 반영함으로써 정책의 정치적 정당성을 키우고 이를 통해 공동체의 통합을 이루려는 노력이 필요하다.

야당과의 협상 과정은 때론 불투명한 것이 좋다

지금은 상대와 대화 자체를 거부하는 일이 자주 발생하는 정치적 양극화 시대다. 따라서 대통령이 야당을 협상의 테이블에 앉히는 일조차 결코 쉽지 않다. 야당의 신뢰를 얻기 위한 대통령의 정치적 노력이 반드시 있어야만 가능하다. 그러나 일단 대통령과 국회 내 여야가 특정 정책 현안에 대해 논의하기로 하여 협상 테이블에 함께 앉게 된 상황을 가정해 보자.

---

4 이는 만약 2022년 제20대 대통령 선거에서 야권 후보가 승리한 경우 더욱 중요한 문제로 대두될 수 있다. 차기 대통령은 약 2년 동안 거의 180석에 달하는 거대 야당과 마주해야 하기 때문이다. 이들의 도움을 얻기 위해서는 신뢰에 입각한 여야관계를 만들어내는 대통령의 정치적 노력이 적극적으로 전개되어야만 한다. 다른 한편으론 야당과 연립정부를 구성하는 것도 한 가지 대안이 될 수 있다고 본다. 연정은 주로 내각제에서나 가능한 것으로 알려져 있지만 사실 대통령제에서도 매우 빈번하게 이루어지고 있으며, 또 분점 정부 상황에서 다수 야당과 연립정부가 구성되는 경우가 그렇지 않은 경우보다 더 뛰어난 정책적 성과를 내는 것으로 알려져 있다(홍재우 외 2012).

협상을 어떻게 진행하는 것이 대통령과 야당이 모두 공감할 수 있는 합의안을 도출할 가능성이 클까? 여러 방법을 떠올릴 수 있겠지만 많은 국민이 지역적·정파적·이념적으로 분열되어 있어 사회의 정치적 갈등 수준이 매우 높은 현실을 고려할 때, 협상 과정 자체를 비공개로 하는 것이 도움이 될 수 있다고 판단된다(Binder and Lee 2015; Mansbridge 2015).

투명성은 민주주의의 핵심 가치 중 하나로 간주된다. 밀실에서 이루어지는 정치인들의 비밀 회담에서 민주주의를 연상하기란 쉽지 않다. 국회에서 이루어지는 입법 과정도 국가 안보와 관련된 중대한 사안이 아니라면 대체로 공개적으로 진행된다. 그런데도 야당과의 협상 과정을 비공개로 하라는 것은 도대체 무슨 이유인가? 정치적 양극화 시대에 협상 과정의 투명성은 성공적인 협상을 어렵게 만드는 요인이기 때문이다.[5] 우선 중요 정책 사안에 대한 협상이 공개적으로 진행되는 경우, 협상에 참여하는 의원들이 당과 이념의 노선을 벗어나 자유롭게 협상하기 어렵다. 공개적인 협상 과정은 필연적으로 많은 국민의 관심을 끌게 된다. 협상에 참여하는 의원들은 많은 국민이, 특히 강한 이념적·당파적 성향을 지닌 국민이 이 협상 과정을 지켜보고 있다는 점을 안다. 그리고 이들은 협상 과정에서 타협안을 도출하기 위해 당파적·이념적 원칙을 위배한다면 지지자들로부터 강한 비난을 받을 수 있다는 점도 안다. 이는 재선에 도움이 되지 않는다. 타협을 위해 원칙을 굽히는 것이 재선에 도움이 되지 않는다면 의원들은 차라리 선명성을 강조하며 타협을 거부하는 선택을 하게

---

5 투명성이 여야 간 협상 과정을 어렵게 만드는 이유는 Binder and Lee(2015)의 논의를 가져와 정리했다.

될 것이며, 이는 협상의 결렬로 이어질 가능성을 높인다.

또한 투명한 협상 과정은 합의를 위한 해법을 찾기 어렵게 만든다. 협상은 주고받는 과정이다. 내가 원치 않는 것을 들어주는 조건으로 내가 더 중요하게 생각하는 것을 상대에게서 받는 과정이다. 그러나 무엇을 주고 무엇을 받을 것인지 협상 당사자들 간에 합의를 찾아내는 과정은 쉽지 않다. 오랜 시간에 걸쳐 협상 당사자들 간의 밀고 당김이 반복되어야 한다. 그런데 협상이 진행되는 중간에 야당이 대통령이나 여당에 무엇을 양보했는지가 언론에 공개되었다고 치자. 당장 야당 지지자들에게서 원칙을 어겼다느니 야합이라느니 하는 비난이 쇄도할 것이다. 지지자들의 이와 같은 압력은 야당이 그 양보안을 철회하도록 만들 가능성이 크다. 즉 그 어려운 협상 과정을 처음부터 다시 시작해야 한다는 뜻이다.

결국 협상 과정을 비공개로 진행하는 것은 의원들을 당과 이념의 원칙을 고수해야만 한다는 강박에서 해방시킨다는 점 그리고 외부의 압력에서 벗어나 자유롭게 타협의 조건을 검토하고 논의할 수 있는 시간을 벌게 해준다는 점 등 두 가지 측면에서 합의에 도달할 가능성을 키운다고 할 수 있다. 따라서 대통령은 야당과 중요 정책 의제에 대한 협상을 진행할 때, 될 수 있으면 비공개로 진행하는 방안을 모색할 필요가 있다. 또한 대통령은 최종적인 합의안을 도출하기까지 모든 협상 참여자들이 협의 과정을 비밀에 부칠 수 있도록 리더십을 발휘할 필요도 있다.

그러나 협상이 마무리된 후 협상 결과에 대해선 국민에게 투명하게 공개해야만 한다(Mansbridge 2015). 어떤 이유에서 협상이 진행되었고, 여야가 무엇을 주고받는 타협을 했는지, 타협안에 소요되는 비용이 있다면 어디서 어떻게 그 비용을 충당하고 사용할 것인지, 그리고 이러한 타협이 대한민국이라는 전체 공동체를 위해 어떤 기여를 할 수 있는지 등을 상세히 국민에게 설명하고 설득할 필요가 있다. 여야 간 합의를 창출하기 위해 협상 과정상의 투명성은 포기하더라도 협상 결과의 투명성은 담보하여 국민에게 합의안에 대한 민주적 정당성을 확보하는 것이 중요하다.

성공적인 대통령이 되려면
국회와 함께 더불어 논의하라

요약하자면 대통령이 국회, 특히 야당과의 협치에서 성공하기 위해서는 두 가지 조건이 필요하다. 첫째, 대통령은 입법부로서 국회의 위상이 과거와는 달리 매우 커진 시대적 변화에 대해 냉철하게 인식해야 한다. 대통령이 주연이고 국회는 비중 없는 조연이던 시절은 이미 막을 내렸다. 자신이 성공하고 싶다면 스스로를 낮추고 국회를 높이고 존중해야만 한다. 현재를 사는 과거나 민주주의를 사는 권위주의자가 되어서는 안 된다. 둘째, 대통령은 제대로 된 정책적 결과를 만들어내기 위해선 제대로 된 정책 결정 과정이 우선된다는 점을 인식해야만 한다. 제대로 된 정책 결정 과정이란 여야의 합의에 의한 결정을 의미한다. 신뢰에 입각한 여야 관계를 형성하고 갈등과 대립보다는 대화와 타협에 입각한 정책 결정 과정을 만들어야 한다. 결국, 대통령의 성공조건은 '협치'의 '국회-대통령 관계'를 만들 수 있는지에 달려 있다.

협치의 국회-대통령 관계를 만들기 위해 대통령은 네 가지 마음의 습관을 지니고 실천해야 한다. 우선 정치가 없으면 정책도 없다는 점이다. 민주화 이후 역대 대통령은 국회의 도움을 얻기 위해 적극적인 정치적 노력을 편 적이 거의 없다. 이러한 정치의 실종은 정책의 실패로 귀결됐다. 대통령은 여야를 막론하고 많은 의원들을 만나 신뢰를 형성해야만 한다. 그러한 신뢰가 형성될 때 비로소 자신의 정책 의제의 입법화도 가능하다. 또한 대통령은 인내심을 가지고 여야 간 긴장과 갈등이 상대를 적으로 간주하는 파국적 상황으로 치닫는 것을 막고 그러한 긴장과 갈등 속에서 새로운 창조의 싹을 피울 수 있는 정치적 환경을 마련해야 한다. 그리고 대통령은 선악의 관점에서 정치를 재단하는 일은 반드시 피해야 한다. 정치를 옳고 그름의 기준을 가지고 접근할 때 여야 간 갈등은 확산되고 증폭되어 협치가 불가능하게 된다. 정치는 선악을 넘어선다는 인식을 가졌으면 한다.

둘째, 국민을 동원하는 것은 득보다 실이 크다는 것을 가슴속에 간직할 필요가 있다. 대통령이 국민을 동원하는 이유는 국회를 압박하고 이를 통해 자신이 원하는 입법적 영향력을 확보하기 위함이다. 그러나 이는 성공하기보다는 실패하는 경우가 대부분이다. 더구나 동원의 정치 그리고 팬덤 정치는 국민 간 갈등을 조장하여 우리 공동체를 분열시키는 역할만을 해왔다. 국민을 동원하여 이들이 직접 갈등하게 만들기보다는 국회라는 공적 영역에서 사회의 문제를 다루도록 하는 것이 중요하다.

셋째, 다수제보다는 합의제다. 국회의 집합적 의사결정 방식은 합의제에 입각해 있다. 그러나 민주화 이후 역대 대통령은 이러한 제도를 역행하여 다수제적 정치로 밀어붙이는 행태를 보였다. 국회의 의사결정 방식 제도와 대통령의 행위가 모순되는 상황에서 여야 간 갈등과 국회의 파행이 일상적으로 발생했다. 대통령은 합의제에 입각한 국회의 의사결정 방식을 존중하고 협치의 정치 문화를 구축할 필요가 있다.

마지막으로 대통령은 협상을 비공개로 진행하는 것이 여야 간 합의 도출 가능성을 키운다는 점을 인식할 필요가 있다. 정치적 양극화가 심각하게 진행된 한국에서 협상 과정을 비공개로 진행하는 것은 의원들을 당과 이념의 원칙을 고수해야만 한다는 강박에서 해방시킨다는 점에서 그리고 외부의 압력에서 벗어나 자유롭게 타협의 조건을 검토하고 논의할 수 있는 시간을 벌게 해준다는 점에서 합의에 도달할 가능성을 키운다. 다만 협상 결과에 대해서는 국민에게 적극적으로 설명하고 설득함으로써 협상 결과의 투명성은 확보할 필요가 있다.

결국 성공한 대통령이 되기 위해서는 국회와 함께 의논하고 결정하는 자세를 가져야만 한다. 세종대왕처럼 역사에 남는 위대한 대통령이 되고 싶은가?『세종실록』에 가장 많이 나오는 단어 중 하나가 '함께 더불어 의논한다'는 뜻의 여의 與議라는 것을 기억하라.

참고 문헌

김병준. 2012. 『99%를 위한 대통령은 없다』. 서울: 개마고원.

김영수. 2019. 「조선 공론정치의 이상과 현실(2): 당쟁발생기 율곡 이이의 공론정치론을 중심으로」. 『한국정치연구』 제28집 제1호: 29-53.

김 혁. 2016. 「대통령의 정책의제설정 과정에서의 정치 커뮤니케이션과 리더십에 관한 연구: 역대 대통령들이 국회연설과 대국민담화에서 표출된 입법적 리더십과 대중적 리더십에 대한 분석을 중심으로」. 『사이버커뮤니케이션학보』 제33집 제2호: 5-41.

문우진. 2013. 「한국 대통령 권한과 행정부 의제설정 및 입법결과: 거부권 행사자 이론」. 『한국정치학회보』 제47집 제1호: 75-101.

박상훈. 2018. 『청와대 정부』. 서울: 후마니타스.

손병권·가상준·박경미·유성진·장승진·전진영·조진만. 2020. 『국회열어보기: 한국 국회의 제도와 행태』. 서울: 오름.

윤여준. 2011. 『대통령의 자격』. 서울: 메디치미디어.

이명박. 2015. 『대통령의 시간, 2008-2013』. 서울: 알에이치코리아.

전진영. 2011. 「국회 입법교착의 양상과 원인에 대한 분석」. 『의정연구』 제17권 2호: 171-196.

토크빌, 알렉시스. 이용재 역. 2018. 『아메리카의 민주주의1』. 파주: 아카넷.

함성득. 2017. 『제왕적 대통령의 종언』. 고양: 섬앤섬.

홍재우·김형철·조성대. 2012. 「대통령제와 연립정부: 제도적 한계의 제도적 해결」. 『한국정치학회보』 제46집 제1호: 89-112.

Binder, Sarah, and Frances Lee. 2015. "Making Deals in Congress." Nathaniel Persily (ed).

Solutions to Political Polarization in America. New York: Cambridge University Press.

Buchanan, James, and Gordon Tullock. 1962. *The Calculus of Consent: Logical Foundation of Constitutional Democracy.* Ann Arbor: The University of Michigan Press.

Canes-Wrone, Brandice. 2001. "The President's Legislative influence from Public Appeals." *American Journal of Political Science* 45(2): 313-329.

Christenson, Dion, and Douglas Kriner. 2017. "Mobilizing the Public Against the President: Congress and the Political Costs of Unilateral Action." *American Journal of Political Science* 61(4): 769-785.

Edwards III, George. 2004. *On Deaf Ears: The Limits of the Bully Pulpit.* New Haven: Yale University Press.

Edwards III, George. 2015. "Staying Private."Nathaniel Persily (ed). *Solutions to Political Polarization in America.* New York: Cambridge University Press.

Levitsky, Steven, and Daniel Ziblatt. 2018. *How Democracies Die.* New York: Crown.

Lijphart, Arendt. 1999. *Patterns of Democracy.* New Haven: Yale University Press.

Mansbridge, Jane. 2015. "Helping Congress Negotiate." Nathaniel Persily (ed). *Solutions to Political Polarization in America.* New York: Cambridge University Press.

North, Douglas. 1990. *Institutions, Institutional Change and Economic Performance.* Cambridge: Cambridge University Press.

Park, Sauk-Hee, and Mark Wilding. 2016. "The Politics of Government Reform in Korea: From Tripatite to Bipartite Politicization." *Administration & Society* 48(9): 1059-1084.

Powell. G. B. Jr. 2000. *Elections as Instruments of Democracy.* New Haven: Yale University Press.

7

헌법의 실패, 사법부의 실패, 대통령의 실패
사법부를 바로 세우는 리더십을 발휘하라

김정 | 북한대학원대학교

코드 인사가 초래한 헌법·사법부·대통령의 실패

2021년 2월 4일, 국회에서 법관 탄핵이 이루어졌다. 박근혜 정부 시절, '양승태 코트court'의 사법 농단에 연루된 임성근 부장판사에 대한 탄핵소추안을 의결한 것이다. 그렇다면 헌정사상 최초로 국회가 '법관 탄핵'에 나선 이유는 무엇인가? 대법원장을 비롯한 고위 법관들을 형사재판정에 서게 만든 '사법 농단'은 어떠한 제도적 조건에서 발생했는가? 대법원장과 대법관에 대한 대통령의 '코드 인사'는 어떠한 정치적 귀결을 가져왔는가? 이 장에서는 이 물음에 대해 나름의 해답을 제시하고자 한다.

국회의 법관 탄핵소추는 헌법이 내장한 권력 억제 논리가 붕괴하여 발생한 일종의 '헌법의 실패'라고 규정할 수 있다. 국회와 법원 모두 시민의 신뢰를 받지 못하는 헌법 기관으로서 법관 탄핵소추가 헌법의 선용 사례인지 혹은 헌법의 악용 사례인지 구분하기조차 어려운 정치적 상황을 반영하고 있다. 법원이 '헌법의 실패'의 한 축을 형성하고 있는 이유는 사법부가 그 독립성 및 문책성問責性의 두 차원에서 대규모의 '도덕적 해이moral hazard'에 빠져 있었기 때문이다. 법원이 대통령 및 국회의 영향력에서 벗어나 판결을 내릴 제도적 능력이 낮고, 법관이 저지른 위법적 행위에 대한 효과적 징벌에 나설 제도적 능력 또한 높지 않을 때 '사법부의 실패'는 발생한다. 사법부의 독립성과 문책성의 수준을 향상시키기 위해 대통령이 할 수 있는 일은 많지 않다. 법원조직법이 내장한 권력 억제 논리는 대통령이 최적의 후보자를 대법원장 및 대법관에 임명하여 중립성과 다양성 수준이 높은 대법관회의를 구성할 수 있어야만 대법원장의 사법행정권 남용을 방지할 수 있다고 지시한다. 대통령이 대법원장 및 대법관 임명과 관련한 '역선택adverse selection' 위험에 적절히 대처하지 못하고 '코드 인사'에 집착한다면, 그로부터 발생하는 사법부의 '도덕적 해이'라는 '대리 손실agency loss'은 고스란히 임명자 자신의 몫으로 돌아온다. 사법부 '코드 인사'가 빈번히 '대통령의 실패'로 귀결하는 연유緣由이다.

따라서 이 장은 법관 독립 및 재판 독립을 위한 상설 기구 설립, 법원행정처 폐지와 합의제 사법행정기구 설립, 고등법원 부장판사 폐지 등 법관 인사제도 개편, 법원행정처 탈판사화 등 사법부 개혁과 관련한 다양한 제도 설계에 대한 제언에 이론異論을 제기하지 않는다.[1] 다만 헌법 개정을 포함하여 광범위한 법률 개정이 필요한 제도 개혁 시안試案은 그 실현 가능성이 높지 않다는 점을 지적하고자 한다. 사법 농단 이후 등장한 '김명수 코트'에서조차 대법원 자체 개혁안이 대법원장의 권력 분산에 소극적이었고, 제20대 국회 사법개혁특별위원회는 후퇴한 법원조직법을 개정하지 못한 채 종료했다는 사실을 상기할 필요가 있다.

 이 장에서는 헌법과 법원조직법을 개정하지 않는 조건에서 대통령이 할 수 있는 일에 초점을 맞추어 사법부 개혁을 논의한다. 그 출발점은 대법원장과 대법관 임명과 관련하여 대통령이 '코드 인사'의 유혹에서 벗어나는 것이다. 대통령이 '코드 인사'를 탈피하면 대법관회의의 중립성과 다양성이 늘어나 대법원장의 사법행정권 남용을 억제할 제도적 조건을 마련할 수 있고, 사법부의 독립성과 문책성 수준을 개선할 계기를 마련할 수 있다. 그 결과 법원이 '헌법의 실패' 함정에서 탈출할 가능성이 엿보일 것이다.

법관 탄핵이 초래한 헌법의 실패

2021년 2월 4일, 국회가 재석 288인 가운데 찬성 179인으로 법관 탄핵소추안을 의결했다. 2021년 6월 10일 탄핵심판을 개시한 헌법재판소가 비록 이 청구를 10월 28일 각하했지만, 헌정사가 이 '2021헌나1' 사건을 헌법 제65조가 국회에 부여한 탄핵소추권이 법관을 대상으로 작용한 최초의 사례로 기록할 것이라는 사실만큼은 분명해 보인다.[2] 다만 헌정사

---

1 가장 최근의 법원 개혁 논의와 관련해서는 민주사회를 위한 변호사 모임 사법센터(2021)가 상세하다.

가 이 사건을 권력분립의 원리에 기초하여 입법부와 사법부 사이의 '견제와 균형'이 적절하게 작동한 '헌법의 선용' 사례로 수록할지 혹은 정당 경쟁의 논리를 연장하여 집권당과 반대당 사이의 '당파적 공세'가 과도하게 발동한 '헌법의 악용' 사례로 수록할지 아직은 불확실하다. 헌법재판소의 법률적 판단에도 불구하고 이 사건의 헌정사적 정의를 둘러싼 정치적 쟁투가 한국 사회의 곳곳에서 펼쳐지고 있기 때문이다.

국회의 법관 탄핵소추 의결 직후 집권당인 더불어민주당이 이 사건을 "삼권분립에 따라 사법부의 잘못을 견제하고 바로잡아야 하는 입법부의 의무를 수행한 것(더불어민주당 2021)"이라고 주장하면서 전자의 입장에 섰음을 분명히 밝혔다. 반면, 반대당인 국민의힘은 "수적 다수를 활용한 여권에 의한 일방적인 법관 탄핵(국민의힘 2021: 20)"이라고 맞서면서 후자의 입장을 취했다. 탄핵소추 피청구인의 형사 책임을 따졌던 1심 재판부가 2020년 2월 "재판 관여 행위는 피고인의 지위 또는 개인적 친분 관계를 이용하여 법관의 독립을 침해하는 위헌적 행위에 해당하는 것(서울중앙지방법원 2020: 64)"이라고 판시하여 전자의 해석에 힘을 실었다. 이에 반해 2심 재판부는 2021년 8월 "피고인의 재판 관여 행위를 두고 직권남용 권리행사방해죄의 구성요건에 해당하는지 여부에 관한 심사를 마치기도 전에 미리 '위헌적 행위'라 표현하는 것은 적절치 않아 보인다(이용경 2021)"고 적시하여 후자의 해석을 옹호했다. '법관 탄핵에 찬성하는가'라는 여론조사의 물음에 민심은 전국법관대표회의의 법관 탄핵소추 검토 의결 직

---

2   유남석 헌법재판소장은 다음과 같은 진술로 탄핵심판 변론기일의 시작을 알렸다. "이 사건은 헌정사상 법관이 탄핵심판의 대상이 된 첫 사건입니다. 헌법재판소는 이 사건이 우리 헌법 질서에서 가지는 엄중한 무게를 깊이 인식하고 최선을 다하여 공정하게 심리할 것입니다(이혜리 2021)."

후인 2018년 12월 찬성 52%, 반대 34%(리얼미터 2018)로 전자의 견해로 쏠린 반면, 국회의 법관 탄핵소추안 발의 직후인 2021년 2월 찬성 44%, 반대 45%(리얼미터 2021)로 후자의 견해로 기울었다. 이렇게 볼 때 정당도 법원도 여론도 법관 탄핵소추가 촉발한 정치적 갈등의 자장에서 아직은 빠져나오기 어려운 것으로 보인다.

헌법재판소가 향후 '헌법의 선용'에 가까운 탄핵심판을 내린 법률적 판단과는 별도로, 이 사건의 밑바탕에 흐르는 '헌법의 실패' 구도만큼은 포착할 필요가 있다. 헌법 제65조가 입법부에 부여한 탄핵소추권은 행정부 및 사법부의 권력남용을 사전적으로 예방하려는 억제의 논리에서 출발한다. 국제 관계에서 타국의 침략 행위가 감당하기 어려운 징벌적 보복을 불러올 것이라는 신호를 사전에 발신하여 전쟁을 방지함으로써 자국의 안전을 보장하려는 군사적 억제의 논리와 똑같은 구도이다. 군사적 억제의 성패는 타국에게 보내는 자국 신호의 신빙성 수준에 달려 있다. 군사적 침략이 초래할 징벌적 보복이 실제로 일어날 확률이 높다면 타국은 애초에 침략에 나서지 않을 가능성이 커진다. 그 결과 전쟁이 일어날 개연성이 줄어드는 것이다. 중요한 점은 군사적 억제가 징벌적 보복의 실제적 행사를 통해서가 아니라 그 '가상적 위협'을 통해서만 그 힘을 완성한다는 사실이다. 만약 징벌적 보복이 실제로 발생한다면 그것은 전쟁이 이미 발발했다는 의미이다. 따라서 군사적 억제의 논리로 성취하고자 했던 목적 달성에 실패했다는 뜻이다(Schelling 2008).

국회의 탄핵소추권 역시 그 실제적 발동을 통해 법관에게 징벌적 제재를 행사하는 것에 목적이 있는 강제의 속성보다는 그 가상적 위협을 통해 법관에게 위헌적 혹은 위법적 행위를 자제시키는 것에 목적이 있다. 즉

이 권한은 억제의 속성을 띠는 권력에 해당한다. 군사적 억제 논리와 마찬가지로 헌법적 억제 논리의 성패 또한 법관에게 보내는 그 신호의 신빙성 정도가 좌우한다. 위헌적 혹은 위법적 행위가 이뤄졌을 때 징벌적 제재가 실제로 작동할 확률이 높다면, 법관은 그 행위를 자제할 개연성이 커진다. 그 결과 국회가 탄핵소추권을 행사할 가능성이 줄어드는 것이다. 헌법적 억제는 국회의 탄핵소추권이라는 징벌적 제재의 가상적 위협을 통해 법관의 위헌적 혹은 위법적 행위의 자제를 유도하는 '비가시적' 권력 작동으로 그 목적을 달성한다(Engst 2021). 만약 법관 탄핵소추가 실제로 일어난다면 그것은 법관이 위헌적 혹은 위법적 행위의 자제에 이미 실패했다는 뜻이다. 따라서 이미 헌법적 억제 논리가 붕괴한 것이다(Helmke 2017).

이상의 논의를 종합하면 〈표1〉과 같이 헌법적 억제의 성패를 유형화할 수 있다. 첫째, 국회가 헌법적 억제 논리를 적극적으로 구현하고 법관이 적극적으로 위헌적 혹은 위법적 행위를 자제하면 ① '헌법의 성공' 균형이 이루어진다. 이 균형점에서 탄핵소추는 발생하지 않는다. 둘째, 법관이 소극적으로 위헌적 혹은 위법적 행위를 자제하는 조건에서 국회가 헌법적 억제 논리를 적극적으로 구현하면 ② '헌법의 선용' 탄핵소추가 발생한다. 셋째, 법관이 적극적으로 위헌적 혹은 위법적 행위를 자제하는 조건에서 국회가 헌법적 억제 논리를 소극적으로 구현하면 ③ '헌법의 악용' 탄핵소추가 발생한다. 넷째, 국회가 헌법적 억제 논리를 소극적으로 구현하고 법관이 소극적으로 위헌적 혹은 위법적 행위를 자제하면 ④ '헌법의 실패' 함정이 만들어진다. 이 함정에서 탄핵소추가 발생할 경우 그것이 '헌법의 선용' 탄핵소추인지 '헌법의 악용' 탄핵소추인지 구분할 수 없다. 국회가 헌법의 억제 논리를 적극적으로 구현해 왔다면 시민의 국회에 대한

<표1> 헌법적 억제의 성패

		법관	
		소극적 자제	적극적 자제
국회	적극적 억제	② '헌법의 선용' 탄핵소추	① '헌법의 성공' 균형
	소극적 억제	④ '헌법의 실패' 함정	③ '헌법의 악용' 탄핵소추

신뢰도가 높았을 것이다. 마찬가지로 법관이 적극적으로 위헌적 혹은 위법적 행위를 적극적으로 자제해 왔다면 시민의 법원에 대한 신뢰도가 높았을 것이다. 〈그림1〉은 이 가정을 바탕으로 한국의 법관 탄핵소추 사례가 어느 유형에 속하는지 34개 OECD 회원국을 비교 대상으로 삼아 경험적으로 확인한 것이다.[3] 수평축의 점선은 법원에 대한 시민의 신뢰도 표본 평균값을, 수직축의 점선은 의회에 대한 시민의 신뢰도 표본 평균값을 각각 나타낸다. 경험적 발견은 다음과 같다.

첫째, 2020년 시점 한국 법원에 대한 시민의 신뢰도는 22%로 34개 OECD 회원국 가운데 32위에 해당하며, 표본 평균값에서 음의 방향으로 34%포인트 차이가 있다. 둘째, 2020년 시점 한국 의회에 대한 시민의

---

3   38개 OECD 회원국 가운데 캐나다, 코스타리카, 라트비아, 룩셈부르크는 의회에 대한 시민의 신뢰도 자료가 가용하지 않아 제외했다. 법원에 대한 시민의 신뢰도는 2000년도 측정값을, 의회에 대한 시민의 신뢰도는 2018년도 측정값을 각각 입력했다. 단, 벨기에, 아일랜드, 이스라엘의 의회에 대한 시민의 신뢰도는 2016년도 측정값을 입력했다. 측정과 관련한 상세한 해설은 OECD (2021)를 참조할 수 있다.

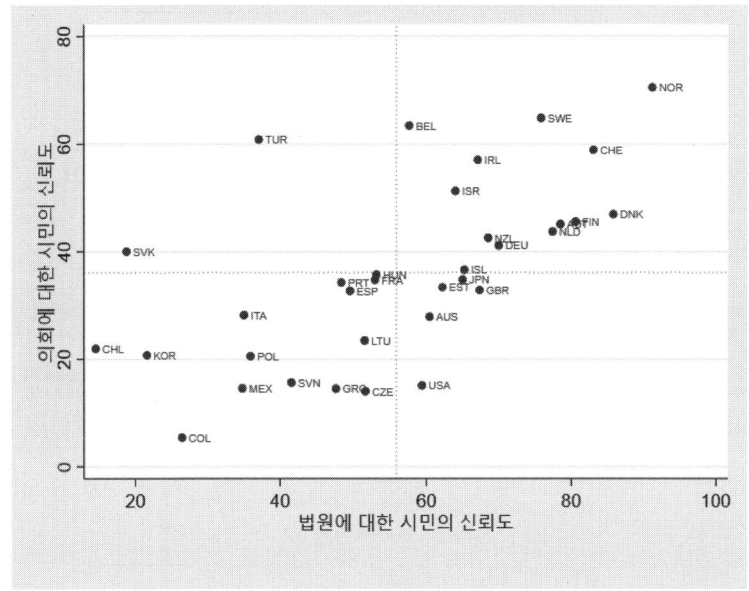

<그림1> 34개 OECD 회원국의 법원 및 의회에 대한 시민의 신뢰도

출처: OECD(2021)

신뢰도는 21%로 34개 OECD 회원국 가운데 27위에 해당하며 표본 평균값에서 15%포인트 음의 방향으로 차이가 있다. 셋째, 두 지표를 조합하면 한국은 헌법의 억제 논리와 관련하여 '헌법의 실패' 함정에 빠져 있고, 칠레, 콜롬비아, 멕시코, 폴란드 등과 유사한 위치를 점한다.

비교적 시각에서 한국이 '헌법의 실패' 함정에 갇혀 있다는 사실은 국회의 법관 탄핵소추와 관련하여 한국 사회가 왜 그 헌정사적 정의를 둘러싼 정치적 분열의 소용돌이에 빠져들었는지 해명할 수 있는 실마리를 던져준다. '헌법의 실패' 함정에 갇혀 한국 사회의 그 누구도 국회의 법관 탄핵소추가 견제와 균형의 원리에 따른 '헌법의 선용'인지 혹은 당파적 공세의 논리에 따른 '헌법의 악용'인지 구별하기 어렵기 때문이다. 시민은 지금까지 국회가 헌법이 내장한 권력 억제의 논리를 적극적으로 구현하고자 했는지 회의적이고, 법관이 적극적으로 위헌적 혹은 위법적 행위를 자제하고자 했는지 의문을 품고 있다. 두 헌법 기관 모두 시민의 신뢰를 회복하려는 개혁의 몸부림이 없이는 '헌법의 실패' 함정에서 빠져나오기는 어려워 보인다.

사법 농단이 초래한 사법부의 실패

2021년 2월의 법관 탄핵소추는 기실 2017년 3월부터 알려지기 시작한 이른바 '사법 농단' 사태의 긴 혼란을 상징하는 하나의 사건에 불과할지 모른다. 사법 농단 사태는 2011년에 문을 연 '양승태 코트' 6년 동안 "고위 법관들이 상고법원 도입 등을 위해 재판을 박근혜 정부와의 흥정 대상으로 삼고 재판에 개입했다는 의혹" 및 "사법행정에 비판적인 판사들에 인사 불이익을 주는 한편, 비리를 저지른 판사들의 잘못은 덮으려 했다는 의혹(고한솔 2019)"을 가리킨다. 사법부의 독립성과 문책성 두 차원에서 모두 '양승태 코트'는 대규모 '도덕적 해이'라는 대리 손실을 야기한 셈이다. 그 결과 양승태 전 대법원장, 박병대 전 대법관, 고영한 전 대법관, 임종헌 전 법원행정처 차장을 포함한 14명의 전·현직 법관이 피고인 신분으로 법정에 섰다.[4] 다만 현시점까지 유죄 판결이 내려진 사법 농단 연루 법관은 이규진 전 양형위원회 상임위원, 이민걸 전 행정법원처 기획조정실장 등 2인에 불과하다(이혜리 2021).

'재판 거래'로 사법부의 독립성을, '재판 개입'으로 사법부의 문책성을 각각 훼손했다는 의혹을 받는 '양승태 코트'에 대한 대법원 자체 조사는 2017년 3월 1차 진상조사위원회 활동, 11월 2차 추가조사위원회 활동, 2018년 2월 3차 특별조사위원회 활동 등 세 번에 걸쳐 이루어졌다. 하지만 세간의 의심은 물론이고 법원 내부의 분열을 불식시키기조차 역부족이었다. 2018년 6월 7일 전국 법원장 간담회에서는 사법행정권 남용의 심각성과 책임을 통감하지만 고발 수사 의뢰 등의 조치는 부적절하고 근거 없는 재판 거래 의혹 제기에도 우려를 표명하였다. 반면 같은 달 11일 전국법관대표회의는 국민의 공정한 재판에 대한 신뢰 및 법관 독립이라는 헌법적 가치의 훼손에 우려를 표명하고 형사 절차를 포함한 진상 조사와 책임 추궁이 필요하다고 선언했다. 결국 2018년 6월 18일 서울중앙지방검찰청이 본격적인 수사에 나서 사법 농단 사태를 형사사법 절차에 따라 처리하는 국면으로 전환했다(권석천 2019).

검찰 수사 결과 드러난 '양승태 코트'의 중요 혐의는 강제 동원 국가배상 사건과 관련한 청와대 및 외교부와의 부적절한 협의 및 재판 개입 모의, 일본군위안부 손해배상 사건, 전교조 법외노조 통보 처분 효력 집행정지 사건, 원세훈 국정원장 사건과 관련한 재판 개입 모의, 청와대에 대한 법률 자문 및 편의 제공, 홍일표 의원 등 국회의원 관련 재판 개입 모의, 헌법재판소 내부 사건 정보, 평의 결과 및 동향 수집, 영장 수사 기록

---

4   사법 농단 사태의 전개 과정은 권석천(2019)이 상세하게 기술하고 있고, 사법 농단 사태의 재판 과정은 고한솔(2019-2021) 및 이혜리(2019-2021)가 상세하게 보고하고 있다.

보고 및 수집, '물의 야기 법관' 등 판사 사찰 및 분류, 사법행정 비판 법관 등에 대한 인사 불이익 조치 등 다양한 사안에 걸쳐 있었다. 이 가운데에서도 법원 안팎에 적잖은 충격을 준 원세훈 국정원장 사건 관련 법원행정처 내부 문건의 "사법부가 이니셔티브를 쥐고 있는 사안들에 대하여 사건 처리 방향과 시기를 신중하게 검토할 필요가 있음"이라는 문구는 '양승태 코트'의 숙원 사업이었던 상고법원 설치를 위해 청와대와 거래에 나설 협상 카드로 해당 재판을 인식하고 있었다는 점을 시사한다. 2013년 개시한 해당 재판이 5년 동안 1심, 2심, 대법원 파기환송, 파기환송심, 대법원으로 길게 이어졌고, 특히 파기환송심 재판이 19개월 동안 공전하는 등 '양승태 코트'의 재판 거래를 위한 재판 개입 정황 또한 상당한 것으로 보인다(고한솔 2020).

요컨대 '양승태 코트'에서 벌어진 사법 농단 사태의 저변에는 상고법원 설치라는 대법원장의 의제를 관철하려 행정부 및 입법부와 재판을 거래하고 하급심의 법관들이 관장하는 재판에 개입하는 사법부의 모습이 고스란히 담겨 있다. 재판 거래로 그 독립성 기능을 손상시킨 사법부가 재판 개입으로 그 문책성 기능마저 상실하는 악순환의 작동에서 '양승태 코트'는 쉽사리 빠져나오지 못한 것으로 보인다.

이 사법 농단 사태의 발생이 '양승태 코트'의 독립성 및 문책성의 저하에서 비롯했다는 사실을 확인하는 일은 앞서 발견한 법원이 '헌법의 실패' 함정에 빠져 시민으로부터 신뢰를 받지 못하고 있는 이유를 이해하는 일과 깊은 관련을 갖는다. 일반적으로 사법부의 독립성은 "행정부 및 입법부의 정책 선호로부터 영향을 받지 않고 법원이 판결을 내릴 수 있는 능력(Staton, Reenock, and Holsinger Forthcoming)"을, 사법부의 문책성은

"법관이 위법적 행위에 책임이 있을 때 법원이 징벌할 수 있는 능력(Kosar 2016)"을 각각 지칭한다. 사법부의 독립성 및 문책성은 그 자체로 중요한 것이 아니라 '법의 지배' 혹은 "법률의 집행이 높은 수준의 투명성, 자율성, 예측성, 공정성, 평등성을 갖고 이루어지고 있고, 정부는 이 법률의 집행에 높은 수준의 순응성을 보여주고 있는 상태"를 확립하기 위한 도구적 역할을 하기 때문에 중요한 것이다(Tamanaha 2004).

〈표2〉은 사법부의 독립성과 문책성의 두 차원에서 '법의 지배' 규범을 확립하는 사법적 조건의 유형화를 보여준다. 첫째, 사법부의 독립성 및 문책성 두 차원의 수준이 모두 높다면 법원의 판결이 행정부 및 입법부의 영향을 받지 않고, 법관의 위법적 행위에 대한 효과적 징벌이 가능하다는 점에서 ① '사법부의 성공' 균형에 해당한다. '법의 지배' 규범을 확립하기 위한 최적의 사법적 조건을 창출한다. 둘째, 사법부의 독립성 수준은 낮고 문책성 수준이 높다면 법관에 대한 효과적 징벌이 가능한 위계적 법원의 판결이 행정부 및 입법부의 영향에서 순종한다는 점에서 ② '사법부의 예속화'에 해당한다. '법의 지배' 규범 확립은 행정부 및 입법부의 순응 정도에 의존한다. 셋째, 사법부의 독립성 수준은 높고 문책성 수준이 낮다면 행정부 및 입법부의 영향으로부터 절연絶緣한 법원의 판결이 위계적 통제가 어려운 법관의 자의에 맡겨진다는 점에서 ③ '사법부의 파편화'에 해당한다. '법의 지배' 규범 확립은 개별 법관의 순응 정도에 의존한다. 넷째, 사법부의 독립성 수준은 낮고 문책성 수준도 낮다면 행정부 및 사법부의 영향에 순종하는 법원이 판결을 담당하는 법관에 대한 위계적 통제가 어렵다는 점에서 ④ '사법부의 실패' 함정에 해당한다. '법의 지배' 규범을 확립하기 위한 최악의 사법적 조건을 만들어낸다.

<표2> 사법부 균형의 성패

		독립성	
		낮음	높음
문책성	높음	② '사법부의 예속화'	① '사법부의 성공' 균형
	낮음	④ '사법부의 실패' 함정	③ '사법부의 파편화'

〈그림2〉는 한국 사법부의 독립성 및 문책성 조합의 유형이 어느 범주에 속하는지 38개 OECD 회원국을 비교 대상으로 삼아 경험적으로 확인한 것이다.[5] 수평축의 점선은 사법부 독립성 지표의 표본 평균값을, 수직축의 점선은 사법부의 문책성 지표의 표본 평균값을 각각 나타낸다. 경험적 발견은 다음과 같다.

첫째, 2010년부터 2020년까지 한국 사법부의 독립성 평균값은 4점 만점에 2.65점으로 38개 OECD 회원국 가운데 34위에 해당하며 표본 평균값에서 음의 방향으로 0.59점 차이가 있다. 둘째, 2010년부터 2020년까지 한국 사법부의 문책성 평균값은 4점 만점에 2.67점으로 38개 OECD 회원국 가운데 30위에 해당하며 표본 평균값에서 음의 방향으로 0.28점

---

[5] '민주주의의 다양성 Varieties of Democracy' 연구소가 2020년 생성한 자료 V-Dem Dataset version 11.1로부터 사법부의 독립성은 2010년부터 2020년까지 '최고 법원의 독립성 high court independence' 점수의 평균값을, 문책성은 2010년부터 2020년까지 '사법부 문책성 judicial accountability' 점수의 평균값을 각각 입력했다. 측정과 관련한 상세한 해설은 Coppedge et al.(2021)을 참조할 수 있다.

<그림2> 38개 OECD 회원국의 사법부의 독립성 및 문책성

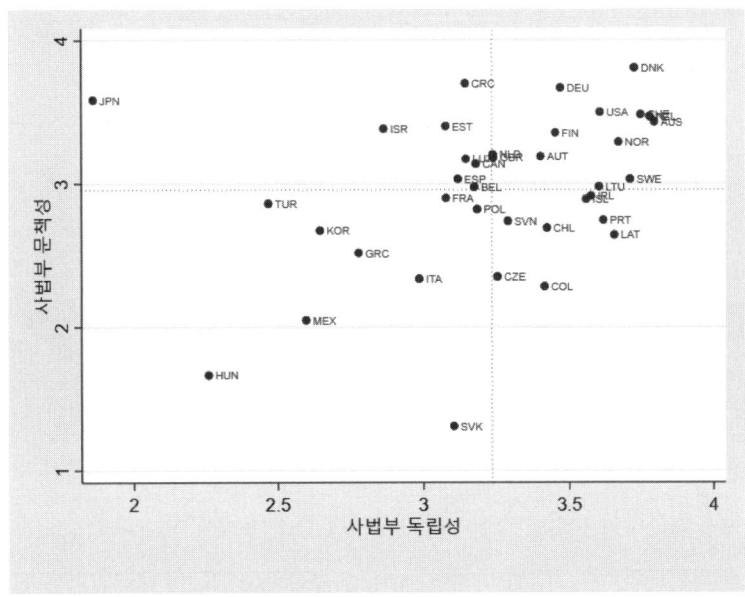

출처: Varieties of Democracy Project https://www.v-dem.net/en/data/data/v-dem-dataset-v111/ (접속일: 2021. 09. 05)

차이가 있다. 셋째, 두 지표를 조합하면 한국은 '법의 지배' 규범 확립 조건과 관련하여 '사법부의 실패' 함정에 빠져 있고, 터키, 이탈리아, 그리스 등과 유사한 위치를 점한다.

비교적 시각에서 한국이 '사법부의 실패' 함정에 갇혀 있다는 사실은 '양승태 코트'가 독립성 및 문책성 두 차원에서 모두 도덕적 해이라는 대리 손실을 어떻게 발생시켰는지 해명할 수 있는 실마리를 던져준다. '사법부의 실패' 함정에 갇혀 양승태 코트는 '법의 지배' 규범 확립이라는 공공재가 아닌 '상소법원 설치'라는 사사재를 추구하기 위해 재판 거래 및 부당 인사를 시도했고, 그 결과 사법부의 독립성 및 문책성의 수준을 더욱 낮추는 악순환에 빠진 것이다. '양승태 코트'가 갇혔던 '사법부의 실패' 함정에서 빠져나오려면 사법부의 독립성과 문책성의 수준을 높이는 개혁을 깊이 고민할 필요가 있다.

코드 인사가 초래한 대통령의 실패

'양승태 코트'에서 벌어진 사법 농단 사태가 도덕적 해이에 해당하는 대리 손실에 가깝다면, 2017년부터 문을 연 '김명수 코트'에서 일어난 이른바 '코드 인사'는 역선택에 해당하는 대리 손실에 근접한다. 도덕적 해이가 대통령이 대법원장 및 대법관을 임명한 이후 발생하는 대리 손실로서 의뢰인의 이익인 '법의 지배' 규범을 확립하는 행동에 대리인이 소홀하여 일어난 것이라면, 역선택은 대통령이 대법원장 및 대법관을 임명하기 이전 최적의 대리인을 선발하지 못하여 결국 의뢰인의 이익을 손상시키는 대리 손실이라고 할 수 있다. 대통령이 대법원장 및 대법관을 일단 임명하고 나면 대리인을 효과적으로 통제할 수단을 거의 갖지 못한다는 점에서 사법부의 도덕적 해이의 발생을 의뢰인이 직접적으로 문책하기는 어렵다. "법관은 탄핵 또는 금고 이상의 형의 선고에 의하지 아니하고는 파면"할 수 없다는 헌법 제106조의 규정은 대리인인 법관의 독립을 확보하기 위한 제도적 장치이다. 하지만 동시에 의뢰인 대통령이 대리인의 도덕적 해이를 통제하기 어렵도록 하는 제도적 방벽이기도 하다.

다만 대통령은 최적의 대리인 선발을 통해 대법원장 및 대법관 임명에서 역선택의 발생을 방지할 수 있다는 점이 중요하다. 사법부의 도덕적 해이를 직접적으로 통제할 수단이 거의 없는 조건에서 그것을 최소화할 방법은 대법원장 및 대법관 선발에서 역선택의 위험을 최대한 줄이는 것이다. "대법원장은 국회의 동의를 얻어 대통령이 임명"하고, "대법관은 대법원장의 제청으로 국회의 동의를 얻어 대통령이 임명"하며, "대법원장과 대법관이 아닌 법관은 대법관 회의의 동의를 얻어 대법원장이 임명"하도록 규정한 헌법 제104조는 대리인과 관련한 역선택 위험을 줄이는 역할을 대통령에게 부여하고 있다. 대통령이 대법원장 및 대법관에 최적의 대리인을 선발하지 못한다면 그 사법부 인사는 대리인의 도덕적 해이로 이어지고, 그 결과가 고스란히 대통령의 실패로 돌아오는 회로를 헌법은 내장하고 있는 것이다(최선 2015).

헌법은 대통령이 그 임명권을 지나치게 자의적으로 행사하지 않도록 국회에 동의권을 부여하고 있다. 대통령이 국회의 동의권을 하나의 '비가시적' 권력으로 인식할수록 스스로의 권한 행사를 자제하여 대법원장 및 대법관 후보 선발에서 좀 더 신중해질 것으로 본 것이다. 대법원장 및 대법관 임명과 관련한 국회의 억제 및 대통령의 자제가 하나의 헌법의 균형을 이루기 위한 최소한의 조건은 대통령과 국회가 서로 상이한 정책 선호를 가지고 있어야 한다는 점이다. 분점 정부의 정치적 조건은 단점 정부의 그것보다 대통령이 대법원장 및 대법관 임명과 관련하여 좀 더 적합한 후보를 선정할 가능성을 높이는 셈이다(최준영, 조진만 2013).

헌법의 권력 억제 논리를 법원조직법에 적용하면 사법부에서는 대법원장이 대통령의 역할을, 대법관회의가 국회의 역할을 각각 맡고 있다는 점을 이해할 수 있다. 우선 법원조직법 제9조는 대법원장이 "사법행정 사무를 총괄하며, 사법행정 사무에 관하여 관계 공무원을 지휘, 감독"하고 "법원의 조직, 인사, 운영, 재판 절차" 등과 관련한 "법률의 제정 또는 개정이 필요"한 경우 "국회에 서면으로 그 의견을 제출"할 권한을 부여하고 있다. 법원조직법은 대법원장의 광범위한 권한 행사를 견제할 임무를 대법관회의에 부여하고 있다. 법원조직법 제16조는 "대법관회의는 대법관 전원의 3분의 2 이상의 출석과 출석 인원 과반수의 찬성을 의결"하도록 하고, 제17조는 그 의결 사항으로 "판사의 임명 및 연임에 대한 동의" 및 "대법원 규칙의 제정과 개정에 관한 사항" 등을 규정하고 있다. 대법원장이 사법행정권의 남용을 자제하고 있다면 대법관회의의 '비가시적' 권력이 충분하게 그 억제 기능을 발휘한 결과인 셈이다. 대통령과 국회의 관계에 빗대어 볼 때 대법원장의 자제는 대법관회의의 구성이 그 정치적 중립성과 사회적 다양성에서 높은 수준에 있을 때 가능한 것이다(Landemore 2013).

〈표3〉는 대통령이 대법원장 및 대법관을 임명할 때 고려해야 할 기준으로 대리인의 중립성 및 다양성을 교차하여 그 유형을 정리한 것이다. 첫째, 대법관회의가 높은 수준의 다양성과 높은 수준의 중립성을 가진다면 사법부의 독립성 및 문책성 수준을 모두 향상시킬 수 있는 최적의 인사라고 할 수 있어 ① '대통령의 성공' 균형에 해당한다. 둘째, 대법관회의가 낮은 수준의 다양성과 높은 수준의 중립성을 가진다면 사법부의 독립성 수준은 향상하지만 문책성 수준은 하락할 수 있는 인사라고 할 수 있어 ② '사법부의 독립성' 선택에 해당한다. 셋째, 대법관회의가 높은 수준의 다양성과 낮은 수준의 중립성을 가진다면 사법부의 문책성 수준은 향상하지만 독립성 수준은 하락할 수 있는 인사라고 할 수 있어 ③ '사법부의 문책성' 선택에 해당한다. 넷째, 대법관회의가 낮은 수준의 다양성과 낮은 수준의 중립성을 가진다면 사법부의 독립성 및 문책성 수준을 모

<표3> 대법관회의의 구성

		다양성	
		낮음	높음
중립성	높음	② '사법부의 독립성' 선택	① '대통령의 성공' 균형
	낮음	④ '대통령의 실패' 함정	③ '사법부의 문책성' 선택

두 하락시킬 수 있는 최악의 인사라고 할 수 있어 ④ '대통령의 실패' 함정에 해당한다.

〈그림3〉은 2005년부터 2020년까지 대통령이 임명한 대법관 46명의 판결 성향을 나타낸 것이다.[6] 2점이 가장 보수적인 성향을, -2점이 가장 진보적인 성향을 뜻한다. 각각의 도형 기호는 그림 주에 나와 있는 것처럼 대법관을 임명한 대통령을 의미한다. 이 자료를 활용하여 〈그림4〉를 만들었다. 인사의 중립성은 각 대통령이 임명한 대법관 판결 성향의 평균값을, 인사의 다양성은 각 대통령이 임명한 대법관 판결 성향의 표준편차를 각각 지표로 삼았다. 인사의 중립성은 평균값이 0에 가까울수록, 인사의 다양성은 표준편차가 클수록 각각 그 수준이 높아지는 것으로 해석했다. 경험적 발견은 다음과 같다.

---

6 대법관 판결 성향은 2018년까지는 중앙일보, 서울대폴랩(2018)의 자료를 사용했고, 2018년 이후는 한규섭(2020)의 자료로 보완했다. 측정과 관련한 상세한 해설은 중앙일보, 서울대폴랩(2018)을 참조할 수 있다.

<그림3> 대법관의 판결 성향

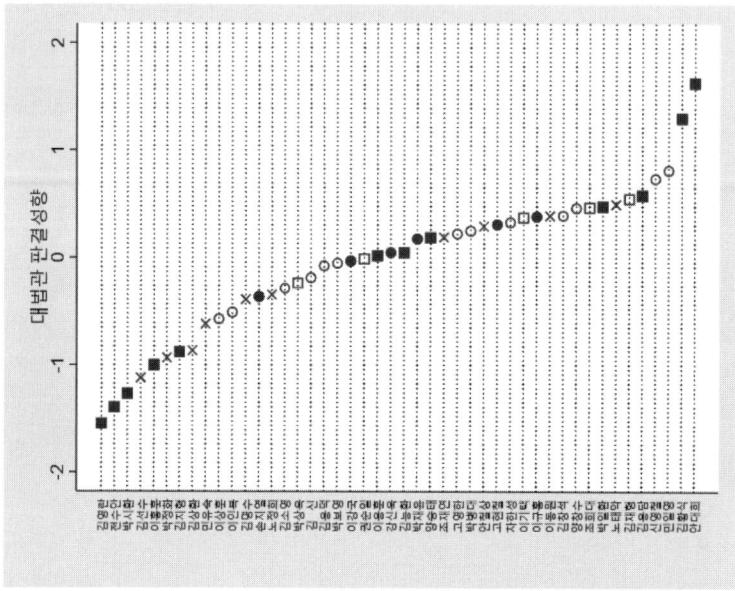

● 김대중, ■ 노무현, ○ 이명박, □ 박근혜, X 문재인
출처: 중앙일보, 서울대폴랩(2018); 한규섭(2020)

첫째, 김대중 대통령이 임명한 대법관 인사의 중립성은 0.087, 다양성은 0.270이다. 사법부의 독립성을 촉진하는 대신 문책성을 희생시키는 대통령의 '사법부의 독립성' 선택에 해당한다. 둘째, 노무현 대통령이 임명한 대법관 인사의 중립성은 -0.154, 다양성은 1.061이다. 사법부의 독립성과 문책성을 모두 촉진시키는 '대통령의 성공' 균형에 해당한다. 셋째, 이명박 대통령이 임명한 대법관 인사의 중립성은 0.117, 다양성은 0.441이다. 사법부의 독립성을 촉진하는 대신 문책성을 희생시키는 대통령의 '사법부의 독립성' 선택에 해당한다. 넷째, 박근혜 대통령이 임명한 대법관 인사의 중립성은 0.229, 다양성은 0.337이다. 사법부의 독립

<그림4> 대통령의 대법원장 및 대법관 인사 성향

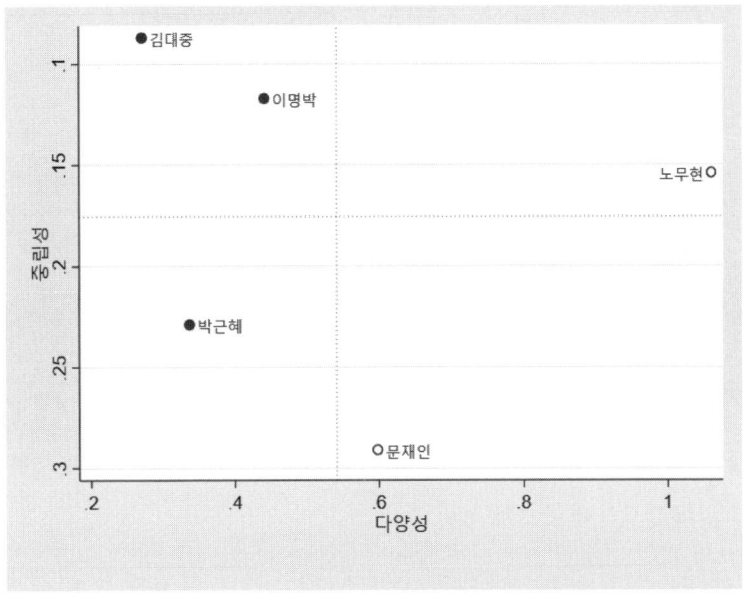

중립성은 절댓값으로 환산한 이후 수치를 역전시켰다. ○는 음수를 나타낸다.
출처: 중앙일보, 서울대폴랩(2018); 한규섭(2020)

성과 문책성을 모두 희생시키는 '대통령의 실패' 함정에 해당한다. 다섯째, 문재인 대통령이 임명한 대법관 인사의 중립성은 -0.291, 다양성은 0.598이다. 사법부의 독립성을 희생하는 대신 문책성을 촉진시키는 대통령의 '사법부의 문책성' 선택에 해당한다.

비교적 시각에서 한국의 대통령 가운데 '대통령의 성공' 균형에 도달한 것은 노무현 대통령이 유일했다. 실제로 노무현 대통령 시기 '이용훈 코트'는 인사의 중립성과 다양성을 모두 꽃피울 수 있었다는 평가를 받는다(권석천 2017). 다른 대통령들은 모두 인사의 중립성과 다양성 가운데 하나 혹은 모두를 희생해야만 했다. 김대중 대통령과 이명박 대통령은 인사의 중립성을 높이는 대신 다양성을 포기하는 대법관 인선이었던 것으로 보인다. 박근혜 대통령은 중립성이 낮고 다양성도 낮은 대법관 인사를 실행하여 '대통령의 실패' 함정에 빠졌고, 그 결과가 앞 절에서 살펴본 것처럼 '양승태 코트'의 사법 농단이었다는 사실은 뼈아프다. 문재인 대통령 시기에 해당하는 '김명수 코트'는 비록 '대통령의 실패' 함정에서는 비켜나 있다고 하지만 인사의 중립성에서 가장 낮은 수준을 기록하고 있어 '코드 인사'라는 비판이 실체가 없는 것이 아니라는 점을 시사한다.[7] '김명수 코트'의 '코드 인사'라는 역선택 위험의 재발을 방지하려면 대통령은 대법관의 중립성과 다양성을 동시에 충족시킬 인사 개혁 방안에 대한 비전이 필요한 것으로 보인다.

사법부의 개혁은
공정한 대법관 인사에서 출발한다

이 장은 법관 탄핵을 '헌법의 실패'로, 사법 농단을 '사법부의 실패'로, 코드 인사를 '대통령의 실패'로 각각 정의하고, 그 제도적 인과관계를 규명했다. 인과의 고리를 거꾸로 거슬러 올라가면 대통령이 풀어야 할 가장 중요한 사법부 개혁의 과제를 만난다. 대법원장의 사법행정권 남용을 억

---

7 대법관 판결 성향 자료는 2020년 9월 이후 문재인 대통령이 임명한 이흥구 대법관 및 천대엽 대법관을 포함하지 못했다. 전자가 뚜렷한 진보 성향이고 후자는 중도 진보 성향이라는 점을 감안할 때 문재인 대통령의 대법관 인사는 중립성과 다양성이 모두 낮아지는 '대통령 실패' 함정에 빠질 가능성이 있다(김종훈 2021).

제할 '비가시적' 권력의 작동은 중립성과 다양성을 동시에 갖춘 대법관회의를 제도적으로 보장하는 일에서 출발한다.

　대통령이 '코드 인사'의 유혹에서 벗어나 국회의 동의권을 살피면서 최적의 대법원장 및 대법관 후보를 선발할 수 있다면 사법부 개혁의 첫 번째 관문을 통과할 수 있다. 대법원장이 사법행정권 남용을 자제하고 중립성과 다양성을 갖는 대법관회의가 효과적인 억제의 논리를 구현한다면 개혁의 두 번째 관문인 사법부의 독립성과 문책성을 높이는 제도적 효과가 가시화할 개연성이 커진다. 그 결과 법원에 대한 시민의 신뢰도가 높아져 법관이 '헌법의 실패' 함정에서 빠져나올 수 있는 제도적 계기를 마련할 수 있다면 사법부 개혁의 세 번째 관문에 도달하는 것이다. 결국 문제는 대통령이 얼마나 자신에게 주어진 대법원장 및 대법관 임명권을 자제하여 최적의 후보자를 선발할 수 있는지에 달려 있는 셈이다.

참고 문헌

Coppedge, Michael, John Gerring, Carl Henrik Knutsen, Staffan I. Lindberg, Jan Teorell, David Altman, Michael Bernhard, Agnes Cornell, M. Steven Fish, Lisa Gastaldi, Haakon Gjerløw, Adam Glynn, Allen Hicken, Anna Lührmann, Seraphine F. Maerz, Kyle L. Marquardt, Kelly McMann, Valeriya Mechkova, Pamela Paxton, Daniel Pemstein, Johannes von Römer, Brigitte Seim, Rachel Sigman, Svend-Erik Skaaning, Jeffrey Staton, Aksel Sundtröm, Eitan Tzelgov, Luca Uberti, Yi-ting Wang, Tore Wig, and Daniel Ziblatt. 2021. "V-Dem Codebook v11." Varieties of Democracy (V-Dem) Project.

Engst, Benjamin G. 2021. The Two Faces of Judicial Power: Dynamics of Judicial-Political Bargaining. New York: Palgrave Macmillan.

Helmke, Gretchen. 2017. Institutions on the Edge: The Origins and Consequences of Inter-Branch Crises in Latin America. New York: Cambridge University Press.

Kosar, David. 2016. Perils of Judicial Self-Government in Transitional Societies: Holding the Least Accountable Branch to Account. New York: Cambridge University Press.

Landemore, Helene. 2013. Democratic Reason: Politics, Collective Intelligence, and the Rule of the Many. Princeton: Princeton University Press.

OECD. 2021. Government at a Glance 2021. Paris: OECD Publishing.

Schelling, Thomas C. 2008. Arms and Influence: With a New Preface and Afterword. New Haven: Yale University Press.

Staton, Jeffrey, Christopher Reenock, and Jordan Holsinger. Forthcoming. Can Courts Be Bulwarks of Democracy? Judges and the Politics of Prudence. New York: Cambridge University Press.

Tamanaha, Brian Z. 2004. On the Rule of Law: History, Politics, Theory. New York: Cambridge University Press.

고한솔. 2019-2021. 「연재: 법정에 선 양승태사법부」. 『한겨레』. https://www.hani.co.kr/arti/SERIES/1202/title2.html (검색일: 2021. 09. 05).

고한솔. 2019. 「피고인석에 앉은 판사들 '셀프 변론'을 시작하다」. 『한겨레』. 3월 23일 https://www.hani.co.kr/arti/society/society_general/887074.html (검색일: 2021. 09. 05).

고한솔. 2020. 「5년 끌었던 국정원 대선개입 재판도 '사법농단' 작품일까」. 『한겨레』. 11월 7일 https://www.hani.co.kr/arti/society/society_general/968941.html (검색일: 2021. 09. 05).

국민의힘. 2021. 『법치의 몰락: 김명수 대법원장 1352일간의 기록』. 서울: 국민의힘.

권석천. 2017. 『대법원, 이의 있습니다: 재판을 통한 개혁에 도전한 대법원장과 대법관들』. 파주: 창비.

권석천. 2019. 『두 얼굴의 법원: 사법농단, 그 진실을 추적하다』. 파주: 창비.

김종훈. 2021. 「'보수OUT 진보IN' 김명수 대법원 '좌향좌' 뚜렷」. 『theL』. 4월 2일. http://m.thel.mt.co.kr/view.html?no=2021040116034761429 (검색일: 2021. 09. 05).

더불어민주당. 2021. 「임성근 판사 탄핵소추한 통과는 삼권분립에 따라 사법부의 잘못을 견제하고 바로잡는 입법부의 의무입니다」. 2월 4일 https://theminjoo.kr/board/view/briefing/419365 (검색일: 2021. 09. 05.).

리얼미터. 2018. 「CBS 현안조사: '사법농단' 법관 탄핵에 대한 국민여론」. 11월 30일. http://www.realmeter.net/wp-content/uploads/2018/12/CBS%ED%98%84%EC%95%88%ED%86%B5%EA%B3%84%ED%91%9C18%EB%85%8411%EC%9B%944%EC%A3%BC_%EC%82%AC%EB%B2%95%EB%86%8D%EB%8B%A8%EB%B2%95%EA%B4%80%ED%83%84%ED%95%B5%EC%B5%9C%EC%A2%85.pdf (검색일: 2021. 09. 05)

리얼미터. 2021. 「오마이뉴스 현안조사: 사법농단 법관탄핵 찬반」. 2월 2일 http://www.realmeter.net/wp-content/uploads/2021/02/%EB%A6%AC%EC%96%BC%EB%AF%B8%ED%84%B0OMN%ED%98%84%EC%95%88%EB%B3%B4%EB%8F%84%ED%86%B5%EA%B3%84%ED%91%9C%EC%9B%941%EC%A3%BC_%EC%82%AC%EB%B2%95%EB%86%8D%EB%8B%A8%EB%B2%95%EA%B4%80%ED%83%84%ED%95%B5%EC%B0%AC%EB%B0%98%EC%B5%9C%EC%A2%85-1.pdf (검색일: 2021. 09. 05).

민주사회를 위한 변호사모임 사법센터. 2021. 「사법농단 이후의 법원, 어디에 있고 어떻게 만들어야 하는가」 『심포지엄 자료집』. 9월 25일 http://minbyun.or.kr/?p=49524 (검색일: 2021. 09. 26).

서울중앙지방법원. 2020. 「'2019고합189 직권남용권리행사방해' 판결」. 2월 14일 https://www.peoplepower21.org/Judiciary/1768571 (검색일: 2021. 09. 05).

이용경. 2021. 「'재판개입 의혹' 임성근 前 부장판사, 1심에 이어 항소심도 무죄」. 『법률신문』. 8월13일 https://m.lawtimes.co.kr/Content/Article?serial=172099 (검색일: 2021. 09. 05).

이혜리. 2019-2021. 「연재: 존경하는 재판장님" 사법농단, 법정의 기록」. 『경향신문』. https://www.khan.co.kr/national/court-law/article/201903250600015 (검색일: 2021. 09. 05).

이혜리. 2021. 「퇴직 법관도 탄핵심판 대상? "각하 당연" "헌법 수호 위한 판단 필요"」. 『경향신문』. 6월 27일 https://www.khan.co.kr/national/court-law/article/202106272115005 (검색일: 2021. 09. 05).

중앙일보, 서울대폴랩. 2018. 「대법관 판결성향 분석」. https://www.joongang.co.kr/digitalspecial/330 (접속일: 2021. 09. 05).

최선. 2015. 「사법권 독립에 대한 비판적 검토: 독립과 책임의 조화를 중심으로」. 『한국정치학회보』 49 (1): 205-226.

최준영, 조진만. 2013. 『견제와 균형: 인사청문회의 현재와 미래를 말하다』. 서울: 써네스트.

한규섭. 2020. 「대통령 따라 요동친 대법관 성향: '法'이 역사 시험대 올랐다」. 『조선일보』. 12월 30일 https://www.chosun.com/opinion/specialist_column/2020/12/30/LU5RHN2PYZCZJFFZULN55GDDUI/ (접속일: 2021.09.05).

3부 | 대통령의 성공조건 III
국가 균형 발전과 커뮤니케이션 성공조건

8	국가 균형 발전의 새로운 패러다임을 제시하라
	지방 소멸에 맞서는 대통령의 과제, 국가 균형 발전
	차재권	부경대학교

균형 발전에 대한 새로운 고민은 왜 필요한가

2021년은 우리나라 지방자치에 있어 매우 뜻깊은 해가 아닐 수 없다. 지난 1991년 지방의회 개원을 필두로 새롭게 지방자치제도가 부활하면서 지방자치제가 재시행된 지 30주년을 맞았기 때문이다. 30년의 세월은 그리 녹록한 시간이 아니다. 공자는 일찍이 『논어論語』「위정爲政」편에서 30세를 모든 기초를 세운다는 의미의 '이립而立'으로 칭한 바 있다. 공자의 말대로라면 우리나라 지방자치는 이립의 나이에 해당한다. 과연 우리나라 지방자치도 공자가 일갈한 바대로 30년 성상을 보냈으니 이립한 것일까? 필자뿐만 아니라 지방자치 분야의 전문가들에게 묻는다면 답은 명약관화해 보인다. 안타깝게도 이립은커녕 '지학志學'의 경지에도 이르지 못했다는 박한 평가가 따를 것이 너무도 뻔해 보인다.

1987년 시작된 민주화의 과정에서 재도입된 우리나라의 지방자치는 역대 정부를 거치면서 조금씩 그 모습을 갖추어왔다. 최근에는 지방자치 분야 최대의 과제로 꼽히던 '지방이양일괄법'이 제정되는 한편으로 지방자치법 전부개정안이 32년 만에 높은 국회의 문턱을 넘는 등 새로운 도약의 전기를 마련하였다. 하지만 우리 사회의 민주주의와 함께 성장해 온 지방자치제도는 그 눈부신 발전의 궤적에도 불구하고 여전히 많은 문제점을 안고 있다.

특히 지방자치의 성과로 나타나는 균형 발전 분야에서 드러나는 문제점은 그 심각성이 더하다. 날이 갈수록 커져만 가는 수도권과 비수도권 간 지역 격차와 그에 따른 지방 소멸의 위기가 대표적 사례라 할 수 있다. 국토의 12%에 불과한 수도권의 인구가 이미 비수도권 인구를 넘어섰고, 수도권의 활동 기업 수와 지역내총생산(GRDP), 지방세 규모가 전국의 절반을 넘어섰다는 소식도 들린다. 30년 후엔 전국 지자체 중 절반이 사라질지 모른다는 언론의 잿빛 전망은 코로나19로 인해 고통받고 있는 지역민들에게 우울과 상실감을 더해주고 있다.

상황이 이러하다면 이제 이립의 나이에 접어든 우리나라 지방자치가 불혹을 넘어 지천명知天命과 이순耳順으로 나아가는 또 다른 30년을 준비하기 위해 대한민국의 제20대 대통령과 그의 정부가 고민해야 하는 것은 과연 무엇일까? 이 글에서 필자는 새 대통령이 이 물음에 대한 해답을 찾아가는 과정에서 수도권-비수도권 간 지역 격차와 지방 소멸의 위기에 어떻게 효과적으로 대처해 나가야 할지를 살펴보고자 한다.

일그러진 수도권 공화국,
무엇이 문제인가

역대 대통령들,
국가 균형 발전을 위한 노력의 결과는

대한민국은 1970년대 '한강의 기적'을 일군 고도성장의 그늘진 자리에서 '지역 격차'라는 새로운 암 덩어리가 서서히 몸뚱이를 불려가고 있다는 사실을 제대로 깨닫지 못했다. 박정희 대통령의 권위주의적 발전 국가 모델은 성장 거점을 중심으로 한 중화학공업 위주의 불균형 발전 unbalanced growth 전략에 철저히 의존했다. 될성부른 떡잎에만 물을 주었던 것이다. 그 결과, 자원과 인구가 몰리는 수도권과 구미, 대구, 부산, 울산, 경남을 잇는 이른바 '경부축', 그리고 농촌보다는 대도시를 중심으로 경제발전의 성과가 독점되었다. 날 때부터 노란 떡잎이었던 농촌, 비수도권, 비영남권은 상대적으로 경제성장의 과실을 제대로 나눠 가지지 못했다. 수도권과 비수도권, 도시와 농·산·어촌, 영남과 호남 간의 지역 격차는 시간이 지날수록 커질 수밖에 없었다.

 정부는 물론이고 다수의 국민이 화려한 경제성장의 이면에 그런 보이지 않는 암세포가 자라나고 있다는 사실을 본격적으로 깨닫기 시작한 것은 1980년대에 접어들면서부터였다. 이런 자각에 힘입어 전두환·노태우 정부의 권위주의 통치 시기를 거쳐 참여정부에서부터 본격적으로 국가 균형 발전을 위한 중앙정부의 노력이 이어졌다. 김영삼 정부의 '지역 균형 개발 및 지방 중소기업 육성에 관한 법률' 제정, 김대중 정부의 제2차

수도권 정비계획(1997~2011) 수립, 참여정부의 국가균형발전특별법 제정, 이명박 정부의 '5+2 광역경제권' 추진, 박근혜 정부의 '행복 생활권' 개념에 입각한 HOPE 프로젝트(happiness, opportunity, partnership, everywhere) 추진, 문재인 정부의 지방이양일괄법 제정과 지방자치법 전부개정 등이 대표적 사례이다.

하지만 역대 대통령들의 균형 발전을 위한 이러한 노력에도 불구하고 국가 균형 발전 정책의 현주소는 여전히 유아기적 수준을 벗어나지 못한 상황이다. 우선 공간적 차원에서 중앙집권적 성격을 지닌 중앙-지방정부 간 국가권력의 배분 구조가 국가 운영의 기본 틀로 변함없이 유지되어 오고 있다. 자치 분권과 균형 발전에 대한 지방정부와 지역주민의 요구가 증대하고 있으나 수도권을 중심으로 공고화된 중앙의 정치 권력은 이러한 지역의 요구에 제대로 부응치 못하고 수도권에서 충청권을 아우르는, 즉 수청권으로 확대되고 있는 새로운 국토 공간의 기득권 구조를 오히려 강화해 나가고 있다.

우리나라의 수도권과 비수도권 간 격차는 국가 전체의 성장에 장애가 될 정도로 심각한 수준이다. 비수도권 인구가 1980년대 중반 이후 2,500만 명 수준에서 30여 년간 정체되어온 데 반해 수도권 인구는 지난 50년간 무려 5배가 넘는 급속한 성장을 거듭해 왔다. 산업과 경제, 일자리와 교육 등의 측면에선 그 정도가 더 심각하다. 매출 1,000대 기업의 73.4%, 시가 총액 100대 기업의 83%, 100대 기업 본사의 91%, 30대 기업 보유 토지 가액의 69.3%, 500인 이상 사업체 수의 59%, 신설 법인 수의 60.8%가 수도권에 몰려 있다. 2017년을 기점으로 수도권의 지역내총생산(GRDP)은 비수도권을 추월하기 시작했다.

금융 등 경제 기능 분야에서도 수도권의 독점은 더욱 강화되고 있다. 원화 예금의 70.2%, 금융 대출의 67%가 수도권에 집중되고 있다. 전국 252개 시·군·구 중 '일자리 질 지수' 상위권 39개 지역 가운데 32곳(82%)이 수도권에 몰려 있고 비수도권 대학 졸업생의 약 30%가 수도권으로 직장을 찾아 떠나고 있다. 이른바 수청권의 혁신 지수[1]는 전국 평균을 상회하는 데 반해 동남권, 호남권, 강원권은 전국 평균의 절반에도 미치지 못한다. 미래 성장의 가늠자가 될 혁신 지수는 수도권에 인접할수록 높아지는 특성을 뚜렷이 드러내고 있다. 연구개발(R&D) 부문의 수도권 집중도 혀를 내두를 수준이다. 연구개발비의 68.8%, 연구개발 조직 수의 64.3%, 연구개발 인력의 61.6%가 수도권에 몰려 있다. 반면 국민기초생활 수급자 수는 비수도권이 수도권에 비해 35만여 명이 더 많아 전체의 60%를 차지하고 있다. 이는 수도권과 비수도권의 지역 격차가 결국 삶의 질의 격차로 이어지고 있음을 방증하는 사례라 할 수 있다(김경수 2019).

지방 소멸의 위기도 수도권과 비수도권 간 지역 격차가 처한 상황과 크게 다르지 않다. 한국고용정보원의 2020년 5월 기준 지역별 지방 소멸 위험 지수[2] 분석에 따르면 전국 228개 시·군·구 가운데 42%가 '소멸 위험 지역'으로 분류되고 있다. 지방 소멸의 위험에 처한 기초지방자치단체의 수가 절반에 육박한다는 사실도 놀랍지만 그보다 더 놀라운 점은 지방 소멸의 속도이다. 고문익·김결(2021)의 연구에 따르면, 2000년에는 소멸

---

1 인적자원, 지식 창출, 혁신 활용, 지적재산권 등을 종합적으로 평가한 지수를 말한다.
2 인구 소멸 위험 지수를 최초로 개발한 이상호(2016)의 연구에 따르면 지방 소멸 위험 지수는 20세에서 39세 여성 인구를 65세 이상 인구로 나눈 값으로 산출된다. 해당 지수의 값이 1.0 이하인 경우에는 해당 지역이 쇠퇴 위험단계로 진입하고 있음을 의미하며, 해당 지수가 0.5 이하인 지역의 경우에는 소멸 위험이 큰 곳으로 판단한다.

위험 지역이 단 한 곳도 없었으나, 2010년에는 61곳, 2020년에는 103곳 으로 폭증하였다. 지방 소멸의 위기에 처한 기초지방자치단체의 공간적 편재 현상도 심히 염려스러운 부분이다. 2020년 전체 소멸 위험 지역의 62.1%가 경상도와 전라도에 집중되고 있고, 그 대부분이 도시가 아니라 농산어촌 혹은 도농 복합 지역에 분포하고 있다. 한마디로 '벚꽃 피는 순서대로', 농산어촌부터 지방 소멸의 위기에 내몰리고 있다는 것이다.[3] 지방대학이 벚꽃 피는 순서대로 망해 갈 것이라는 세간의 우려가 단순한 기우가 아님을 짐작할 수 있다. 소멸의 위기에 처한 이 지역들을 다시 살려내는 특단의 조치가 이루어지지 않는다면 앞으로 30년 후 수도권만 불야성을 이루는 위성사진을 목도하게 될지도 모른다.

**과거의 패러다임,
무엇이 문제였나**

국가 균형 발전을 강화하기 위한 역대 정부의 지속적인 노력에도 불구하고 균형 발전이 제대로 이루어지지 못한 이유는 무엇일까? 여러 가지 이유를 찾을 수 있겠지만 필자는 다음의 몇 가지를 주요한 이유로 꼽고 싶다. 첫째, 균형 발전을 강화하기 위한 각종 정책을 펼침에 있어 정부의 정책 의지와 일관성이 부족했던 점을 들 수 있겠다. 한마디로 화장실 들어갈 때 마음과 나올 때 마음이 다른 것이다.

---

[3] 지방 소멸 위험 상위 5% 이내의 소멸 고위험 지역에 속하는 12개 군을 읍·면별로 분석한 결과, 해당 읍·면 138곳 모두 소멸 위험 지역으로 확인되었는데 이는 지방 소멸이 대부분 저개발 상태에 머물러 있는 면 단위 지역에서 진행되고 있음을 보여준다(고문익·김걸 2021).

둘째, 국가 균형 발전을 강화하기 위한 각종 정책을 추진해 나가면서 정책 추진에 필요한 국민적 관심과 정책에 대한 광범하고 확고한 지지를 확보하지 못했던 점도 주요한 이유의 하나로 들 수 있다. 한마디로 정책 추진을 위한 정치적 동력을 확보하는 데 실패함으로써 관련 정책 추진의 기반을 제대로 갖추지 못했던 것이 패착인 듯 보인다. 주로 유권자의 지역적 분포로 나타나는 정치 생태계 자체가 해를 거듭해 갈수록 수도권에 유리하게 변화해 나가는 구조적인 문제점도 그런 경향을 부채질하기에 충분했다. 물론 지방자치에 대한 비수도권 유권자들의 의지 부족도 크게 한몫을 담당했다. 아무리 수도권과 비수도권 간 균형 발전을 도외시할 수밖에 없는 수도권 유권자의 표의 힘을 무시할 수 없다 하더라도 만약 비수도권 유권자들이 하나로 뭉쳐 대통령의 국가 균형 발전에 대한 강력한 정책 의지를 뒷받침해 줄 수 있었다면 상황은 꽤 달라졌을 가능성이 크다.

셋째, 청와대와 정부가 주도하는 국가 균형 발전 정책 추진 과정의 중앙집중 경향도 무시할 수 없는 실패 요인으로 들 수 있다. 이는 권위주의 독재에 바탕을 둔 경제성장기의 발전 국가 모델에서 청와대와 정부 관료체제가 모든 것을 주도할 수밖에 없었던 대한민국 발전의 유전적 형질에 기인한 것일 수도 있다. 그 결과, 우리나라에서 균형 발전 정책은 중앙정부가 지방에 베푸는 시혜적 성격의 정책으로 전락한 지 오래다.

넷째, 국가 균형 발전을 강화하기 위한 정책들을 추진하면서 '선택과 집중'의 전략을 제대로 펼치지 못한 것도 수도권과 비수도권 간 지역 격차를 더 크게 만든 주요 원인이다. 지방자치제도의 근간을 이루는 주민자치와 지방분권, 그리고 균형 발전의 세 가지 축을 동시에 강화하려 노력했던 탓에 목표 달성을 위해 정책의 우선순위를 어떻게 가져가는 것이 효율적인지에 대해서는 정작 깊은 고민을 하지 않았다. 자치와 분권의 강화도 미룰 수 없는 지방자치의 중요한 과제이다. 하지만 그것의 성공이 지역 간의 균형을 전제로 한다는 사실을 애써 외면한 결과이다. 재정 위기에 내몰린 기초자치단체들이 앞다투어 중앙정부의 즉각적인 재정 분권에 반대하는 이유를 곱씹어보면 쉽게 이해할 수 있는 부분이다.

균형 발전의 새로운 패러다임, 어디로 향할 것인가

우리나라는 1991년 지방자치제도 부활 이후 30년 세월 동안 지방자치를 강화하기 위해 부단히 노력해 왔다. 지방자치는 이미 우리 사회가 성숙한 민주주의 사회로 나아가는 데 있어 없어서는 안 될 가치와 규범의 표준이 되었다. 따라서 국민 누구나 지방자치의 중요성을 부정하진 않는다. 하지만 우리나라 지방자치의 수준은 딱 거기까지가 발전의 한계선이다. 자치 분권과 균형 발전에 대한 지역민의 요구는 현실의 힘이 될 정도로 충분히 정치적으로 조직되어 있지 못하다. 자치 분권과 균형 발전에 대한 요구는 서로 평행선을 달리며 어긋나 있다. 그 벌어진 틈새를 수도권 중심주의에 물든 중앙정부의 관료와 수도권 정치인들이 파고들며 전선을 더 어지럽게 만든다.

이런 상황에서 우리나라 지방자치가 당면한 규범과 현실 간의 괴리, 자치 분권과 균형 발전 간의 엇박자와 어정쩡한 동거 상태를 어떻게 실질적인 결합으로 이끌 수 있을 것인가? 이 문제야말로 새 대통령이 참모진과 머리를 맞대고 고민해야 할 난제 중의 난제라 할 것이다. 하지만 그와 같은 난제는 단임 대통령의 5년 임기 안에 쉽게 풀기 어려운 문제이다. 따라서 모든 문제를 한꺼번에 풀어보겠다는 과도한 의욕보다는 가장 핵심적인 과제부터 차근차근 하나씩 풀어나가는 신중함과 현명함이 요구된다. 과연 문제해결의 열쇠를 어디에서부터 찾아 풀어나가야 할 것인가?

국가에서 지역으로
지역이 살아야 나라가 산다, 지방 소멸부터 막자

"지역이 살아야 나라가 산다!"고들 말한다. 지역의 발전이 결국 국가의 발전으로 이어진다는 말과 다를 바 없다. 공간적 시각에서 지역은 국가의 부분집합이니 논리적으로 딱히 틀린 말은 아니다. 물론 1960년대 보릿고개를 넘으며 한강의 기적을 일궈낸 기성세대들로서는 받아들이기 어려운 주장일 수 있다. 국가 경제를 위해 지역은 물론이고 기업과 개인의 희생까지 무릅써야 했던 그들에겐 지역 발전이 국가 발전에 우선하는 주객이 전도된 논리가 거북하게 들릴지도 모른다. 하지만 4차 산업혁명 시대를 살아가는 오늘의 젊은 세대에겐 쉽게 공감이 가는 주장이다. 특히 지역 대학을 나와 일자리 부족으로 취업 경쟁에 내몰리고 있는 지역의 청년들에겐 단순한 공감의 차원을 넘어 생존을 위한 절규로도 들릴 법하다.

지역과 국가라는 서로 다른 공간 단위의 발전에 관한 논리적 선후 관계를 놓고 왜 이처럼 뚜렷한 세대 간 인식의 차이가 나타날까? 먼저, 1991년부터 전면 실시된 지방자치제도의 영향을 꼽을 수 있겠다. 지방자치제 재도입 이전 중앙집권적 통치 체제에서 지역경제의 발전 여부는 중앙정부, 임명직 단체장, 지역주민 모두에게 관심 밖의 일이었다. 하지만 지방자치제 재도입으로 각 지역이 경쟁력 비교의 새로운 단위로 등장하면서 지역 경제의 발전을 바라보는 패러다임도 함께 바뀌었다. 국가가 지역의 경제 발전을 이끌던 시대에서 거꾸로 지역이 국가 경제의 발전을 이끄는 시대로 나아가게 된 것이다. 신자유주의 세계화의 시대를 힘겹게 살아내는 지역민들이 지역 경제발전을 생존의 문제인 동시에 당위의 문제로 인식하기 시작한 것이다.[4]

날이 갈수록 심화하고 있는 수도권과 비수도권 간 지역 격차와 그에 따른 지방 소멸 위기가 지역 경제의 발전을 통해 국가 전체의 발전을 이끌어야 한다는 인식의 전환을 불러온 점도 이유로 들 수 있다. 지방 소멸 위기의 가속화는 지역 경제의 파탄을 넘어 국가 경제의 건실한 성장까지 위협하는 수준에까지 이르렀다. 따라서 규범적 차원에서 헌법에 명시하고 있는 지역 간 균형 발전을 통한 국가 발전의 중요성을 굳이 강조하지 않더라도 지역의 균형 발전은 지역을 넘어 국가 생존의 필요충분조건으로 강조될 필요가 있다.

그렇다면 지역의 균형 발전을 통해 국가 발전이라는 최종 목표를 달성하는 '성공한 대통령'이 되기 위해 새 대통령이 취해야 할 바람직한 행동의 방향은 무엇일까? 무엇보다 먼저 새 대통령은 지방 소멸의 위기 극복

---

4 우리나라 헌법 제120조 2항은 "국토와 자원은 국가의 보호를 받으며, 국가는 그 균형 있는 개발과 이용을 위하여 필요한 계획을 수립한다"고 명시함으로써 지역 경제 발전에 관한 국가(중앙정부)의 의무를 분명히 하고 있다. 헌법 제123조 2항 역시 "국가는 지역 간의 균형 있는 발전을 위하여 지역 경제를 육성할 의무를 지닌다"고 하여 국가의 지역 경제 발전 의무를 명시하고 있다. 헌법 제122조는 "국민 모두의 생산 및 생활의 기반이 되는 국토의 효율적이고 균형 있는 이용·개발과 보전을 위하여 법률이 정하는 바에 의하여 그에 관한 필요한 제한과 의무를 과할 수" 있는 권리를 국가(중앙정부)에 부여하고 있기도 하다.

을 위해 균형 발전의 이념이 국가 발전의 최상위 목표이자 국정 운영의 핵심 과제가 될 수 있도록 국정 목표와 국정 과제의 우선순위를 합리적으로 조정할 필요가 있다. 역대 정부에서 국가 균형 발전과 관련된 국가적 어젠다는 언제나 국정 과제 리스트에서 하위로 밀려나는 경우가 많았다. 하지만 새 대통령은 국가 생존의 차원에서 강력한 국가 균형 발전 정책을 통한 지방 소멸의 위기 대응을 최우선의 국정 목표이자 과제로 애써 천명할 필요가 있다. 수도권-비수도권 간 지역 격차가 확대하고 있는 것은 물론이고 지방 소멸의 속도가 너무 빨라 긴급 처방이 필요하기 때문이다. 균형 발전을 최상위의 국정 목표와 과제로 격상함으로써 '지역이 살아야 나라가 산다'는 균형 발전에 대한 국가 최고 지도자의 신념과 의지를 명확히 보여주는 것만이 지방 소멸의 속도를 조금이나마 늦출 수 있는 유효한 방법의 하나일 것이다.

새 대통령이 통할하게 될 부처의 수장들과 관료 사회는 대통령이 국가 균형 발전에 대해 어떠한 입장과 태도를 보이는가에 따라 그들의 대응 수위를 달리할 가능성이 크다. 따라서 제대로 된 국가 균형 발전이 이루어지기 위해서는 대통령의 의지가 무엇보다 중요하다. 역대 대통령의 경험은 겉으로 드러나는 대통령의 행동과 의지의 중요성을 잘 보여준다. 노무현 전 대통령은 균형 발전을 정권의 핵심 사업으로 삼아 대통령이 직접 챙기다시피 했다. 하지만 이명박 정부와 박근혜 정부에서 국가 균형 발전은 대통령이 크게 관심을 두지 않는 국정 과제로 전락하고 말았다. 문재인 정부는 참여정부의 균형 발전 정책을 계승한다고 입으로는 강조했지만 사실상 균형 발전 정책에 대한 대통령의 관심은 다른 국정 과제와 비교해 현저히 낮았다.[5] 역대 대통령들이 대부분 선거 과정에서는 균형 발전의 중요성을 앞다투어 강조해 왔지만 정작 대통령 당선 후에는 내팽개치거나 관련 부처나 기관에 일임하는 경향이 강했다. 따라서 국가 균형 발전을 최우선의 국정 목표와 과제로 삼게 될 새 대통령은 전임 대통령과 달리 균형 발전에 대한 국가 최고 지도자의 강력한 의지를 몸소 보여준다는 차원에서 균형발전위원회 본회의에 더 빈번히 참석하는 등 대통령의 국가 균형 발전에 대한 실천 의지를 적극적으로 드러낼 필요가 있다.

분권에서 균형으로
바보야, 문제는 균형이야

지방자치는 주민자치, 분권, 균형 발전의 세 가지 영역을 포함하고 있다. 이 세 가지 영역은 각각의 독자적인 영역을 구축하고 있으면서도 서로 긴밀하게 연결되어 있다. 따라서 자치 분권의 문제를 균형 발전의 문제와 분리해 사고하기란 쉽지 않다. 하지만 일에는 순서가 있는 법이다. 그런 의미에서 자치 분권과 균형 발전의 선후 관계를 이론적·실천적 차원에서 따져보는 문제는 새로운 국가 및 사회 개혁의 방향을 설정해 나가는 과정에서 중요하다. 자칫 제한된 자원과 인력을 선후 관계를 달리해 투자하게 되면 밑 빠진 독에 물 붓는 꼴이 될 수 있기 때문이다.

무엇보다 먼저 우리나라가 처한 특수한 역사적, 정치·경제적, 사회·

---

5   노무현 전 대통령은 균형발전위원회 본회의 72회 중 29회, 이명박 전 대통령은 49회 중 8회, 박근혜 전 대통령은 27회 중 2회 참석한 데 반해 참여정부를 계승한다고 자처한 문재인 대통령은 임기 중 균형발전위원회 본회의에 거의 참석하지 않은 것으로 알려져 있다(한겨레신문 2019년 5월 6일, https://www.hani.co.kr/arti/area/area_general/892729.html, 검색일 2021.9.23.).

문화적 환경을 고려했을 때 자치 분권과 국가 균형 발전을 통한 지방자치의 확대가 과연 필요한 나라인가라는 근원적인 물음에서부터 자치 분권과 균형 발전의 선후 관계에 대한 논리적 판단의 실마리를 풀어갈 필요가 있다(전용주 2017; 김승태·전용주 2017). 그와 같은 근원적 물음은 지방분권의 강화가 과연 국가의 균형 발전을 가져올 것인가, 즉 지방자치의 효과에 대한 근원적 물음과도 그 맥락이 닿아 있다. 지방자치에 대한 요구는 민주주의 체제에서 매우 당위적인 규범의 문제로 치부되어온 경향이 강한데, 지방자치에 대한 요구를 과연 당위의 문제로 받아들여야 하는가에 대한 근본적인 물음에 답을 구하다 보면 자치 분권과 균형 발전의 관계에 대한 접근으로 이어지게 된다.

결국 이러한 근원적 물음은 지방분권과 균형 발전 간의 관계가 과연 상호보완적인지 아니면 상충적인지에 관한 대립적 논쟁으로 이어질 수밖에 없으며, 통상 그런 논쟁의 종착점은 지방자치의 축적된 성과에 대한 평가의 문제와도 관련이 있다. 지방분권이 지방정부 간 효율적 경쟁을 강화해 결국 국가 균형 발전을 가져온다면, 지방자치는 국가 전체적으로 볼 때 긍정적인 결과를 초래하게 될 것이다. 따라서 사회적 후생 수준을 높이기 위해서는 중앙집권보다는 지방분권이 더 효율적일 수 있다. 반면 지방분권이 오히려 지방정부 간 과도한 경쟁을 부추겨 국가 자원의 비효율적 배분이나 정치·행정적 부패를 낳는다면 결국 지방분권이 전체 사회의 후생을 감소시키는 역할을 하게 된다.

과연 어떤 주장이 옳을까? 이에 대해 정해진 결론은 아직 없다. 지방분권과 균형 발전이 상보적인 관계인지 아니면 상충적 관계인지는 학자들의 주장과 그들이 내세우는 근거에 따라 확연히 달라진다. 먼저 지방분권이 균형 발전을 가져와 전체적으로 사회적 후생의 확대에 기여할 것이라고 보는 긍정적인 주장들이 있다(Tiebout 1956; Oates 1972;). 티부(Tiebout 1956)는 분권화가 이루어진 지방정부에서는 '발에 의한 투표voting on the feet'의 원리로 인해 지방정부 수가 많을수록, 지방정부가 제공하는 조세 - 서비스 패키지가 다양할수록 개인 선택의 폭이 넓어져 사회적 후생을 증진할 가능성이 크다고 주장한다. 오츠(Oates 1972) 역시 분권화된 체제가 경쟁을 통해 지방정부의 서비스 제공의 효율성을 높여 지역의 경제발전을 추진하는 데 더 효율적일 것이라고 주장한다. 이 외에도 지방분권으로 지방정부가 갖게 될 재정적 자율성이 결국 활발한 투자 유인 제공을 통해 기업 유치 기회를 확대한다거나(Martinez-Vazques and McNab 2003), 경제발전 여부를 투표 선택의 기준으로 삼는 유권자를 의식한 지방정부의 정책적 노력을 강화할 것이기 때문에(Qian and Weingast 1997) 지방분권은 결국 지역의 사회적 후생을 제고시킬 것이라고 보는 긍정론적 시각이 있다(Bahl and Linn 1992; Ebel and Yilmaz 2002; Von Braun and Grote 2002).

한편 지방분권이 지역 불균등 발전을 유발하거나(Prud'Homme 1995; Manor 1999), 확대된 지방정부의 재량권으로 인해 부패와 공공서비스 제공의 비효율을 초래할 것이라는(Bardhan and Mookherjee 2001) 부정적 시각도 존재한다. 프루드 오메(Prud'Homme 1995)와 탄지(Tanzi 1996)는 지방정부 간 지나친 경쟁이 지방정부의 지출 및 적자 재정 확대를 초래해 중앙정부의 재정 악화 요인으로 작용할 가능성이 있다고 주장한다. 지방분권이 오히려 균형 발전을 저해한다고 보는 부정적 견해도 있는데 웨스트와 웡(West and Wong 1995) 등의 연구가 대표적 사례라 할 수 있다.

국내 연구 또한 지방분권과 균형 발전 간의 관계에 대해서는 찬반양론으로 뚜렷이 나뉘는 경향이 강하다. 임성일(2008), 주운현·홍근석(2011), 조민경·김렬(2014), 권오성(2004), 박병희(2006) 등 많은 학자가 재정 분권이 재정 격차나 경제성장 등에 긍정적인 영향을 미친다는 연구 결과를 내놓았다. 하지만 이용모(2004), 최병호·정종필(2001), 오시환·한동효(2009) 등 일부 학자들은 오히려 재정분권이 경제성장에 부정적 영향을 미친다는 연구 성과를 내놓기도 한다. 물론 최원익(2008), 김의섭·이선호(2014) 등과 같이 재정 분권과 경제성장 간 이렇다 할 관계를 상정하기 어렵다는 중립적인 결론을 내놓는 학자들도 있다.

그들 중 누가 옳은지는 이 글의 맥락에서 중요하지 않다. 문제는 누가 옳든 그르든 그런 문제의식 자체가 실제 지역에 사는 주민들의 삶의 질 향상에 대한 욕구나 그들이 수도권 주민들에 대해 느끼는 상대적 박탈감의 개선에 그다지 큰 영향을 미치지 못한다는 것이다. 지방분권과 균형 발전 간의 관계에 대한 학문적 논쟁은 척박한 지역에서 고단한 일상을 살아내야 하는 지역 주민들에게는 콜럼버스의 달걀을 놓고 벌이는 무의미한 논쟁과 다를 바 없다. 그런 불필요한 논쟁보다는 지방자치의 현장에서 체득하는 실질적 경험이 중요하다.

중앙-지방정부 관계와 관련한 제도적 개선이 필요한 어젠다는 지방자치의 전 분야에 걸쳐 있어 그 범위가 매우 광범한 것이 사실이다. 지방분권, 주민자치, 균형 발전의 세 개 분야가 대표적으로 손꼽히는 주요 분야이고 분야마다 지금껏 현안이 되어왔던 주제는 매우 다양하다. 따라서 중앙-지방정부 관계에서 새 대통령의 성공조건을 제대로 다루기 위해서 이 모든 분야를 모두 다루는 것은 무의미해 보이기까지 하다. 따라서 지방자치에 관한 모든 정책 분야를 만기친람식으로 두루 섭렵하기보다는 가장 핵심적인 분야에 집중해서 제도 개선의 문제를 다룰 필요가 있다.

　지방자치가 실질적으로 이루어지는 지역의 현장에서 지방분권, 주민자치, 균형 발전 분야 중 가장 시급한 분야는 무엇인가? 지방자치를 연구하는 학자들이나 지방자치 분야의 시민운동을 주도하는 대부분의 시민사회 활동가들은 날이 갈수록 확대되어가는 수도권과 비수도권의 격차 문제, 즉 균형 발전 분야를 가장 시급한 지방자치의 정책 분야로 꼽기를 망설이지 않는다. 지방자치의 선진국들은 지역 간 발전 격차가 우리나라의 수도권-비수도권 간 발전 격차와 비교가 안 될 만큼 적다. 따라서 그런 국가들을 분석의 대상으로 삼는 지방분권과 균형 발전 간 관계에 대한 학술적 논쟁은 앞서 살펴보았듯이 지방분권의 강화를 통해 균형 발전이 가능하다는 주장을 앞세우는 경향이 강할 수밖에 없다.

　하지만 우리나라의 경우 수도권과 비수도권 간 격차는 물론이고 지방도시 간의 격차 또한 너무 커서 지방분권의 강화가 곧바로 균형 발전으로 이어지리란 보장이 없다. 지방분권이 중요하긴 하지만 균형 발전을 전제하지 않는 지방분권은 오히려 지역 간 격차의 확대를 가져올 가능성이 크다는 것이 적어도 우리 학계의 중론이다. 주민자치 분야의 제도 개선도 중요하다 하지만 보다 좀 더 근원적인 의식과 정치 문화의 변화를 전제로 가능하다. 이런 점에서 이글을 균형 발전 분야에서 새 대통령이 만들어나가야 할 새로운 정책 패러다임에 초점을 두어 서술하는 것은 어찌 보면 우리나라 지방자치 현장의 고민에서 비롯된 고육지책의 하나라 할 수 있을 것이다.

균등에서 균형으로,
격차를 통해 격차를 줄이는 발상의 전환이 필요하다

참여정부 이후 역대 정부가 추진해 온 지역 정책은 나눠 먹기식의 기계적 균형에 대한 집착과 기존 패러다임의 실패에 대한 반동으로 등장한 새로운 균형 성장 및 내생적 지역 발전 이론이 빚어낸 장밋빛 환상에 기대어 무분별한 분산 투자를 조장해 왔다. 참여정부의 공공기관 이전 및 혁신도시 건설 정책과 문재인 정부가 추진 중인 지역 뉴딜 사업도 예외는 아니었다. 중앙집권적 관료주의의 영향으로 쪼그라든 균형 발전 예산(연간 약 10조 원 규모)[6]은 기계적 균형, 즉 균등의 원리에 맞도록 '1/n'로 나뉘어 이렇다 할 성과 없이 낭비되고 있다. 심지어 지역으로 가야 할 예산이 수도권으로 역류하는 현상까지 빚어지고 있다. 2021년 6월 『국민일보』가 나라살림연구소와 공동으로 최근 14년간의 시·도별, 시·군·구별 균형 발전 예산을 분석한 결과, 서울에 투입된 균형 발전 예산은 2008년 361억 원에서 올해 2,267억 원으로 무려 527% 증가한 것으로 확인되었다.[7]

이처럼 국가 균형 발전 정책이 방향을 잃은 채 '기계적 균형 추구'의 논리에 빠져 표류하는 동안, 수도권과 비수도권의 지역 격차는 더 벌어졌

---

6   균형 발전 예산에는 균형 발전 특별 회계만 반영된 것으로 사실상 실질적으로 균형 발전 분야에 투입되는 정부 예산은 각 부처의 개별 사업에 포함되어 있어 정확한 집계가 쉽지 않은 것이 사실이다. 대체적으로 그와 같은 숨겨진 예산까지 포함해 약 20조 원 규모의 정부 예산이 매년 균형 발전 분야에 투입되고 있다고 보면 된다.

7   이를 비중으로 계산할 경우, 0.41%에서 2.46%로 증가한 것으로, 이는 광주(1,535억 원), 대전(1,682억 원), 울산(1,386억 원)보다 많다. 서울에 이어 경기도의 균형 발전 예산 역시 가파르게 증가했는데 2008년 6,303억 원에서 올해 1조 558억 원으로 67.5% 증가했다(http://news.kmib.co.kr/article/view.asp?arcid=0924195959, 검색일 2021.6.23.).

다. 특히 과거 권위주의 발전 국가 모델을 바탕으로 서울과 함께 '한강의 기적'을 이끈 동남광역경제권의 몰락이 가속화되었다. 과거 우리나라 경제성장의 한 축을 담당했던 동남광역경제권은 날이 갈수록 심화되는 수도권 집중 현상과 기계적 균형 발전 패러다임에 입각한 제한된 국가 자원의 분산투자로 인해 지방 소멸의 위기 속에 성장 엔진의 동력을 점점 상실해 가고 있다.

무엇이 문제인가? 그 해답의 실마리는 균형 발전에 대한 기존 인식의 한계에서 찾을 수 있다. 균형 발전은 "지역이 골고루 발전되는 것으로서, 여기서 말하는 균형은 경제력의 균형만을 의미하진 않으며, 인구, 정치, 문화, 교육 등이 골고루 분포된 상태"를 나타낸다(마강래 2018, 16). 우리나라 국가균형발전특별법은 균형 발전을 "지역 간 발전의 기회균등을 촉진하고 지역의 자립적 발전 역량을 증진함으로써 삶의 질을 향상하고 지속가능한 발전을 도모하여 전국이 개성 있게 골고루 잘 사는 사회를 구현하는 것"으로 규정하고 있다.

균형 발전에 관한 이런 인식의 이면에는 '균형' 그 자체에 대한 편향된 견해가 숨어 있다. 균형에 관한 생각은 충분히 다를 수 있다. 경제학에서 수요와 공급의 균형을 의미하듯 균형equilibrium을 "현재 상태가 지속되려는 상태"로 이해하면서 자원의 최적 배분이 가능해져 효율성이 극대화된 상태로 인식하는 시각이 존재하기도 한다. 이 시각에서 보면 대도시-중소도시-농어촌 간의 집적 규모에 따른 상호의존은 너무나 자연스러운 현상으로 인식되는 경향이 있다. 다른 한편 균형을 '균등evenness'의 관점에서 이해하는 시각은 형평성을 극단적으로 강조하는 것으로 모든 지자체가 동일 수준의 경제력과 정치적 영향력을 가진 상태가 진정한 의미에서의 균형인 것으로 이해하는 경향이 있다. 균형에 대한 어떤 시각도 그 자체로 완전한 진실을 이야기해 주진 않는다. 하지만 적어도 어느 한쪽으로 경도된 균형은 그 자체로 많은 문제를 내포하게 될 가능성이 매우 크다. 문제는 앞서 살펴본 우리나라 국가 균형 발전에서 사용되는 균형의 개념이 후자의 균등으로 경도되는 경향을 내포하고 있다는 점이다. 균형 발전에 대한 새로운 시각에서의 패러다임 전환이 모색되어야 하는 이유를 여기에서 찾을 수 있다.

이러한 맥락에서 '선택과 집중의 원리'에 입각한 새로운 균형 발전 정책 패러다임이 구축될 필요성이 강조된다. 기존의 기계적 균형에 입각한 권역별·지역별 소액 분산투자는 정책 수요자인 권역·지역의 정책 수용성은 높게 나타난다. 하지만 투자 대비 성과로 나타나는 정책의 효율성과 효과성의 측면에선 '규모의 경제 효과'와 '시너지 효과'를 기대하기 어렵다. 따라서 새로운 균형 발전 정책의 패러다임은 '선택과 집중'의 원리에 따라 균형 발전을 위한 국가 자원(국가균형발전특별회계, 지역상생발전기금 등)의 선택·집중 투자로 장기적 관점에서의 효율성 극대화를 모색하는 전략 방향을 설정할 필요가 있다.

그렇다면 무엇을 선택하고 어디에 집중해야 할 것인가? 그 해답은 과거 발전 국가 시절의 경험에서 찾을 수 있다. 일례로 동남광역경제권의 꺼져버린 성장 엔진을 되살리는 방안을 들 수 있을 것이다. 1960~70년대 '한강의 기적'은 경부축 중심의 발전 패러다임에 바탕을 두고 수도권과 동남권의 동시적 성장과 경제성장 과정에서의 효율적인 역할 분담을 통해 가능했다. 하지만 1980년대 수도권 집중 완화를 빌미로 부산까지 도시 정비 대상에 포함되면서 그렇지 않아도 산업구조 재편 과정에 적응

하지 못했던 부산의 제조업 기반이 무너지기 시작했고, 결국 동남광역경제권의 성장 엔진이 멈추어 섰다. 그 결과 수도권 집중 현상과 그에 따른 수도권 중심의 기형적인 불균형 성장이 가속화되기 시작했다. 수도권-비수도권 간 격차는 확대되고 지방 소멸의 위기가 심화되었다. 따라서 '한강의 기적'을 이끌었던 불균형 성장론에 입각한 경부축 성장 거점 중심의 발전 패러다임을 새로운 21세기 버전으로 재구성하는 균형 발전 전략의 수정을 통해 대한민국의 새로운 성장 동력을 찾는 노력이 요구된다. 다시 말해 신자유주의적 세계 질서의 재편 과정에서 경쟁력을 잃고 약화한 동남광역경제권의 성장 엔진을 다시 살려내어 성장 거점화함으로써 '경부축 르네상스'의 새 시대를 열어보고자 하는 균형 발전 패러다임에 대한 발상의 전환을 새 대통령이 꿈꿔보면 어떨까 하는 것이다.

물론 이러한 동남광역경제권의 부활을 통한 경부축의 재건에 바탕을 둔 새로운 균형 발전의 패러다임이 낡은 과거의 발전 패러다임을 재탕하는 것에 불과하다는 비판이 있을 수 있다. 새로운 성장 거점으로 낙점받지 못한 지역들의 반발도 만만치 않을 것이다. 하지만 지금의 수도권-비수도권 격차를 초래한 출발점이 서울이라는 강력한 성장 거점 때문임은 누구도 부정할 수 없는 사실이며, 부산을 중심으로 하는 동남광역경제권의 성장 거점이 제 기능을 다하고 있던 시기야말로 수도권-비수도권 지역 격차가 가장 적었던 시기였다. 이뿐만 아니라 동남광역경제권(특히 부산)의 성장 엔진이 멈추어 서면서부터 급격히 수도권 중심의 일극화가 진행되고, 그 결과 오늘과 같은 돌이키기 어려운 비수도권과의 지역 격차가 초래되기 시작했음은 균형 발전 패러다임을 고민해야 할 새 대통령이 반드시 참고해 볼 만한 사실이다.

지방자치법에서 헌법으로
과감하게 큰 틀부터 바꾸자, 헌법 개정이 지름길이다

우리나라 지방자치가 지닌 근본적인 한계의 핵심에는 지방자치제도의 근간을 규정하고 있는 현행 헌법이 지닌 근본적 한계가 자리하고 있다. 현행 헌법에 구현된 우리나라 지방자치는 사실상 무늬만 자치인 형식상의 지방자치라는 비판으로부터 결코 자유로울 수 없다. 이는 우리나라 지방자치제가 그간 30여 차례가 넘는 법 개정을 통해 많은 제도적 변화와 개선을 시도해 왔음에도 불구하고 여전히 제도적으로 많은 결함을 안고 있기 때문이다. 우리나라 현행 헌법이 지닌 지방자치제도의 결함은 우리 헌법이 위임하고 있는 지방자치법의 구체적인 조항들에서는 더욱 도드라지게 나타나고 있다. 지방자치단체가 누릴 수 있는 4대 자치권 중 어느 하나도 온전히 보장된 것이 없다. 특히 중요한 자치입법권과 자치재정권 분야는 그 정도가 더 심해 지방자치단체의 조례는 법령의 범위를 벗어나지 못하는 한계 속에 갇혀 있다. 문재인 정부가 약속했던 7:3의 자치재정권 강화도 지금으로선 요원한 바람일 뿐이다.

헌법과 법률을 통해 구체화하고 있는 우리나라의 현행 지방자치제도가 지닌 이러한 문제점들, 특히 내생적인 차원에서 균형 발전에 접근하려는 지방자치단체의 정책 의지와 노력을 가로막는 제도적 통제 장치들을 제거할 수 있는 가장 확실한 방법은 무엇일까? 당연히 상위법인 헌법을 고치는 것이 지름길이다. 지방분권형 개헌에 대한 필요성이 폭넓은 공감대를 형성해 온 이유가 바로 여기에 있다. 비록 20대 국회의 높은 문턱을 넘지 못하고 좌절되긴 했지만 문재인 정부가 추진했던 지방분권형 개헌에 대한 논의를 새 대통령이 국회를 설득해 다시 되살릴 수만 있다면, 그래서 여야가 뜻을 모아 지방분권형 개헌을 이룰 수만 있다면 당장이라도 우리나라 지방자치가 지닌 근본적인 문제들은 대부분 해소될 수 있을 것이며, 우리나라 지방자치는 비로소 이립의 경지에 이를 수 있다.

균형 발전의 새로운 패러다임을 어떻게 구현할 것인가

균형 발전을 위한 파이부터 키우자

균형 발전 특별 회계가 마련된 이래 16년간 균형 발전을 위해 약 144조 원의 국가 예산이 투자되었고, 지금도 매년 10조 원에 가까운 예산이 균형 발전 분야에 투자되고 있다. 일각에서는 그 규모가 크다며 예산 낭비를 지적하기도 한다. 하지만 국가 발전의 발목을 잡는 수도권-비수도권 지역 격차 완화를 위해 한 해 국가 예산의 2%가 채 되지 않는 자원을 투입하는 것을 예산 낭비로 지적하는 것은 한편에선 온당치 못해 보인다. 지역 격차를 줄여 국가 균형 발전을 이룩하는 것이 정말 국가 발전의 관건이라면 550조 원이 넘는 국가 예산에서 10조 원 규모의 균형 발전 예산을 과연 많다고 주장할 수 있을까? 정말 균형 발전이 국가 발전의 새로운 성장 전략이 될 수 있고, 또 소멸해 가는 지역을 소생시킬 수 있다면 적어도 국방비에 버금가는 10% 내외의 예산 투자가 이루어져야 적절하다고 볼 수 있지 않은가? 따라서 균형 발전을 위한 전체 예산 규모의 점진적 상향 조정, 즉 균형 발전을 위한 파이를 키우는 고민부터 먼저 이루어져야 한다.

그만큼 지역의 상황이 만만치 않기 때문이다.

균형 발전 예산의 증액은 아무리 점진적으로 추진하더라도 정부 재정을 책임지고 있는 예산 관료는 물론이고 수도권 정치인들의 강력한 반대에 봉착할 가능성이 매우 크다. 새 대통령으로서는 만만치 않은 정치적 비용을 지불해야 하는 일로 정치적 위기를 자초할 가능성마저 있다. 따라서 균형 발전 특별 회계의 예산 규모를 직접 증액하는 방식보다는 새로운 명목의 특별 회계를 마련하거나 강력한 재정 분권 정책으로 개별 광역지자체가 자체 조례를 통해 설치, 운영하고 있는 지역 균형 발전 특별 회계의 규모를 점진적으로 늘려가는 방식으로 추진하는 것이 효과적일 수 있다.

또한 정부 각 부처의 예산 속에 포함된 균형 발전과 관련된 간접적인 예산을 증액하는 방식으로도 균형 발전 예산의 전체적인 파이를 키워나갈 수 있다. 이를 위해 균형 발전 예산 증액에 부정적 입장을 견지할 가능성이 있는 중앙정부의 관료들이 균형 발전에 대해 전향적 태도를 가질 수 있도록 정부 예산 운용의 기본 원칙에 균형 발전을 지향토록 관련 제도를 도입하는 것도 한 방법일 것이다. 균형 발전을 국가 재정 운영의 기본 원칙으로 구현해 나가기 위한 '(가칭)균형발전인지예산제도'를 도입하는 것이 그런 방법 중 하나라 할 수 있다(산업연구원, 2018). 균형발전인지예산제도의 도입을 위해 우선 기 시행 중인 성인지예산제도의 구체적인 정책 효과성을 면밀히 평가하고 개선 방향을 도출하는 한편, 성인지예산제도에 대한 평가 결과로 도출된 개선 사항을 반영하여 효과적인 '(가칭)균형발전인지예산제도'의 구체적인 운영 기준을 마련할 필요가 있다. 아울러 관계 부처로 하여금 '(가칭)균형발전인지예산제도'의 성공적 정착을 위한 구체적이고 장기적인 실행 계획 및 추진 로드맵 작성을 추진토록 지시할 필요가 있다.

국가 균형 발전 추진 조직의 실질적 행정 권한을 지닌 국가 기구화 추진 등 국가 균형 발전 추진 체계를 일원화(법률 체계 정비 포함)함으로써 균형 발전 추진을 위한 권한의 파이를 키울 필요도 있다. 이를 위해 국가균형발전위원회의 부처 독립화를 모색하는 한편으로 현재 비서관이 담당하고 있는 청와대 내 자치 분권·균형 발전 관련 업무를 전담하는 수석실을 신설해 그 지위를 격상할 필요가 있다. 아울러 균형 발전을 위한 지역의 요구를 정부 운영 과정에 직접 반영하기 위해 지역 장관제를 신설해 전국시도지사협의회에서 호선하는 등 다양한 방법으로 모색해 볼 수 있을 것이다.

**균형 발전을 위한
파이를 나누는 방법을 바꾸자**

국가 균형 발전을 위한 전체적인 파이를 키우는 일도 중요하지만 커진 파이를 나누는 방법의 개선도 필요하다. 현재 균형 발전 예산은 지역자율계정, 지역지원계정, 세종특별자치시계정, 제주특별자치도계정 등 4개 계정으로 나뉘어 운영되고 있다. 사실상 세종과 제주를 위한 특별 계정을 제외하면 지역자율과 지역지원의 두 가지 계정만 명실상부한 균형 발전 예산으로 볼 수 있다. 문제는 이 예산이 기계적 균형과 균등의 원리에 따라 나눠 먹기식으로 분배되면서 성장의 모멘텀을 마련하기 위해 집중적인 균형 발전 예산의 투입이 필요한 지역에 집중 투자하기가 어려운 구조로 운용되고 있다는 점이다. 따라서 '(가칭)균형발전인지예산제도'와 함께 국가 균형 발전 관련 예산 운용에 있어 '선택과 집중의 원리'를 구현하기 위한 구체적이면서도 탄력적인 예산 운용 지침을 새롭게 마련할 필요가 있다.

현재의 균형 발전 예산이 나눠 먹기 식으로 할당되다 보니 앞서 살펴본 바와 같이 균형 발전의 대상이라 할 수 없는 수도권 지역이 역설적으로 균형 발전 예산을 오히려 독식하는 경향이 점점 강화되고 있는 것도 균형 발전 예산의 운용과 관련된 문제점의 하나로 지적되고 있다. 이는 수도권 집중화의 또 다른 폐해로 새 대통령은 이런 역설적인 상황을 바로잡는 데 관심을 둘 필요가 있다.

어떤 방법으로 그와 같은 역설적 상황을 개선할 수 있는가? 현재 국가 재정의 효율적 활용을 위해 의무화하고 있는 예비 타당성 조사제도[8]를 개선하는 것이 한 방법일 수 있다. 균형 발전 예산의 수도권 집중화 현상이 강화되고 있는 이면에는 경제성이란 미명하에 오로지 비용과 편익의 단순 구조만이 반영되는 현행 예비 타당성 조사가 큰 몫을 하고 있다는 비판이 제기되어 왔다(이세진 2021). 물론 예비 타당성 조사의 대상 사업 선정 기준에 지역 균형 발전 요인을 고려한다는 점이 포함되어 있고, 또 2019년 4월 기획재정부도 수도권과 비수도권의 평가 비중을 달리 적용하고 비수도권 지역의 균형 발전 평가 시 지역 낙후도를 가감제에서 가점제로 변경하는 등 개선의 노력을 기울인 것은 사실이다. 하지만 그러한 노력에도 불구하고 지금껏 예비 타당성 조사를 통과한 대상 사업 대부분이 수도권에 집중되고 있어 해당 제도가 오히려 수도권 집중화를 부추기고 균형 발전을 저해한다는 비판으로부터 결코 자유로울 수 없는 상황이다. 따라서 차제에

---

8   예비 타당성 조사는 대규모 신규 공공투자 사업의 사전 타당성을 검증하고 평가해 재정 사업의 투명하고 공정한 신규 투자를 활성화함으로써 무분별한 투자에 따른 예산 낭비를 방지하고 재정 운영의 효율성을 높이기 위해 1999년 최초 도입된 제도로 그 법적 근거는 2006년 제정된 '국가재정법'이다. 동 제도 도입 이후 2020년 말까지 실시된 총 조사 건수는 932건이고 총사업비는 426.9조 원에 이른다. 조사된 932건 중 592건이 타당성이 있는 것으로 평가되었다(이세진 2021).

예비 타당성 조사제도를 폐지하거나 비수도권의 경제성 비중을 대폭 확대해 수도권에 대한 역차별을 강화하는 등 예비 타당성 조사제도가 수도권 집중화의 도구나 균형 발전의 장애물로 전락하는 상황을 개선할 필요가 있다. 위의 두 가지 개선이 어렵다면 선택적 균형 발전의 개념에 기초한 새로운 균형 발전 정책의 추진을 위해 균형 발전 유관 사업에 대한 예비 타당성 조사 면제를 위한 특별법 제정을 추진하는 것도 한 방법일 수 있다.[9]

아울러 균형 발전 특별 회계의 이원적 two-track 활용 방안을 제시하는 것도 새로운 균형 발전 패러다임을 추진함에 있어 고려해 볼 문제이다. 현재의 균형 발전 특별 회계는 주로 기계적 균형에 가까운 방식으로 나눠 먹기식 예산 배분 원칙에 충실한 편이다. 따라서 균형 발전 특별 회계의 운용 원칙을 새로운 균형 발전 패러다임에 맞추어 '균형 투자 예산'과 '선택·집중형 투자 예산'으로 이원화하여 운용함으로써 새로운 성장 거점 지역이 균형 발전 특별 회계의 선택적 수혜를 통해 성장 거점으로서의 경쟁력 회복을 도모할 수 있도록 재정적 뒷받침을 해줄 필요가 있다.

균형 발전을 위한
파이를 키우는 모든 길은 열어주자

국가 균형 발전을 위한 파이를 키우는 일은 중앙정부의 힘만으론 어렵다.

---

9 예비 타당성 조사 면제를 위해 굳이 특별법을 제정해야 하는 이유는 예비 타당성 조사제도의 자의적 집행을 방지하기 위해 2014년 1월 '국가재정법' 개정을 통해 예비 타당성 조사 실시 대상 및 면제 대상을 직접 법률에 규정하고 면제 대상의 내역 및 사유를 국회에 제출하도록 하고 있기 때문이다.

지역 스스로가 자체적인 파이를 키우기 위해 노력하는 것도 균형 발전의 지속성 유지의 차원에서 중요하다. 그런 맥락에서 필자가 제안한 새로운 균형 발전의 패러다임은 중앙정부에 의한 균형 발전 자원의 선택적·집중적 투자를 기반으로 하는 동시에 지방자치단체의 내생적인 자율적 발전과 성장을 위한 노력을 측면에서 지원하기 위한 다양한 제도적 장치들을 필요로 한다.

가능한 제도적 장치로는 다음과 같은 몇 가지 사항을 제시해 볼 수 있다. 첫째, (특별)지방자치단체에 경제통상 분야의 외교권을 부여함으로써 지역의 자립적·내생적 발전 기반 구축을 위한 경제 자주권을 인정할 필요가 있다. 이는 앞서 밝힌 새 대통령이 추진하게 될 지방분권형 개헌과도 맞물려 있는 사안이다.

둘째, 지방자치단체 스스로 내생적 발전을 이루기 위해서는 균형 발전 추진을 위한 지역 단위 추진 조직(지역혁신협의회, 광역경제권발전위원회, 지역생활권협의회 등)의 기능 활성화와 지속성 확보를 위한 국가균형발전특별법 개정을 추진할 필요가 있다.

셋째, 내생적 발전을 위한 광역권 단위의 논의가 활성화될 수 있도록 특별지방자치단체(광역연합)를 활용한 국가 균형 발전 전략을 재구축할 필요가 있다. 이는 2개 이상의 지방자치단체가 공동의 경제적 목적을 위해 광역적으로 사무를 처리할 수 있게 한 지방자치법 전부개정의 취지를 살릴 수 있는 구체적 방법이기도 하다.

넷째, 내생적 지역 발전 전략 추진을 위한 자원이 충분히 확보될 수 있도록 지역 자본 투자 유치 등 지역금융 활성화를 위한 법률 지원 체계를 구축할 필요가 있다. 아울러 고향사랑기부제도와 연계하거나 중화 자본 및 일본 교포 자본 유치 등의 노력을 통해 전면 개정된 지방자치법이 보장하는 '특별광역행정연합'이 주도하는 '상생포용발전 펀드' 조성을 통해 선택과 집중의 원리에 가장 부합하는 특정 광역경제권이 내생적 발전을 위한 자원을 자체적으로 확보할 수 있도록 길을 열어주자는 것이다.

균형 발전을 위한
파이의 중요성을 일깨우고 공유하자

선택과 집중의 원리에 입각한 균형 발전 정책의 전환에 대해서는 앞서 말한 바와 같이 성장 거점에서 제외된 지역과 수도권 중심주의의 이념에 사로잡힌 중앙 관료와 여의도 정치권의 반발이 만만치 않을 것이다. 새 대통령으로서는 당연히 선택과 집중의 대상이 되는 특정 광역경제권의 발전이 '제2의 한강의 기적'을 가져오는 새로운 발전 국가 패러다임의 출발점이 될 것이라는 사회적 합의에 이르도록 정부 부처와 국민을 대상으로 한 설득 논리를 개발해 둘 필요가 있다. 또한 스스로 그것을 내면화함으로써 재임 기간 동안 흔들림 없이 관련 정책을 추진해 나가는 의지를 다질 필요가 있다. 새 대통령이 제안한 균형 발전의 새로운 패러다임이 특정 지역의 단순한 지역이기주의의 차원을 넘어 경쟁력을 지닌 특정 광역경제권의 발전이 곧 대한민국 전체의 발전으로 이어지는 지역 발전의 구체적인 발전 전략과 로드맵을 개발하여 중앙정부는 물론이고 타 지역의 광역지자체와 지역주민을 설득할 필요가 있다는 것이다. 이를 위해 다음과 같은 구체적인 노력이 요구된다.

첫째, 새로운 균형 발전 패러다임에 대한 사회적 합의 모색을 위한 '(가칭)국가균형발전의 대전환을 위한 사회적 대화(이하 '사회적 대화')' 프로그램을 기획하여 구체적인 실행 방안을 제시할 필요가 있다. 이 사회적 대화에는 전국시도지사협의회, 전국시장군수협의회, 전국구군의회의장협의회, 전국시도의회의장협의회 등 4대 지방자치단체협의회 조직과 여야 각 정당 및 국회 관련 상임위, 전국 분권운동 단체, 대통령 소속 국가균형발전위원회, 자치분권위원회, 기획재정부, 행정안전부 등 다양한 공적, 사적 영역의 이해관계 당사자들이 폭넓게 참여할 필요가 있다.

둘째, 선택과 집중의 원리에 따라 경쟁력을 갖춘 특정 광역경제권 중심의 새로운 균형 발전 패러다임을 반영한 '제4차 국가균형발전 5개년 계획(2018~2022)'의 수정 및 '제5차 국가균형발전 5개년 계획(2023~2027)' 수립을 위한 '비수도권 광역지자체 민관 상설 협의체'의 협력적 거버넌스 체계 구축 방안을 모색할 필요가 있다. 새로운 균형 발전 패러다임은 국토 전체의 공간계획에 대한 새로운 조정을 초래할 가능성이 매우 크다. 따라서 새 대통령이 취임 후 승인하게 될 '제5차 국가 균형 발전 5개년 계획'을 취임과 동시에 과감하게 수정하도록 명확한 정책 의지를 갖고 지시할 필요가 있다. 물론 그러한 계획의 수정에 대해서는 대통령직 인수위원회 단계에서부터 관련 부처와의 국정 어젠다 조율 과정에서 충분히 협의하는 것이 더 바람직한 접근방법이 될 것이다.

셋째, '경부축 중심의 8자형(경부축, 강호축, 남해안축, 북부접경축) 균형 발전축 구상'을 제시함으로써 새로운 성장 거점에서 소외되는 타 지방자치단체들의 이해와 협조를 모색할 필요가 있다. 새 대통령이 제안하게 될 이 구상에는 동남광역경제권이 주도하는 경부축의 산업 기반 재생 및 신산업 육성 방안, 강호축의 생태·환경·관광 중심의 탄소 중립형 발전 전략,

남해안축과 북부접경축의 특화된 지역 발전 전략 등 8자형 균형 발전축의 각 발전축별 강점과 기회 요인을 반영한 구체적인 발전 전략이 망라될 필요가 있다.

지방 소멸의 문턱에서
균형 발전의 실질적 비전을 제시하라

새 대통령이 집권 후 아무리 강력한 정책 의지를 갖고 자치 분권과 균형 발전에 대한 정책을 펼쳐나간다고 하더라도 지금까지의 경험을 돌이켜볼 때 내외부로부터의 많은 저항과 도전에 직면할 가능성이 매우 높다. 그와 같은 저항과 도전은 어디로부터 나올 것인가? 무엇보다 먼저 새 정부의 지역 정책을 입안하고 실행에 옮기는 관련 정책 그룹 내부에서부터 시작될 가능성이 매우 높다. 새 대통령의 의지를 따라가지 못하는 관료주의적 정책 지체 현상이 바로 그것이다. 역대 정부에서 자치 분권과 균형 발전 정책을 가장 강력히 실천에 옮겼던 참여정부와 문재인 정부의 경우를 보더라도 청와대 참모진과 정부 부처 내부에서 지나치게 개혁적인 지역 정책에 대한 조직적 반대의 목소리가 높다. 특히 많은 국가 자원의 투입을 수반할 수밖에 없는 균형 발전 정책 분야에 대해서는 게이트키퍼 역할을 자처하는 기획재정부를 포함한 재정 관료들의 저항이 매우 높을 수밖에 없다. 또한 새 대통령이 추진하는 균형 발전 정책 분야에서의 새로운 패러다임, 즉 선택적 균형 발전의 패러다임은 기계적 균형의 논리에 물들어 있는 정부 관료들로서는 수용하기 어려운 방향일 수 있다. 따라서 기획재정부를 필두로 한 관료 체제의 저항은 만만치 않을 것이며, 그래서 대통령의 강력한 개혁 의지와 함께 좀 더 합리적인 설득의 노력이 요구된다.

이러한 저항의 가능성은 여의도의 정치권에서도 충분히 제기될 수 있다. 지역구 의석의 절반에 가까운 비중을 차지하고 있는 수도권 의원들에게 균형 발전은 비수도권에 대한 퍼주기로 인식될 가능성이 높다. 따라서 수도권을 지역구로 둔 의원들은 힘을 합쳐 새 대통령의 균형 발전 정책을 무력화시키려고 노력할 것이다. 이는 새 대통령이 추진하는 균형 발전과 관련된 각종 개혁 입법의 지체 현상을 가중할 가능성이 높다. 따라서 새 대통령으로서는 내부 관료에 대한 설득과 함께 국회에서의 정치 세력 간 합의를 이끌어내야 하는 이중의 부담을 안을 수밖에 없다.

새 대통령이 균형 발전 정책을 추진함에 있어 맞닥뜨리게 될, 어쩌면 가장 큰 위협은 국민들로부터 충분한 동의와 사회적 합의를 이끌어내는 과정에서 겪게 될 소외 지역 주민들의 거센 반발과 저항일 것이다. 지방자치의 문제는 민주주의 사회의 기본 이념에 가까운 것으로 이해되고 있다. 하지만 아직 우리나라에서는 자치 분권과 균형 발전의 문제가 보수와 진보의 이념적 지형을 따라 갈라지는 경향이 짙다. 차재권·지병권(2018)의 연구는 이런 경향을 잘 보여주고 있다. 지방분권에 대한 각종 설문조사를 메타 분석한 결과, 지방분권에 대한 인식 수준이 영남보다는 호남이 높고, 보수적인 정치 성향보다는 진보적인 정치 성향에서 더 높게 나타나고 있음을 확인한 바 있다. 새 대통령에게 주어질 과제는 이러한 이념적 분열 지형에 포획되어 있는 자치 분권과 균형 발전의 국가적 어젠다를 어떻게 이념 지형의 바깥으로 끄집어내어 이념을 초월한 국가적 공통 과제로 이해시킬 것인가 하는 점이다.

참고 문헌

고문익·김걸. 2021. 「한국 지방소멸위험의 공간 분포 변화 분석」. 『한국지도학회지』 21(1): 65-74.

권오성. 2004. 「재정분권화가 도시정부 재정력격차에 미치는 영향」. 『한국지방자치학회보』. 16(2): 83-101.

김경수. 2019. 「국토불균형의 심화 진단」. 『부산광역시 국가균형발전 아젠다 발굴 T/F 회의 자료』.

김승태·전용주. 2017. 「지방 분권과 지역균형발전: 긍정론과 회의론, 그리고 대안」. 『공공정책연구』. 34(1): 31-55.

김의섭·이선호. 2014. 「재정분권과 지방재정지출 구조-자본지출, 경상지출을 중심으로」. 『재정정책논집』. 16(2): 155-178.

마강래. 2018. 『지방분권이 지방을 망친다: 지방분권의 함정, 균형발전의 역설』. 고양:개마고원.

박병희. 2006. 「민선자치 10년간 재정자립 지표의 추이에 대한 연구」. 『재정정책논집』. 8(1): 109-128.

산업연구원. 2018. 「균형발전 인지예산 제도 도입에 관한 연구」. 『산업연구원보고서』.

오시환·한동효. 2009. 「재정분권화가 재정력격차에 미치는 영향에 관한 연구」. 『지방정부연구』. 13(2): 51-73.

이상호. 2016. 『한국의 '지방소멸'에 관한 7가지 분석』. 충북: 한국고용정보원.

이세진. 2021. 「재정투자 효율화를 위한 예비타당성조사제도의 쟁점과 과제」. 『이슈와 논점』. 1837호(2021.5.24.).

이용모. 2004. 「한국의 재정분권화가 거시경제의 안정과 경제성장에 미치는 영향」. 『한국정책학회보』 13(3): 89-116.

임성일. 2008. 「재정분권과 성장: 지역경제 성장을 위한 재정분권 정책수단의 모색」. 『응용경제』 10(2): 35-73.

조민경·김렬. 2014. 「재정분권이 지역경제성장에 미치는 영향」. 『도시행정학보』 27(2): 263-286.

주운현·홍근석. 2011. 「재정분권이 지역경제성장에 미치는 영향: 거시경제안정성의 매개효과를 중심으로」. 『지방정부연구』 15(3): 235-256.

차재권. 2017. 「역대정부 균형발전정책의 성과 평가: 박정희정부에서 박근혜정부까지」. 『사회과학연구』. 25(2):130-174.

차재권·지병근. 2018. 「지방분권에 대한 주민인식의 지역별 격차 분석: 영남지역을 중심으로」. 『21세기정치학회보』 28(2): 93-119.

최병호·정종필. 2001. 「재정분권화와 지역경제성장간의 관계에 관한 연구: 재정분권화 지표의 개발과 실증분석」. 『한국지방재정논집』 6(2): 177-202.

최원익. 2008. 「재정분권화와 경제성장의 관계에 대한 실증분석」. 『한국지방자치학회보』 20(3): 89-107.

Bahl, Roy. and Johannes F. Linn. 1992. *Urban Public finance in Developng Countries*. Oxford: Oxford Universtty Press.

Bardhan, P., and D. Mookherjee. 2001. "Relative capture of local and central governments: An essay in the political economy of decentralization." In G. Eskeland, S. Devarajan, and H. F. Zhou ed. *Fiscal Decentralization: Promises and Pitfalls*. Washington, DC: The World Bank.

Ebel, R. and S. Yilmaz. (2002). "On the Measurement and Impact of Fiscal Decentralization." *Policy Research Working Paper, 2809*. Washington, D.C.: World Bank.

Manor, James. 1999. *The Political Economy of Democratic Decentralization*. Washington, The World Bank.

Oates, W. E. 1972. *Fiscal Federalism*. New York: Hascourt Brace Jovanovich.

Prud'Homme, Rémy. 1995. "The Dangers of Decentralization." *World Bank Research Observer* 10: 201-220.

Qian, Yingyi, and Barry Weingast. 1997. "Federalism as a commitment to preserving market incentives." *Journal of Economic Perspectives*. Vol. 11: 83-92.

Tanzi, V. 1996. "Fiscal Federalism and Decentralization: A Review of Some Efficiency and Macroeconomics Aspects." In M. Bruno and B. Pleskovic eds. *Annual World Bank Conference on Development Economics*. Washington, D.C.: World Bank.

Tiebout, C. 1956. "A Pure Theory of Local Expenditures." *Journal of Political Economy*. 64(5): 416-424.

Von Braun, Joachim Von, and Ulrike Grote. 2002. "Does Decentralization Managing Fiscal Decentralization." In Ehtisham Ahmad, and Vito Tanzi eds. *Managing Fiscal Decentralization*. New York: Routledge.

West, L, and C. Wong. 1995. "Fiscal Decentralization and Growing Regional Disparities in Rural China." *Oxford Review of Economic Policy*. Vol. 11: 70-84.

9

대통령의 가장 큰 적 '독선'을 버려라

역대 대통령 지지율 등락에서 얻은 교훈

한규섭 | 서울대학교

축복 속에서 당선된 대통령의 퇴임 후가 불안한 이유

5년마다 돌아오는 대통령 선거는 입후자와 후보자를 낸 정당뿐 아니라 전 국민의 관심이 집중되는, 가장 흥행성이 강한 정치 이벤트다. 역대 모든 대통령이 국민 대다수의 지지 속에 출발했다. 하지만 끝은 대부분 초라했다. 전직 대통령들은 재임 기간 중에 적지 않은 업적도 남겼다. 노태우 대통령이 북방외교, 남북한 UN 동시 가입 등을 이끌어낸 공적은 인정할 만하다. 김영삼 대통령은 군내 하나회 척결, 금융실명제 실시 등 개혁 드라이브를 걸어 민주화 초기 중요한 초석을 다졌다는 평가를 받는다. 김대중 대통령은 IMF 경제 위기를 극복하고 남북 관계를 개선했다는 평가를 받는다. 노무현 대통령은 권위주의 청산에 앞장섰다는 평가를 받는다. 이명박 대통령은 G20 서울 정상회담 개최, 한미 FTA 체결 등 국제화에 기여한 점을 평가할 만하고, 한국 정치 역사상 최초로 탄핵된 박근혜 대통령도 한중 FTA 체결 등 나름 평가받는 업적도 있다. 그러나 이러한 업적들에도 불구하고 모두 '성공한 대통령'으로 인정받지 못하는 분위기다. 가령 젊은 층의 압도적 지지로 '역대 대통령 호감도'에서 1위로 올라선 조사들이 많았던 노무현 대통령은 퇴임 후 측근 비리로 극단적 선택을 해야 했다. 이 외에도 퇴임 이후 가족이나 측근 비리에 의해 곤욕을 치러야 했던 김영삼, 김대중 대통령뿐 아니라 당사자가 실형을 선고받고 수감 생활을 하는 등 성공적인 대통령이었다는 평을 얻기 어려운 것이 사실이다. 또 그러한 까닭에 모든 대통령의 재임 기간을 경험해 본 60대 이상의 유권자들 사이에서는 여전히 박정희 전 대통령이 가장 높은 평가를 받는다. 민주화 이후 직접선거를 통해 뽑힌 대통령들이 그들이 타파하고자 노력했던 '독재자' 박정희 전 대통령보다 낮은 평가를 받는 것은 한국 민주주의의 역설이라 하지 않을 수 없다.

대통령 지지율과
국정 동력

성공한 대통령으로 평가받기 위해서는 어떻게 국정 운영을 해야 할까? 많은 전문가들이 홍보와 미디어 전략에 관심을 가진다. 현대 정치는 과거 '보스 정치'에서 '미디어 정치'의 시대로 바뀐 지 오래다. 과거 '3김 정치'로 대변되던 보스 정치 시대에는 각 정당의 '보스'가 정당 내에서 독보적인 영향력을 행사했다. 특히 이들이 공천 과정에서 행사하는 영향력은 거의 절대적이었다. 지역주의 정당의 성격이 특히 강한 당시 정당들의 속성상 공천 자체가 곧 당선의 의미를 가지는 경우가 많았다. 따라서 해당 정당의 정치인들 입장에서는 당내 연결망이 곧 가장 중요한 정치적 자산이었고, 이는 정당 지도부가 모든 소속 국회의원 및 정당인들에게 절대적인 지도력을 행사할 수 있는 기반이 되었다. 따라서 이러한 보스 정치는 강력한 정당 정치를 가능케 하는 메커니즘이었다고 볼 수 있다.

반면 이러한 강력한 정당 '보스'가 모두 사라진 지금 '대중 속으로Going Public'(Kernell, 2007)라는 구호가 이를 대체하고 있다. 지금은 과거 3김과 같은 존재감을 가진 정당 내 보스가 존재하지 않는다. 또 정치권에 대한 유권자들의 기본 인식이 매우 부정적이다. 따라서 정당 지도부와 밀접한 연결망을 가진 기성 정치인은 부정적 고정관념의 대상이 된다. 이러한 이유로 각 정당에서는 선거 때마다 유권자들에게 어필할 수 있는 정치 신인을 발굴하기 위해 인재 영입에 공을 들이고 있다. 또한 대외적으로 현역 국회의원들 중 일정 숫자는 재공천을 하지 않는다는 원칙을 내세우기도 한다. 이처럼 기성 정치권에 대한 반감이 고조되다 보니 정당 정치는 약화될 수밖에 없다. 이에 따라 정당 지도부의 영향력도 약화되었다. 따라서 더 이상 정당 지도부와의 긴밀한 관계 유지가 공천을 보장할 수 없게 되었고, 모든 잠재적 선거 후보자들은 직접 대중에게 어필함으로써 경쟁력 있는 후보로 인식시키려 하는 시대가 되었다.

이 과정에서 가장 중요한 역할을 하는 것이 미디어와 언론이다. 일반 유권자들은 직접 경험을 통해 정치에 대한 정보를 습득하는 경우는 거의 없고, 대부분 언론과 미디어를 통해 간접 경험으로 습득하게 된다. 따라서 언론과 미디어는 이러한 과정에서 엄청난 영향을 미칠 수밖에 없다. 또 주요 선거에서 후보 공천을 받기 위한 가장 중요한 덕목은 '인지도'이다. 유권자의 선호는 대개 매우 단순한 인지적 시그널들에 의해 결정되기 쉽다. 이렇다 보니 인지도만으로도 선거에서 매우 큰 이점으로 작용할 수 있다. 따라서 종편 등 TV 시사 프로그램 고정 출연 등을 통해 대중적 인지도를 쌓은 후 선거에 도전하는 것이 정계 진출을 위한 하나의 중요한 경로가 되었다. 또 소셜미디어 등의 채널을 통해 직접 유권자들에게 어필하면서 인지도를 높이는 잠재적 선거 후보들도 늘어나고 있는 추세이다.

이러한 정치 환경의 근본적 변화가 대통령의 국정 운영에 의미하는 것은 무엇일까? 대통령도 철저하게 이러한 '대중 속으로'의 문법을 이해하고 그에 맞는 전략을 펼쳐야 한다. 우선 대통령이 정책을 추진하려면 국회와의 관계가 중요하다. 국회에서 대통령이 추진하는 정책들과 관련한 법안을 통과시키는 데 오랜 시간이 걸리거나 부결시킨다면 대통령으로서의 역사에 남을 업적을 추진하는 것이 원천적으로 불가능하고 식물 대통령으로 전락할 수밖에 없다. 국회에서 여당이 압도적인 의석 수를 차지하고 있는 경우 안정적인 국정 운영에 훨씬 유리한 이유다.

문제는 과거 보스 정치 시대와는 달리 여당 소속 의원들이라고 하더라도 더 이상 무조건적인 '충성'을 담보하기 불가능해졌다는 점이다. 아무리 대통령이 통과시키고자 하는 법안이라도 본인의 대중적 이미지에 타격이 되거나 지역구민들에게 큰 반감을 살 가능성이 있을 경우 따르지 않는 의원들이 많기 때문이다. 대통령 개인적으로도 과거 김영삼, 김대중 대통령과 같은 여당의 '보스' 출신이 아니기 때문에 여당 소속 의원들에게 가지는 영향력이 조건부일 수밖에 없다. 물론 내각 기용 등의 당근을 제공할 수 있으나 수혜자가 될 만한 의원들의 폭이 제한적이어서 대부분의 의원들은 이러한 논리만으로는 통제가 불가능하다. 마찬가지로 공천을 보장할 수 없는 정당 지도부나 대통령도 개별 의원들에게 이러한 요구에 따르도록 강제할 수단이 거의 없다. 반면 하루가 다르게 심해지는 정치적 갈등으로 인해 대통령의 여당 의존도는 과거에 비해 훨씬 더 높아졌다고 할 수 있다. 다시 말해 여당 의원들의 전폭적인 지원 없이는 원활한 국정 운영이 불가능해진 상황이다.

변화한 정치 환경에서 야당은 물론이고 여당 의원들을 통제하기 위한 방법은 '대중 속으로 전략'이 유일하다. '대중 속으로 전략'은 대통령이 높은 지지율을 유지함으로써 여·야 모두 자신의 정책에 반대할 경우 정치적 비용이 상당할 것이란 믿음을 형성하고, 이러한 '위협' 또는 '압박'에 기반하여 자신에 대한 '충성'을 유도하는 것을 의미한다. 따라서 기존의 보스 정치와는 달리 '대중 속으로 전략' 시대에 대통령에게 가장 중요한 것은 바로 지지율을 높게 유지하고, 이 높은 지지율을 원활한 국정 운영의 동력으로 삼는 것이다. 즉 높은 지지율이야말로 대통령이 가진 가장 중요한 정치적 자산인 것이다.

물론 지지율 관리를 위해서는 대언론 관계가 매우 중요할 수 있다. 즉 적극적인 정책 홍보 등을 통해 언론의 호의적인 보도를 유도할 수 있다면 지지율 유지에 도움이 될 것이다. 결국 이는 원활한 국정 운영 및 핵심 정책 과제 추진을 위한 동력이 된다. '대중 속으로 전략'의 논리가 언론 관계에도 적용될 수 있다. 즉 지지율 유지 자체가 언론의 호의적 보도를 유인하는 측면이 크다. 언론 또한 유권자 다수의 지지를 받는 대통령에 대해 과도한 비판은 구독률·시청률 하락으로 직결될 가능성이 농후하여 정치적으로뿐만 아니라 경제적으로도 부담스러울 수밖에 없다. 가령 태블릿 PC 사건으로 박근혜 전 대통령의 지지율이 폭락하자 보수 언론들도 일제히 박 전 대통령에 대한 비판 기사로 도배를 한 바 있다. 대통령 지지율이 높은 시기에는 지지자들이 특정 언론에 대한 여론몰이가 극심해진다. 이 경우 광고주들도 광고나 협찬을 제공하기 부담스러워지게 된다. 즉 언론 보도도 지지율에 따라 영향을 받을 가능성이 높다.

대통령 지지율은 왜 하락하는가

문제는 모든 대통령의 지지율이 임기 초 아주 짧은, 소위 '허니문 기간'을 제외하면 지속적으로 하락하는 경향이 나타난다는 점이다. 이러한 '지지율 하락의 '법칙'은 정치학에서도 매우 일관된 현상으로 한국뿐 아니라 미국의 대통령들에게도 대부분 나타나는 공통 현상이다. 그 결과 국정 동력 상실로 이어지는 일이 반복된다. 문재인 대통령은 다를 것이란 기대도 있었다. 박근혜 전 대통령 탄핵 정국에서 워낙 높은 지지율로 출발했기 때문이다. 그러나 임기 초 일부 조사에서 80%에 달했던 문 대통령 지지율도 이 법칙에서 예외는 아니었다. 한때 30%대 이하로 하락했던 문 대통령 지지율은 임기 말에 가면서 다시 30% 중후반에서 정체된 형국이다. 최고점 대비 절반 수준으로 하락한 것이다. 물론 대부분의 전임 대통령들의 같은 시점에서의 지지율보다는 훨씬 높은 수준이다. 그러나 이는 예전보다 훨씬 더 심각해진 정치적 양극단화에 기인한 것이라는 해석이 지배적이다.

실제로 미국의 데이터 저널리즘 사이트인 〈파이브서티에이트FiveThirty Eight〉에서 추정한 역대 미국 대통령들의 지지율 추정값을 살펴보면 제2차 세계대전 이후 대통령 13명 가운데 도널드 트럼프, 버락 오바마, 빌 클린턴 대통령 정도를 제외한 10명의 대통령들에게서 지지율 하락 현상이 나타났다. 한국의 경우, 한국갤럽에서 제공하는 역대 대통령 분기별 지지율 추이를 살펴보면 1987년 민주화 이후 모든 대통령에게서 이러한 지지율 하락 현상이 나타났다. 물론 최근 정치적 양극화가 극에 달함에 따라 경쟁 진영에 대한 적대감이 심화되고 진영 논리가 강하게 작동하면서 대통령 지지율이 40~50% 사이에서 정체되는 현상이 나타나기도 한다. 문 대통령 지지율이 대표적인 사례이며, 미국에서는 트럼프 대통령 지지율이 임기 내내 40% 언저리에서 거의 변화가 없었다. 그러나 문 대통령 지지율도 초반기에 거의 80%에 육박하던 것에 비하면 거의 절반 수준으로 하락한 것이다.

많은 이들이 이러한 지지율 하락 현상의 원인에 관심을 가져왔다. 무엇이 문제일까? 가장 유력한 설명은 '소수자들의 연합Coalition of Minorities' 가설이라고 할 수 있다. 이는 대통령이 새로운 정책을 추진할 때마다 해당 정책에 반대하는 새로운 유권자들의 집단이 생겨나게 되며 임기 동안 다양한 정책을 추진하면서 각 정책의 반대층이 축적되고 서로 결속하면서 대통령 지지율이 하락한다는 이론이다. 역설적이기는 하지만, 이러한 시각에서 보면 대통령이 아무런 정책도 추진하지 않는 한 지지율 하락은 불가피한 것이라 할 수 있다. 또 현재 상황에 대한 개혁적 정책을 많이 추진할수록 반대층의 형성이 더 급속히 진행될 가능성도 있다.

역사에 남을 업적을 남기는 성공한 대통령이 되기 위해서는 대통령 지지율 하락의 추세를 완전히 역행할 수는 없더라도 속도를 최대한 조절하여 대통령의 핵심 정책 과제들을 과감히 추진할 수 있는 환경을 조성하는 것이 필수적이다. 그렇다면 대통령 지지율 하락을 촉진하는 요인은 무엇일까?

여기에는 다양한 내부적·외부적 요인들이 존재한다. 우선 가장 대표적인 외부 요인으로 경제 위기나 재난 등이 있다. 많은 해외 연구들에서 경제상황이 좋아지거나 나빠짐에 따라 대통령 지지율이 영향을 받는 것으로 나타났다(Gronke and Newman. 2003). 한국에서도 이러한 결과가 여전히 유효한지에 대한 연구는 많지 않다. 그러나 김영삼 정부 시절 외환 위기로 인해 김영삼 대통령의 지지율이 폭락한 것을 하나의 대표적 사례로 꼽을 수 있다. 반면 김대중 대통령은 임기 초반 외환 위기를 잘 극복하여 경제 상황이 호전됨에 따라 높은 지지율을 유지했다는 것이 지배적 해석이다. 또 문재인 정부의 부동산 정책 사례와 같이 경제 관련 정책의 실패도 대통령 지지율에 영향을 미칠 것으로 예상한다. 여기에 박근혜 대통령 시절의 세월호 침몰이나 김영삼 대통령 시절의 삼풍백화점 붕괴 같은 대형 사고 등도 대통령 지지율 하락을 촉진할 수 있다.

그렇다면 대통령 자신이 할 수 있는 것은 무엇일까? 대통령 자신으로 인해 발생하는 가장 중요한 지지율 하락의 촉진 요인은 바로 대통령의 '독선'이라 볼 수 있다. 한국의 유권자 지형상 누가 대통령이 되더라도 큰 득표율 차이로 당선되기는 거의 불가능하다. 실제로 탄핵 정국에서 치러진 지난 2017년 대선에서도 문재인 대통령의 득표율은 41.1%에 불과했다. 개혁 성향 유권자들의 표힘을 감안하여 심상정 후보의 득표율까지 합치더라도 47.3% 정도를 득표했다. 결국 전체 유권자의 절반 이상은 문재인 대통령을 지지하지 않았다는 얘기다. 그럼에도 '승자독식제'인 우리 대통령제의 특성상 선거 이후 모든 권력은 대통령에게 집중된다. 특히 임기 초반, 대선 승리감에 도취된 나머지 '독선'적인 국정 운영을 하는 대통령을 자주 목격해 왔다. 유권자의 절반이 대통령을 지지하지 않는 유권자 지형을 가진 우리 정치의 현실을 고려하면 매우 급속한 지지율 하락 현상이 나타날 수 있고, 이는 국정 동력 약화로 이어질 수 있다.

그렇다면 이러한 '독선'은 어떤 형태로 나타날까? 우선 대통령의 권력 도취는 일방적 개혁 정책 추진으로 이어질 수 있다. 즉 여론이 심각하게 나뉜 사안에 대해 일방적인 입법을 추진하는 일이 반복될 경우 지지율 하락의 속도가 빨라질 수 있다. 박근혜 정부 시절 대표적 사례로서 당시 부정적 여론에도 불구하고 국정교과서를 추진한 것을 꼽을 수 있다. 반면 문재인 정부 들어 유사한 사례로 '탈원전' 추진을 꼽을 수 있을 것이다. 탈원전에 대해 긍정과 부정 여론이 엇비슷한 상황에서 임기 초반에 무리하게 신고리 5·6호기의 공사부터 중단한 바 있다. 그러나 공론 조사 결과에서 결국 '공사 속개' 의견이 다수로 나와 공사를 속개하며 상당한 정치적 타격을 입었다. 당시 정부가 내려야 할 결정을 공론 조사에 떠넘긴, 책임회피라는 비판 여론도 많았다. 또 한 가지 흔히 범하기 쉬운 '독선'은 바로 선거 개입 내지는 공천권 행사 시도다. 지난 2016년 총선 당시 박근혜 대통령과 새누리당 지도부와의 갈등이 극에 달해 김무성 당시 새누리당 대표가 소위 '옥쇄'를 들고 부산으로 내려가는 촌극이 벌어졌다. 결론적으로 많은 대통령들이 임기 초반 자신에게 주어진 권력에 도취하여 행하는 독선적 행위로 지지율 하락을 자초하고 국정 동력을 상실하고 말았다.

이 글에서는 박근혜 대통령과 문재인 대통령의 지지율을 분석하여 어떤 사안들이 두 대통령의 지지율 하락을 촉진하였는지 살펴보았다. 우선 두 대통령은 가장 최근에 국정을 맡은 대통령들이어서 재임 당시 정치 환경 및 유권자 지형이 차기 대통령과 비슷하여 가장 시사점이 클 것이다. 또 한 명은 보수, 한 명은 진보 대통령이어서 두 진영이 모두 대표되었다.

이번 분석에서는 중앙여론조사심의위원회(이하 '여심위')가 정치 및 선거여론조사의 등록을 의무화하기 시작한 2015년 4월 이후 여심위 홈페이지에 등록된 대통령 지지율 조사 전수를 수집하여 각 조사기관의 바이어스를 보정한 후 대통령 지지율을 추정하였다. 2015년 4월은 박근혜 전 대통령 임기의 중간 정도에 해당한다. 따라서 이 시점 이전에 일어났던 사건·사고들의 영향은 고려할 수 없는 분명한 한계가 존재한다. 분석에 포함된 두 대통령의 지지율 조사 숫자는 288개와 970개였다.

이 두 대통령의 지지율 데이터에 사이먼 잭맨(Jackman, S. 2005)이 제안한 베이지언 방법론을 적용하여 조사기관별 하우스 효과(House Effect)를 보정한 대통령 지지율 추정값을 얻었다. 이 지지율 추정값에 변환점 분석(Change Point Analysis)(Killick, Eckley, Jonathan, and Ewans, 2010)을 실시하여 각 대통령의 지지율에서 통계적으로 유의미한 '변환점'을 식별해 냈다. 변환점들은 전후의 평균 변화가 가장 큰 시점들이라 할 수 있다. 이 변환점들을 살펴봄으로써 어떤 요인들이 두 대통령 지지율 변화에 가장 큰 영향을 미쳤는지 추론해 보았다.

박근혜 대통령
지지율 변환점

2015년 4월 이후 박 전 대통령의 지지율은 몇 번의 전환기를 거쳐 2016년 10월 이후에는 10% 초중반대로 하락하였고 이후 탄핵의 길을 걸었다(《그림1》 참조). 즉 이 기간 동안 약 50%에서 10% 초반으로 약 40%포인트 가까이 지지율이 하락한 것으로 볼 수 있다.

그렇다면 무엇이 박 전 대통령 지지율 하락을 촉발했을까? 박 전 대통령의 몰락은 순전히 소위 '태블릿 PC' 사건으로 촉발된 최순실 사태로 인한 것이었을까? 아니면 다른 전조 증상들이 있었을까? 그렇다면 어떤 사건들이었을까? 지지율 하락은 결국 박 전 대통령의 국정 능력 상실로 볼 수 있다. 따라서 지지율 하락에 큰 변환점이 된 시점들을 식별해 내는 것이 의미가 있을 것이다.

박 전 대통령 지지율 추이를 보면 임기 후반기 '태블릿 PC' 보도로 촉발된 '최순실 게이트'에 해당하는 세 개의 변환점(2016년 10월 11일, 20일, 30일)이 존재한다.[1] 2016년 10월 한 달 동안 무려 3개의 변환점이 존재한다는 것은 당시 박 전 대통령의 지지율이 얼마나 급속하게 하락했는지를 보여준다. 이후 박 전 대통령 지지율은 10% 초중반대를 오가게 된다. 이 시기는 박 전 대통령 임기의 가장 마지막 시기에 해당한다(《그림2》 참조).

그렇다면 태블릿 PC 사건 이전에 어떠한 전조 증상은 없었을까? 태블

---

[1] 우선 세월호 참사가 박 전 대통령 지지율에 큰 영향을 미쳤을 것이란 예상이 가능하다. 그러나 본 분석에는 여심위 등록 조사들만을 대상으로 하였기 때문에 이 기간에 대한 데이터는 존재하지 않는다.

<그림1> 박근혜 대통령 지지율 변환점

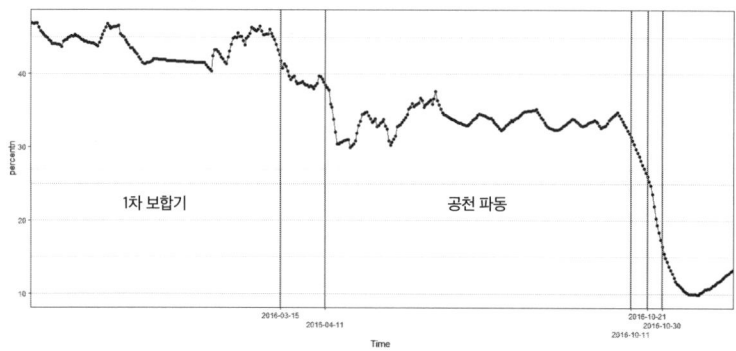

<그림2> 박근혜 대통령 임기 시기별 구분

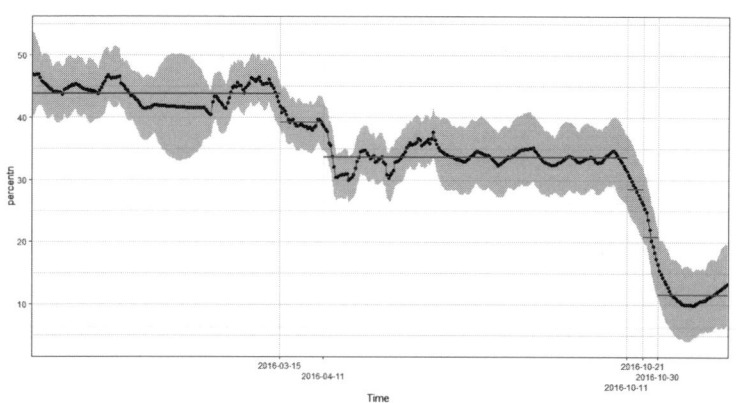

럿 PC 사건을 제외하면 두 개의 변환점이 존재한다. 2016년 3월 15일과 4월 11일이다. 총선을 앞두고 새누리당 공천 갈등이 불거진 시기로 '공천 파동' 시기로 규정할 수 있을 것이다. 세월호 사건 이후 높진 않지만 어느 정도 보합세가 유지되던 시기를 지나 공천 파동 기간을 지나며 박 전 대

통령 지지율이 급락하게 된다.

이 공천 파동 시기는 크게 두 개의 시기로 다시 나눌 수 있다. 우선 첫 번째 중요한 변환점(2016년 3월 중순)은 2월 말 소위 '살생부' 논란으로 공천 파동이 터져 나오고, 3월 23일 김무성 대표의 '옥쇄 파동'으로 갈등이 극에 달한 시점에 해당한다. 이 두 사건의 중간 지점쯤인 3월 15일을 기점으로 이전과 이후 박 전 대통령 지지율이 가장 큰 차이를 보이는 것으로 나타난 것이다. 이 시점 이후 40% 중반대였던 박 전 대통령 지지율은 40% 아래로 떨어져 소강상태에 접어들게 된다.

이 사태의 배경을 살펴보면 당시 청와대가 총선에서 공천권을 행사하려 하자 여당 지도부와 의원들이 반발하면서 당내 갈등이 촉발된 것으로 볼 수 있다. 이는 선친의 역사적 유산과 한나라당 시절 당을 구한 전력에도 불구하고 박 전 대통령조차도 지지율이 높지 않은 상황에서 여당 내 영향력이 크지 못했음을 잘 보여주는 사례다.

특히 당시 여론조사에서 소위 '안심번호'를 사용할 수 있는 법적 근거가 마련되기 이전이라 조사기관들이 지역구별 휴대번호 목록을 확보하지 못했다. 이 때문에 선거 기간 동안 발표된 여론조사에서 새누리당이 150~160석을 차지하며 압승할 것이란 예상이 지배적이었다. 이는 대통령에게 잘못된 시그널을 지속적으로 보낸 것으로 볼 수 있다. 이 때문에 대통령의 폭주에 가까운 공천 개입에 제동이 걸리지 않았다. 박 전 대통령이 임기 후반 원활한 국정 운영을 위해 무리하게 자신에게 충성도가 높은 인물들을 국회에 진출시키기 위해 소위 '살생부'를 만들어 공천권을 행사하려 했다는 것이 일반적 해석이다. 그리고 이러한 공천을 둘러싼 청와대발 불협화음으로 박 전 대통령 지지율이 급격하게 하락하였던 것이다. 따라서 이는 대통령의 '독선'이 부른 참사로 볼 수 있다.

　더 큰 문제는 이러한 공천을 둘러싼 잡음이 총선 패배로 이어졌다는 점이다. 2016년 총선에서 압승을 예상했던 여론조사와는 달리 오히려 민주당이 다수당이 되는 결과가 나왔다. 당시 많은 새누리당 지지 성향의 유권자들이 공천 잡음으로 선거 참여 의지가 높지 못한 상황에서 여론조사 결과가 압승을 예상해 선거 참여에 큰 의미를 두지 않았던 것으로 보인다. 따라서 총선 직후 대통령 책임론이 불거졌고, 이는 3월 중순보다 더 큰 폭의 하락을 촉발하는 2차 변환점(4월 13일)으로 이어졌다. 본 분석의 지지율 추정값에 따르면 40% 안팎에 머물러 있던 박 전 대통령 지지율이 선거 직후 불과 2주 정도 만에 거의 10%포인트 가까이 빠지며 30% 안팎으로 하락한 것이다. 이는 대통령의 '독선'으로 인한 공천 잡음과 그에 따른 총선 패배에 많은 지지자들이 실망하여 지지를 철회한 것으로 해석이 가능하다. 이 시기를 공천 파동의 두 번째 단계로 볼 수 있다(〈그림2〉 참조).

　결국 총선 이후 한 번도 40% 선을 회복하지 못한 박 전 대통령은 그로부터 약 6개월 후 태블릿 PC 사건으로 몰락의 길을 걷게 된다. 일각에서는 태블릿 PC 사건이 불거지게 된 것 자체도 박 전 대통령의 영향력이 쇠퇴한 것이 원인이라고 분석하기도 한다. 최소한 총선 당시 박 전 대통령의 독선적 행보로 원한이 쌓인 새누리당 의원들이 박 전 대통령 탄핵 과정에서 적극적으로 방어에 나서지 않은 것은 분명하다.

　요약하면, 분석에 포함된 기간 동안 태블릿 PC 사건을 제외하면 박근혜 전 대통령의 지지율 하락세에 가장 결정적 영향을 미친 것은 공천 파동이었다. 결국 박 전 대통령은 2016년 총선 공천 과정에서 과도한 영향력을 행사하려 했고, 이는 많은 잡음을 초래하며 바로 박 전 대통령 지지율 하락으로 이어졌다. 총선에서 패배한 이후 급속한 추가 지지율 하락이 있었으며, 이후 한 번도 40%를 회복하지 못한 채 태블릿 PC 사건으로 탄핵 정국으로 돌입하게 되었다. 따라서 박 전 대통령 지지율 하락의 직접적 계기는 바로 무리한 공천권 행사로 대표되는 '독선'이었다고 할 수 있다.

문재인 대통령
지지율 변환점

박근혜 전 대통령 지지율 분석과 마찬가지로 문재인 대통령 재임 초기부터 2021년 4월 1일까지 여론조사심의위원회에 등록된 974개의 대통령 지지율 조사를 취합하여 조사기관이 시기별로 보이는 고유한 경향성을 보정한 후 대통령 지지율을 추정, 여기에 변환점 분석 Change Point Analysis 기법을 적용하였다.

지지율 추이로 보면 2021년 4월 1일까지의 문 대통령 재임 기간은 크게 7개 정도의 시기로 분류 가능했다. 임기 초반부터 2017년 7월 첫째 주까지 3개월은 '허니문' 시기로 80% 안팎의 '초현실적' 지지율을 유지하였다. 이는 어느 대통령이나 거치는 시기이긴 하나 전임 대통령들의 임기 초반 지지율이 약 42%(박근혜 전 대통령)에서 71%(김영삼, 김대중 전 대통령) 정도였던 점을 감안하면 문 대통령은 이례적으로 높은 지지율로 시작한 것을 알 수 있다. 여러 이유가 있겠으나 당시 박근혜 전 대통령 탄핵으로 인한 보수에 대한 오명으로 인해 보수 유권자들의 여론조사 참여가 매우 저조했던 것이 가장 합리적인 해석일 것으로 보인다. 실제로 한국 유권자 지형상 대선 득표율이 41.1% 정도였던 문 대통령의 지지율이 80%에 육박하

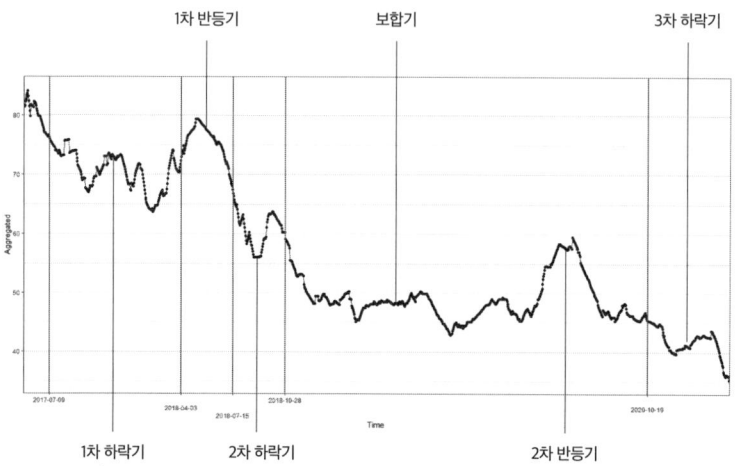

<그림3> 문재인 대통령 지지율 변환점

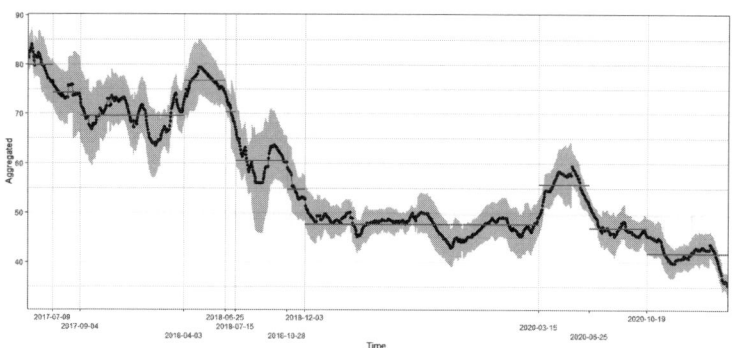

<그림4> 문재인 대통령 임기 시기별 구분

는 것은 불가능하다고 여겨진다. 이유가 무엇이든 문 대통령은 역대 최고의 지지율로 임기를 시작한 대한민국 대통령으로 볼 수 있다.

'허니문' 시기 이후 문 대통령 지지율은 다른 대통령들과 마찬가지로 하락 국면으로 진입했다. 본격적으로 현 정부의 인사 및 기본 정책 방향 등이 나오면서 '이탈층'이 발생하기 시작한 시기다. '제1차 하락기'로 볼 수 있으며, 2017년 7월 1주 차 정도부터 2018년 4월 1주 차 정도까지 지속되었다. 이 시기 문 대통령은 '모든 국민의 대통령'이 되겠다던 약속과 달리 인사 등에서 시민단체, 운동권 인사들과 특정인의 '라인'에 해당하는 인물들을 대거 청와대 핵심 포스트와 정부 부처장에 기용하면서 '코드 인사' 논란이 있었던 시기다. '코드 인사' 논란은 결국 앞서 박근혜 전 대통령 사례에서 언급했던 '독선'의 한 형태로 볼 수 있으며 많은 대통령에게서 목격되는 현상이다.

이러한 1차 하락기를 거친 후 2018년 4월 첫째 주를 기점으로 문 대통령 지지율에는 '제1차 반등기'가 찾아왔다. 제1차 반등기의 가장 중요한 원인은 두 가지로 분석될 수 있다. 우선 당시 1, 2차 남북 정상회담이 열려 남북 관계 개선에 대한 기대가 높아졌던 점을 꼽을 수 있다. 그러나 가장 중요한 원인은 6.13 지방선거에의 압승으로 인한 일종의 '랠리 효과 Rally Effect' 발현으로 볼 수 있다. 당시 광역단체장 선거에서 더불어민주당, 자유한국당, 무소속이 각각 14 대 2 대 1이라는 결과표를 받아들어 더불어민주당 지지율이 급속히 상승하는 결과로 이어졌다. 이러한 두 가지 외부적인 요인들로 인해 2차 하락기 이후 반등기가 찾아오는 행운을 누린 것으로 보인다.

이 '제1차 반등기'는 반짝 반등에 그치고 말았다. 지방선거 승리 직후인 2018년 6월 3주 차 이후부터 '2차 지지율 하락기'가 시작되었다. 몇 번의 조정기를 거치긴 했지만 결국 같은 해 12월 1주 차에는 처음으로 50% 선이 붕괴되었다. 불과 임기 1년 반 만에 일어난 일로 한때 80% 지지율을 넘보던 것을 감안하면 지지율의 덧없음을 보여준다. 이는 문 대통령 지지층이 강성 지지층으로 축소되었다는 것을 의미한다. 이 2차 하락기는 문 대통령 지지율이 가장 많이 하락한 시기로 '제1차 반등기' 최고점인 79.4%(5월 첫째 주) 대비 무려 30%포인트가량이 하락했다. 6.13 지방 선거에서의 압승 이후 불과 2주일 만에 완벽하게 달라진 여론 분위기를 알 수 있다. 이 시기는 문 정부 출범 당시 국정기획자문위원회가 발표한 100대 국정 과제의 핵심인 '적폐 청산'의 대표적 정책들을 쏟아냈던 시기로 볼 수 있다. 아이러니하게도 대통령은 '개혁'이라고 생각했던 '적폐 청산' 관련 정책을 쏟아내는 동안 문 대통령 자신의 지지율도 동반 하락한 것이다. 이러한 결과는 결국 지방선거의 승리감에 도취한 문 정부가 1차 하락기와 마찬가지로 지지층 위주의 독선적 정책을 펴다 6.13 지방선거 승리의 분위기를 이어가지 못한 것으로 해석할 수 있다.

2차 하락기 이후 2018년 12월 1주 차부터 2020년 3월 2주 차 정도까지 1년 반 가까이 일종의 '보합기'가 지속되었다. 이 시기는 각종 악재에도 불구하고 문 대통령의 콘크리트 지지층이 굳건한 지지를 보인 시기로 볼 수 있다. 특히 조국 법무부장관 지명으로 촉발된 각종 논란에도 지지율 최저점이 43%(2019년 9월 3주 차) 정도였고 40~50% 초반대에서 등락을 거듭했다. 이는 조국 법무부 장관 임명을 철회하지 않고 버티는 무리한 인사에도 불구하고 강력한 지지층이 버텨준 결과로 해석이 가능하다. 이러한 현상은 미국 트럼프 대통령 지지율에서도 나타나는 현상이다. 즉 정치적 양극단화가 극심해진 미국에서 트럼프 대통령 지지율은 상대적으로 낮게 시작했으나 더 이상 추가 하락은 없이 꾸준히 40% 초반대의 지지율을 임기 내내 유지했던 것과 비슷한 경향이다.

이후 문 대통령에게 '제2차 반등'의 기회가 찾아왔다. 코로나19로 인한 세계적인 팬데믹 초반기에 비교적 성공적인 방역과 재난지원금 지급 등으로 지지율이 급반등하였다. 또 이 여세를 몰아 2020년 4월 총선에서 압승을 거두면서 일시적으로 60%대 지지율을 회복하였다. 야당이 지리멸렬한 상황인 점도 문 대통령 지지율 반등에 한몫한 것으로 볼 수 있다. 임기 후반부로 접어든 상황에서 60%대 지지율을 회복한 것은 매우 이례적인 것이라 볼 수 있다.

문재인 정부의 '제2차 반등기' 역시 오래 지속되지는 못했다. 2020년 6월 4주 차를 기점으로 하여 지지율이 대폭 하락하는 '제3차 하락기'가 시작된다. 이 시기는 검찰 개혁을 둘러싼 추미애 법무부장관과 윤석열 검찰총장 간의 갈등이 극에 달하면서 급속한 지지율 하락으로 이어졌다. 조국 법무부장관 지명자가 물러나면서 법무부장관 자리에 오른 추이매 장관과 검찰 간의 갈등이 극에 달하면서 친정부 성향의 검사들마저도 추 장관에게 공개 반발하는 상황이 발생했다. 이 시점 이후 문 대통령 지지율이 하락하기 시작하여 30% 선이 무너지기도 했다. 이 3차 하락기도 추미애 장관으로 대변되는 '독선'의 결과로 해석될 수 있다.

이번 분석에 활용된 데이터가 2021년 4월까지만 포함하고 있어 새로운 전환점으로 잡혀 나오지는 않았으나 '부동산 적폐'를 겨냥한 각종 규제를 쏟아내던 와중에 터진 'LH 사태'가 새로운 하락기를 촉발했던 것으로 보인다. 본 분석의 마지막 부분에 급격한 하락이 눈에 띈다. 김현미 국토부장관의 부동산 정책 사수가 지지율 하락의 또 다른 '변환점'이 되었던 것으로 보이나 향후 대선을 앞두고 다시 양 진영이 결속하면서 현재 문 대통령 지지율은 다시 30% 중후반대에서 등락을 거듭하고 있다.

요약하면 문 대통령 지지율은 약 70~80%에서 시작하여 몇 번의 하락기와 반등기를 거쳤으나 궁극적으로는 30% 중후반대로 수렴하여 다른 대통령들과 마찬가지로 지지율 하락의 법칙을 벗어나지는 못했다. 문 대통령 지지율 하락을 촉발한 사안들은 임기 초반에는 '코드 인사'로 분류될 수 있는 인물들의 등용으로 '허니문 기간' 이후 상당히 급격한 지지율 하락이 있었다. 이후 평창 동계 올림픽을 전후하여 북한과의 화해 무드가 조성되고 지방선거에서 압승하면서 급상승했던 시기도 있었다. 흥미로운 것은 지방선거 압승 이후 급속하게 지지율 하락이 시작되었다는 점이다. 이때는 지방선거 압승으로 자신감이 충만하여 각종 '적폐 청산'에 몰입하던 시기다. 즉 과거 정부를 향한 '적폐 청산' 관련 정책을 쏟아내는 동안 문 대통령 지지율도 동반 하락한 것이다. 마지막으로 조국 법무부장관 임명자와 관련한 각종 의혹들에도 좀처럼 추가 하락하지 않던 문 대통령 지지율이 추미애 장관의 '검찰 개혁' 과정에서 불거져 나온 잡음으로 인해 하락세로 다시 돌아섰다. 이후 김현미 장관의 고집스런 부동산 정책으로 하락세가 이어졌다. 즉 추미애 장관의 검찰 개혁, 김현미 장관의 부동산 정책 등이 지지율 하락을 주도한 것으로 보인다. 요약하면 '코드 인사', '적폐 청산', '검찰 개혁', '부동산' 등 집토끼들에게 어필하는 '독선'의 정책들이 지지율 하락을 촉발한 계기였다.

독선을 버리고
통합의 리더십을 발휘하라

많은 전직 대통령들이 나름대로 업적을 남겼음에도 불구하고 역사적 평가는 그리 호의적이지 못하다. 긍정적 유산을 남기는 데 실패했기 때문이다. 역사적 유산으로 기억될 만한 업적을 만들기 위해서는 자신이 정한 국정 목표, 해당 정권에 주어진 역사적 과제를 달성할 수 있도록 핵심 정책을 안정적으로 추진할 수 있어야 한다. 이것은 어떻게 가능할까?

정당 보스들이 모두 사라진 정치 환경에서 '대중 속으로 전략'이 정치 엘리트들 간에 관계를 맺는 기본적인 문법으로 자리 잡은 지 오래다. 과거 3김과 같은 존재감을 가진 정당 내 보스가 존재하지 않는 상황에서 모든 국회의원과 정치인들은 독자적으로 대중에게 어필해야 하면서 당 지도부의 통제력은 과거보다 대폭 축소되었다. 이런 국회를 통해 정책을 추진하기 위해서 대통령 또한 대중의 지지를 기반으로 그들을 압박해야만 한다. 이를 위해 지지율 유지가 관건이 될 수밖에 없다. 결국 대부분의 대통령들이 지지율 하락으로 국정 동력을 상실함으로써 과감하고 성공적인 정책 추진이 어려워지면서 역사적 유산으로 기억될 업적을 만들어내는 데 실패하게 되기 때문이다.

이 과정에서 가장 중요한 역할을 하는 것은 미디어와 언론이다. 일반 유권자들은 정치에 대한 정보의 거의 전부를 언론과 미디어를 통해 접하기 때문이다. 반면 경제적 상황이 과거보다 많이 어려워진 언론사들도 대중의 반응에 더 민감하게 반응한다. 따라서 언론의 논조도 대통령 지지율의 영향에서 자유로울 수 없다. '인기' 있는 대통령에게 신랄한 비판을 하는 것은 정치적으로뿐만 아니라 경제적으로도 매우 부담스러운 일이 된다.

역대 대통령들은 임기 초 '허니문 기간'을 제외하면 지속적으로 하락하는 '지지율 하락의 법칙'을 벗어나지 못했다. 이는 한국뿐 아니라 미국의 대통령들도 대부분 보이는 공통된 현상이다. 대부분의 학자들은 이런 현상을 '소수자들의 연합Coalition of Minorities' 가설로 설명한다. 대통령이 새로운 정책을 추진할 때마다 해당 정책에 반대하는 새로운 유권자들의 집단이 축적되면서 대통령 지지율이 하락한다고 보는 것이다.

대통령의 어떤 태도가 이런 현상을 가속화시킬까? 대통령의 '독선'이라고 할 수 있다. 한국의 대통령들은 대통령 중심제의 특성상 임기 동안만은 자신이 추구하는 모든 것을 하도록 허락받았다는 착각에 빠지기 쉽다. 자신을 지지하지 않은 거의 절반의 유권자가 존재한다는 것은 잊어버리거나 그들을 적대시하는 오류를 범해 왔다.

이 글에서는 중앙여론조사심의위원회에 등록된 박근혜 전 대통령과 문재인 대통령 지지율 조사 전수를 분석하여 각 대통령의 지지율의 변환점을 식별해 냈다. 그 결과를 보면 두 대통령 모두 독선적 정치 행위나 정책 추진을 했을 때 지지율 하락 속도를 가속화하는 변환점이 되었던 것으로 나타났다.

박 전 대통령의 경우 2016년 공천 개입이라는 독선적 행동과 그에 따른 충격의 총선 패배가 급격한 지지율 하락을 촉발했다. 결국 그 여파로 태블릿 PC 사건이 일어나면서 탄핵의 길로 들어서게 되었다. 문 대통령도 여러 번의 지지율 반등 기회가 있었음에도 임기 초반 코드 인사, 적폐 청산, 추미애 법무부장관의 검찰과의 갈등, 그리고 김현미 국토부장관의 부동산 정책 등이 지지율 하락을 촉발한 변환점들로 나타났다. 이들은 문 정부의 정책 중 대표적으로 독선적인 국정 운영 사례로 볼만한 사안들이었다. 그 결과 역대 최고의 지지율로 출발한 문 대통령도 '지지율 하락의 법칙'을 비껴 가지는 못했다. 역사에 가정은 있을 수 없지만 2018년 지방선거, 2020년 총선 승리로 대표되는 두 번의 '반등기'에 독선이 아닌 '국민

통합'의 행보를 보였다면 '지지율 하락의 법칙'을 깰 수도 있었을지 모른다. 대통령의 가장 큰 적은 바로 대통령 자신의 '독선'이라 할 것이다.

참고 문헌

Jackman, S. 2005. "Pooling the Polls over an Election Campaign." *Australian Journal of Political Science* 40 (4). 499-517.

Gronke, P., and B. Newman. 2003. "FDR to Clinton, Mueller to ?: A Field Essay on Presidential Approval." *Political Research Quarterly* 56: 501-512.

Kernell, S. 2007. *Going Public: New Strategies of Presidential Leadership*. 4th ed. Washington, DC: CQ Press.

Killick R, Eckley IA, Jonathan P, Ewans K 2010. "Detection of Changes in the Characteristics of Oceanographic Time-Series using Statistical Change Point Analysis." *Ocean Engineering*. 37(13), 1120?1126.

맺음말
분권, 통합, 공생의 정치를 향하여

강원택, 손열

대통령의 성공은 중요하다. 당선된 대통령의 집권은 선거를 통해 유권자에게 했던 약속을 구체적으로 실현하는 시간이며, 성공은 그 약속이 만족스럽게 실현되었음을 의미하는 것이다. 그런 점에서 대통령의 성공은 자유민주주의 체제의 중요한 원칙인 책임정치의 구현이라는 점에서 중요하다. 이는 또한 국민에게는 현 정치 시스템의 효과적인 작동에 대한 신뢰를 높임으로써 체제에 대한 안정감을 높여준다.

1987년 민주화 이후 한국은 이른바 '민주화의 제3의 물결'을 탄 신생 민주주의 국가 중에서 비교적 안정적이고 지속적으로 민주적 공고화를 이뤄왔다. 절차적 민주주의가 확립되었고, 시민적 자유와 권리가 강화되었으며, 권력에 대한 견제나 법에 의한 지배도 제도적으로나 관행적으로 확립되었다. 이와 함께 경제적으로 성장했고, 문화적으로도 풍요로워졌다. 정치, 경제, 사회, 문화 등 어느 면에서나 1987년 민주화 당시의 한국과 오늘날의 한국은 비교할 수 없을 만큼 발전했다. 이러한 성취는 무엇보다 시민 각자가 자기 영역에서 노력하고 애쓴 결과이지만 동시에 변화와 발전의 방향을 제시하고 국가 공동체를 이끌어온 최고 정치 지도자, 곧 대통령의 리더십을 빼놓고는 설명하기 어렵다.

하지만 현실적으로 우리 사회에서 역대 대통령은 모두 '실패'했다는 평가를 받는다. 앞선 권위주의 시기의 대통령들은 그 공과에 대한 논란이 끊이지 않았다. 더불어 민주화 이후의 대통령들은 좀 더 직접적으로 '실패'했다는 평가가 따른다. 어쩌면 이러한 평가는, 그간 한국 사회가 이루어 놓은 성취를 고려할 때, 가혹한 것일 수도 있다. 또 한편으로 냉정하게 생각해 보면, 그런 평가가 나왔다는 것은 권력을 위임받은 대통령이 역할을 제대로 수행하지 못했다는 것을 뜻하는 것이다. 국민이 지도자에게 요구한 변화나 기대한 성과를 만들어내지 못했거나, 혹은 국민과 폭넓은 소통에 소홀했거나, 마땅히 지켜야 할 규범을 지키지 못했던 때문일 것이다. 혹은 보좌하는 인물을 잘못 썼거나, 행정부나 여당과의 협력이 제대로 이뤄지지 않은 탓일 수도 있다. 그런 만큼 '성공'이라는 평가를 받을 수 있는 대통령의 리더십 발휘는 어려운 일이다. 그래서 당선된 대통령(그리고 그를 보좌하는 이들)은 그 주어진 역할의 어려움과 무거움을 깨닫고 겸허하고 조심스러운 자세로 통치에 임해야 하는 것이다.

그동안 대통령 선거가 끝난 후 보여준 당선인의 모습은 당선 이전과 달랐다. 일단 승리하고 나면 대통령과 측근들은 모든 권력을 다 차지한 것처럼, 그래서 임기 동안만큼은 자신이 추구하는 모든 것을 하도록 허락받았다는 착각에 빠져 행동한다. 그러나 성공한 대통령이 되기 위해서는 당선 직후부터 자신의 부족함과 제도적·상황적 한계를 인식하고, 자신보다 앞서 통치한 이들의 성공과 실패의 경험에서 교훈을 얻어야 한다. 사실 단임제에서 모든 대통령은 아마추어로 시작할 수밖에 없다. 자신이 경험해 보지 못한 새로운 길을 걸어가야 하기 때문이다. 권력을 차지하는 일보다 그 이후 제대로 통치하는 일이 훨씬 어렵다는 말이다.

동아시아연구원에서 일찍이 '성공하는 대통령'에 대해 관심을 가지고, 그것을 이루어내기 위한 '조건'을 꾸준히 제시해 온 것은 그만큼 대통령의 성공이 쉽지 않다는 사실을 깨닫고 있었기 때문이다. 시대적 상황의 변화, 정치·경제·사회적 여건의 변화에 따라 대통령의 성공을 위한 조건의 내용이나 우선순위는 달라질 수 있으며, 특히 전임자(들)에게서 느꼈던 부족함과 아쉬움은 새 대통령이 이를 극복해 주기를 바라는 기대감으로 이어지기 마련이다. 이 책은 시대적 변화 속에 새로운 리더십에 대한 기대를 담았다.

이 책의 필자들이 20대 대통령에게 기대하는 리더십은 대체로 세 가지 키워드로 수렴된다. 첫째는 '분권'이다. 민주화 이후 재임한 여러 대통령들이 겪은 최대 실패 요인은 '권력의 독점'에 있다. 대통령은 청와대에 권력을 집중시키고 책임지지 않는 소수에 의한 폐쇄적 의사결정과 집행을 반복함으로써 정책 실패와 권위의 손실을 가져왔다. 따라서 차기 대통령은 청와대에 집중된 권한을 분산해야 한다. 권력은 나누어야 성공한다. 먼저, 대통령은 청와대 비서실과 국가안보실을 참모 기능을 충실히 하는 조직으로 위상 정립을 하는 한편, 내각과 장관에게 인사권을 포함한 자율성을 보장하여 '분권적 통치'를 이루어야 한다. 또한 정부의 실행력을 높이기 위해서는 행정부 관료를 민주적으로 통제하되 그들의 역량과 전문성을 최대한 발휘할 수 있도록 이끌어야 한다.

둘째는 '통합'이다. 효율적인 통치를 위해서는 권한의 분산과 함께 분산된 행위자들을 조직화하고 조정하는 기능이 필수적이다. 대통령은 외교안보 이슈에서 청와대의 컨트롤 타워 기능, 경제 및 사회 이슈 등에 대한 총리실의 정책 총괄 기능이 향상되도록 제도 혁신을 이끌어야 한다. 무엇보다도 국무총리의 역할이 중시되어야 한다. 정부-국회 관계, 대통령-총리-비서실장 네트워크와 당-정-청 네트워크 등이 원활히 작동하려면 총리의 역할이 핵심적이다. 대통령은 정부 부처, 국회, 정당 간의 의견을 통합하고 조율하는 데 총리에게 일정한 권한을 위임할 필요가 있다.

셋째는 공생이다. 스티븐 레비츠키와 대니얼 지블랫은 화제의 저작 『민주주의는 어떻게 무너지는가』에서 민주주의 유지를 위한 조건으로 경쟁자에 대한 '관용'과 권력 행사의 '자제'라는 두 규범을 꼽고 있다. 그런데 한국의 대통령은 종종 경쟁자를 개혁의 대상으로 규정하여 권력기관 활용, 사법부 장악 및 언론 장악 등으로 압박한다. 이러한 '독선'을 버리지 못하는 한 대통령은 지지율 하락으로 국정 동력을 상실하고 실패한 대통령으로 남게 된다. 그러므로 차기 대통령은 경쟁 정당과의 공생의 가치 속에서 정당 간 상호 관용과 권력 행사의 자제라는 규범을 수호할 수 있어야 한다. 끝으로 차기 정부 출범과 동시에 '지방 소멸'을 막고 중앙과 지방 사이의 공생을 위한 균형 발전 전략을 본격화해야 한다.

대통령의 성공은 그 자신에게 중요한 것이지만 동시에 그 인물을 선출한 국민에게는 더욱 중요한 일이다. 이 책에서 제시한 주요 가치와 규범, 정책, 전략은 모두 차기 대통령의 성공을 위한 조건이다. 5년이라는 임기

맺음말

는 결코 긴 시간이 아니며, '제왕적'으로 보이는 대통령의 권력도 무소불위의 것이 아니라는 인식은 매우 중요하다. 부족함, 제약과 한계를 깨달을 때 진정한 리더십의 발휘가 가능해지고, 그것이 궁극적으로 대통령의 성공으로 이어질 수 있다.

프로젝트 후원자 명단

공성원	㈜아이앤씨씨코리아
김한기	신신제약㈜
노봉일	글로비성형외과의원
박경수	피에스케이㈜
박석원	두산디지털이노베이션
박진원	법무법인(유)세종
송재호	㈜경동도시가스
신성수	큰길㈜
여동찬	㈜에스포티
유창수	유진투자증권㈜
윤용집	㈜BH Tech
이기호	샤프전자부품㈜
이인옥	조선내화
이제원	㈜코센
이종호	서울 | 부산 밝은세상안과
이홍재	법무법인 지평
정기용	마산정안과의원
정병갑	엑셀런파트너스㈜
조형진	㈜초록뱀미디어
최병준	㈜팬지아
최철원	MIGHT&MAIN㈜
홍호영	㈜우주유엔드비

이 책의 집필진

강원택

서울대학교 정치외교학부 교수. 영국 런던정치경제대(LSE)에서 정치학 박사를 취득하였다. 한국정치학회장, 한국정당학회장을 역임하였다. 주요 연구 분야는 한국 정치, 의회, 선거, 정당 등이다. 주요 논저로는 『한국 정치의 결정적 순간들』(2019), 『사회과학 글쓰기』(2019), 『한국 정치론』(2019), 『시민이 만드는 민주주의』(2018, 공저), 『대한민국 민주화 30년의 평가』(2017, 공저), 『대통령제, 내각제와 이원정부제』(2016) 등이 있다.

김정

북한대학원대학교 부교수. 예일대학교 정치학 박사. 연세대학교 국제학대학원 객원교수, 한국정치학회 통일안보연구분과위원회 위원장, 아시아민주주의연구네트워크 지역 코디네이터, 국방부 및 국방정보본부 정책자문위원으로 활동하고 있다. 도쿄대 대학원 총합문화연구과 초빙연구원, 동아시아연구원 수석연구원, 경남대 극동문제연구소 책임연구원을 역임했다. 비교정치제도, 비교정치경제, 남북한 관계, 동아시아 국제관계 등의 연구 분야에 관심이 있다. "South Korean Democratization: A Comparative Empirical Appraisal"(2018), 「민주헌정국가의 법률생산 능력: 한국 분점정부의 사례」(2020), 「일하는 국회, 말하는 국회, 맞서는 국회: 국회 불신의 거시적 결과와 미시적 기초」(2020), 「코로나19 방역 정책의 성공조건: 한국 사례의 비교연구」(2021) 등의 논문을 공간했다.

박진

한국개발연구원(KDI) 국제정책대학원 교수. 미국 펜실베이니아 대학(Univ. of Pennsylvania)에서 경제학 박사를 받은 후 1992년 이후 KDI 혹은 KDI국제정책대학원에 재직 중이다. 세 번 휴직하면서 기획예산처의 행정개혁팀장(1998~2001), 조세재정연구원 공공기관연구센터 소장(2012~13), 국회미래연구원 초대 원장(2018~20)으로 일했다. 중도적 대안으로 좌우의 합의를 형성하는 것을 평생 목표로 삼으며 NGO 연구기관인 미래전략연구원장, 안민정책포럼 회장 등을 무보수 겸임하였다. 관심 분야는 정부 개혁 및 재정학, 미래 연구, 갈등 조정, 경제 발전론이며 많은 국내외 정부를 컨설팅하였다. 저서로는 『대한민국 어떻게 바꿀 것인가』(2020, 이학사) 등이 있다.

손열

EAI 원장, 연세대학교 국제학대학원 교수. 시카고대학교 정치학 박사. 연세대학교 국제학대학원 원장과 언더우드국제학부장, 지속가능발전연구원장, 국제학연구소장 등을 역임하였고, 도쿄대학 특임초빙교수, 노스캐롤라이나대학(채플힐), 캘리포니아대학(버클리) 방문학자를 거쳤다. 한국국제정치학회 회장(2019)과 현대일본학회장(2012)을 지냈다. Fullbright, MacArthur, Japan Foundation, 와세다 고등연구원 시니어 펠로우를 지내고, 외교부, 국립외교원, 동북아역사재단, 한국국제교류재단 자문위원, 동북아시대 위원회 전문위원 등을 역임했다. 전공 분야는 일본 외교, 국제정치경제, 동아시아 국제정치, 공공 외교 등이다. 최근 저서로는 *Japan and Asia's Contested Order*(2019, with T. J. Pempel), *Understanding Public Diplomacy in East Asia*(2016, with Jan Melissen), "South Korea under US-China Rivalry: the Dynamics of the Economic-Security Nexus in the Trade Policymaking,"(*The Pacific Review* 2019(32):6), 『위기 이후 한국의 선택: 세계 금융위기, 질서 변환, 한국의 경제외교』(2020), 『BTS의 글로벌 매력이야기』(2020, 공편) 등이 있다.

이현출

건국대학교 정치외교학과 교수. 동 대학교 대외협력처장과 시민정치연구소장을 맡고 있다. 건국대학교에서 정치학 박사 학위를 취득하였다. 한국정당학회장, 한국정치학회 부회장을 역임하였다. 국회혁신자문위원, 헌법개정특별위원회 자문위원 등을 역임하였다. 주요 연구 분야는 의회, 정당, 선거, 한국 정치 등이다. 주요 논저로는 『아시아공동체론』(2021, 공저), 『세계화 시대의 한국정치과정』(2016), 『21대 총선과 한국 민주주의의 진화』(2021, 공저), "Population Aging and Korean Society"(2021), "Older Voters' Policy Preferences in the Korean General Elections"(2021), "Changes in and Continuity of Regionalism in South Korea"(2020), "Silver Generation's Counter-movement in the Information Age"(2018) 등이 있다.

장승진

국민대학교 정치외교학과 부교수. 미국 컬럼비아 대학교에서 정치학 박사 학위를 취득하였다. 선거, 정당, 여론 등 정치 과정 분야에 대한 연구를 진행하고 있다. 최근 저서로는 『국회 열어보기: 한국 국회의 제도와 행태』(2020, 공저), 논문으로는 「유권자들은 총선에서 누구를 언제 심판하는가?: 제21대 총선에서 나타난 조건부 회고적 투표」(『한국정치학회보』, 2020), 「당파적 편향은 회고적 평가를 왜곡하는가? 실험설문 분석」(『한국정당학회보』, 2021) 등이 있다.

차재권

부경대학교 정치외교학과 교수. 미국 캔자스대학에서 정치학 박사 학위를 취득하였다. 부경대학교 지방분권발전연구소장, 한국지방정치학회장, 한국시민윤리학회장 등을 역임하였고 현재 대통령 소속 자치분권위원회 전문위원이다. 비교정치(정치과정/정치경제)와 지방정치 분야의 연구를 주로 하고 있다. 주요 논저로는 『4차 산업혁명 시대 다중사회의 알고리즘 민주주의: 시민참여와 관여의 새로운 패러다임』(2021), 『지역의 역습, 그 1년의 기록』(2020, 공저), 『촛불집회와 다중운동』(2019, 공저) 『지방분권과 균형발전: 정치학자들의 관찰』(2018, 공저)이 있다.

최준영

인하대학교 정치외교학과 교수. 미국 플로리다 주립 대학교에서 정치학 박사를 취득하였다. 한국정당학회장, 미국정치연구회장 등을 역임하였다. 주요 연구 분야는 의회, 선거, 미국 정치 등이다. 주요 논문으로는 「반드시 이겨라 그러나 싸우지는 마라 : 대의민주주의에 대한 한국 유권자의 이중적 속성」 『한국정치학회보』(2019, 공저), "Testing legislative shirking in a new setting: the case of lame duck sessions in the Korean National Assembly" *Japanese Journal of Political Science*(2019, 공저), 「갈등과 교착의 한국 대의민주주의: 누구의 책임이며 어떻게 할 것인가?」 『한국정당학회보』(2018), "Cognitive and partisan mobilization in new democracies: The case of South Korea" *Party Politics*(2017, 공저) 등이 있다.

한규섭

서울대학교 언론정보학과 교수. 미국 스탠퍼드 대학교에서 언론학 박사 학위를 취득하였으며, 서울대학교 빅데이터연구원 인문사회부 부부장, 서울대학교 협력부처장, 캘리포니아 대학교 로스앤젤레스 교수 등을 역임하였다. 주요 연구 분야는 정치 커뮤니케이션이다. 최근 편저에는 "Economic and Cultural Drivers of Support for Immigrants"(2019), 「빅데이터로 보는 한국 정치 트렌드」(2016, 공저), "The Influence of 'Social Viewing' on Televised Debate Viewers' Political Judgment" 등이 있다.

2022 대통령의 성공조건
분권, 통합, 공생을 위한 지침서

편저자	손열, 강원택 엮음
발행자	하영선
발행처	(재)동아시아연구원
발행일	2021년 11월 30일 1쇄
편집	에디터스랩
디자인	지노디자인
주소	서울특별시 중구 을지로 158, 909호
전화	02-2277-1683(대표)
팩스	02-2277-1684
홈페이지	www.eai.or.kr
등록	제2-3612호(2002.10.7)
ISBN	979-11-6617-269-4 93340

값 16,000원